JN115363

ビジネス・キャリア検定試験® 標準テキスト

人事・人材開発

木谷　宏 監修
中央職業能力開発協会 編

2級

第3版

発売元 社会保険研究所

ビジネス・キャリア検定試験
標準テキストについて

　企業の目的は、社会的ルールの遵守を前提に、社会的責任について配慮しつつ、公正な競争を通じて利潤を追求し永続的な発展を図ることにあります。その目的を達成する原動力となるのが人材であり、人材こそが付加価値や企業競争力の源泉となるという意味で最大の経営資源と言えます。企業においては、その貴重な経営資源である個々の従業員の職務遂行能力を高めるとともに、その職務遂行能力を適正に評価して活用することが最も重要な課題の一つです。

　中央職業能力開発協会では、「仕事ができる人材（幅広い専門知識や職務遂行能力を活用して、期待される成果や目標を達成できる人材）」に求められる専門知識の習得と実務能力を評価するための「ビジネス・キャリア検定試験」を実施しております。このビジネス・キャリア検定試験は、厚生労働省の定める職業能力評価基準に準拠しており、ビジネス・パーソンに必要とされる事務系職種を幅広く網羅した唯一の包括的な公的資格試験です。

　２級試験では、課長、マネージャー等を目指す方を対象とし、担当職務に関する幅広い専門知識を基に、グループやチームの中心メンバーとして、創意工夫を凝らし、自主的な判断・改善・提案を行うことができる人材の育成と能力評価を目指しています。

　中央職業能力開発協会では、ビジネス・キャリア検定試験の実施とともに、学習環境を整備することを目的として、標準テキストを発刊しております。

　本書は、２級試験の受験対策だけでなく、その職務のグループやチームの中心メンバーとして特定の企業だけでなくあらゆる企業で通用する実務能力の習得にも活用することができます。また、企業の要として現在活躍され、あるいは将来活躍されようとする方々が、自らのエンプロイアビリティをさらに高め、名実ともにビジネス・プロフェッショナルになることを目標にし

ています。

　標準テキストは、読者が学習しやすく、また効果的に学習を進めていただくために次のような構成としています。

　現在、学習している章がテキスト全体の中でどのような位置付けにあり、どのようなねらいがあるのかをまず理解し、その上で節ごとに学習する重要ポイントを押さえながら学習することにより、全体像を俯瞰しつつより効果的に学習を進めることができます。

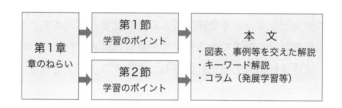

　本書が企業の人材力の向上、ビジネス・パーソンのキャリア形成の一助となれば幸いです。

　最後に、本書の刊行に当たり、多大なご協力をいただきました監修者、執筆者、社会保険研究所編集部の皆様に対し、厚く御礼申し上げます。

中 央 職 業 能 力 開 発 協 会

（職業能力開発促進法に基づき国の認可を受けて
設立された職業能力開発の中核的専門機関）

目次

ビジネス・キャリア検定試験　標準テキスト
人事・人材開発 **2級**〔第3版〕

人事企画

この章のねらい

　第1章では、経営活動における人事管理の意義と役割について学ぶ。

　人事管理の要点は、コストと人と組織をどう結びつけるかということである。人事管理におけるコストとは人件費のことである。そこでは、給与や賞与などの報酬の管理に福利厚生等の費用を含めた総人件費の管理を行う。

　組織戦略は、組織構造のもとで働く人を対象として、その発揮能力を高め、人々の間をうまく結びつけることによって人と組織を結びつける。また、人々の間や組織の間においてシナジー効果を生み出すことで、コストにも影響を与える。

　こうした働きを踏まえたうえで、第2章以降において、人事管理の具体的な施策について学ぶことになる。

<table>
<tr><td>第 1 節</td><td># 人と組織の理解</td></tr>
</table>

第 1 節　人と組織の理解

学習のポイント

◆20世紀初めに、工場の生産性向上のために考案された「科学的管理法」は、人間は経済的な見返りによって動機づけられるという「経済人モデル」に基づいていた。

◆経済的な見返りよりも、労働者の心理的・情緒的なものが生産性に影響を与え、職場集団の中にインフォーマルに形成される「人間関係」が大きな影響を与えると考えたのが人間関係論である。

◆目標達成に向けて自分のエネルギーを投入するという「意欲」とそれに対する「責任」を総称するのがコミットメントであり、組織に対するコミットメントは組織を効率的にする。

◆組織戦略は、分業関係、役割分担といった組織構造にとどまらず、権限委譲、決定権の上下関係、動機づけ、モチベーションといった幅広い範囲を含んでいる。

1　人と組織の理解

（1）「経済人モデル」の特徴と限界

　20世紀初めに大量生産方式を生み出したヘンリー・フォード（Henry Ford）は、「人間を雇用するのは、手足が欲しいためだけなのに、なぜ頭が余分についてくるのか？」と嘆いたという。社員が自分の仕事を軽視して、定められた責務を果たさなかったり、故意にゆっくりと仕事をしたりすることを「怠業」という。テーラー（Taylor）は、怠業は、管理

方法や制度の不備が原因であると考え、それを防止するために、①科学的に目標を設定し、②その目標を達成するための作業を要素単位に分析し、③分析結果に基づいて、作業を無駄がなく効率が上がるように再編成し、④そこに労働者を配置し、定められた作業を早く正確にやり遂げた場合には、差別的出来高払い制によって割増賃金を支払うことで報いる、という有名な「科学的管理法」（scientific management）を提唱した。

　ここでは、経営者が報酬制度によって組織の期待する行動を社員から引き出すことを期待し、一方、社員の側も、組織が期待する行動、つまり、働くことによって望む報酬が手に入ると期待する。この双方の期待に基づいた行動によって、人事政策が合理性を持つようになると考えられたのである。そして、実際に、このような人事政策は、20世紀初めに自動車会社のフォードの製造工場で行われ、作業の合理化と生産性の向上という戦略目的を達成したのである。

　こうした科学的管理法の前提となっていたのが、アダム・スミスの唱えた「経済人モデル」である。しかし、この経済人モデルは、人間の功利的側面をあまりにも強調するために、実際の経営活動に適用することが困難な場合があると考えられるようになった。

　科学的管理法に基づく人事政策を例にとれば、差別的出来高払い制は、生産性の長期的な向上に悪影響を与える場合がある。割増賃金によって、労働者には、作業に習熟し、生産性を上げる工夫をしようとするインセンティブが働き、短期的には生産性が向上する。しかしながら、常に目標以上の結果を出すことで、割増賃金が恒常化して人件費が割高になる。すると、経営者は、時間当たりの賃金を下げる、割増賃金を廃止する、もしくは、少なくとも目標を引き上げざるを得なくなる。その結果、労働者にとって労働が強化されても賃金が上がらないことになり、作業に習熟して生産性を上げる工夫をしようとする動機づけがなくなることになるのである。

　理論上は割増賃金と生産量の最適化を求めることは可能であろう。た

だし、そうした場合には、労働者は、習熟によっていかに能力が向上したとしても、与えられた目標を少しだけ超えるような働き方をして、能力の出し惜しみをするようになる。さらに、この場合、技術革新などによって新たに効率のよい製造システムを導入しようとすると、労働者は、それによって一時的ではあっても生産性が下がるため、こうした技術革新に抵抗するようになり、企業自体の競争力を弱めることが考えられる。

　戦略遂行の立場から組織を見ると、組織構造が適切であったとしても、戦略の実行が必ずしもうまくいくとは限らない。組織構造だけでなく、人材、組織文化、そして評価や報酬などの人事制度といった人間の行動に影響を与えるさまざまな要素を総合的に活用する人事政策によって、初めて戦略は効果的に実行される。

　この人事政策において、人々の協働の意思は不可欠である。協働の意思とは、場合によっては個人の人格的行動の自由を制限して、組織目的に貢献する意思であり、組織目的の達成のために期待されている役割を果たすという意思でもある。この意思が、人事政策の効率性をもたらすものといえる。こうした意思は、組織からの誘因が、貢献に伴う犠牲や苦痛を超えている場合に発生するものといわれる。

（2）人間関係論の登場

　1924年から1932年半ばにかけて米国シカゴ郊外のウエスタン・エレクトリック社の工場で行われた有名なホーソン実験においては、科学的管理法による物理的な環境条件よりも、労働者の心理的・情緒的な要因のほうが、生産性に影響を与えることが報告された。職場集団の中にインフォーマルに形成された「人間関係」が生産性の向上に大きな影響を与えるというのである。このホーソン実験以降、人間に対する洞察が蓄積されていく過程の中で、テーラーとは異なる人間像に基づく「人間関係論」の理論が形づくられていった。

　マグレガー（McGregor）は、テーラー的な人間観をX理論と呼び、これに対して、自発性や目的達成に対する意欲などを重視した人間観をY

4

理論と呼んだ。そして、X理論に基づく命令や統制による人事管理に対して、Y理論による人事管理を主張したのである。ここで取り上げられた人間の姿は、テーラーの考えたような本能的に楽なほうを選ぶものではなく、さまざまな欲求が仕事を通じて充足されることを求めるものとなる。ここから、「仕事への動機づけ」（ワーク・モチベーション）が重要視されるようになり、社員の欲求を満足させること（職務満足）で、生産性が高まり、組織の効率性も高まると考えられるようになった。

　一方で、1950年代にミシガン大学の社会調査研究所において行われた一連の調査のデータに基づいて、リッカート（Likert）は、仕事の満足度と生産性の高さにはなんらの相関関係が見られないが、欠勤率と転職率の低さに結びついているという結論を出している。マーチとサイモン（March & Simon）によると、「仕事をする」（職務遂行）という場合には、すでに参加している組織にさらに参加するか否かにかかわる離職・欠勤の問題（参加・退出の意思決定）と、組織によって要求される結果を出そうとするか、あるいはそれを無視するかにかかわる生産性の問題（生産の意思決定）の 2 つの異なる意思決定が含まれている。そして、職務満足が影響を与えるのは、参加・退出の意思決定に対してであって、生産の意思決定に対してではないことを明らかにした。

　そこで、ハーズバーグ（Herzberg）は、職務満足は、自分で行っている職務そのものに関連する要因によってもたらされるが、職務不満足は、職務を遂行する条件や環境に関連する要因によることを見いだした。ここでは、動機づけは、仕事においてみずからの能力を発揮したいという自己実現の要求を満たすことによってなされると考えられ、これを「動機づけ要因」と呼んだ。一方、給料や作業環境などは、職務不満足を予防するための環境要因とされ、これを「衛生要因」と呼んだ。

　以上の人間関係論の根底にあるのが、「社会人モデル」と呼ばれる人間観である。これは、「人間は協働する仲間との同調を求めて、いわば利他主義的に行動するものとして人間をとらえる人間観」に基づくものである。社会人モデルは、人間は経済的報酬に対する欲求だけではなく、グ

ループに属したいという欲求を強く持つという考えから、人間関係がモチベーションに重要な影響を与え、仲間集団の規範に規制されるとした考え方である。つまり、経済人モデルの経済的利己主義とは正反対に、所属集団への帰属意識、集団メンバーとの感情的一体化をもって協働の契機とし、組織効率を高めるとするものである。

「人はパンのみにて生きるにあらず」といわれるように、経済人モデルは、一面では確かに有効ではあるが限界がある。社会人モデルは、人間は経済的報酬だけではなく、グループに属したいという欲求を強く持つという考えから、人間関係がモラール（士気）に重要な影響を与え、仲間集団の規範に規制されると考える。そして、人間は組織の中において、人間関係についてさまざまな欲求や感情を持ち、それが組織での行動とかかわり合うものであるとした。人間について功利的側面のほかに、心理的・感情的側面に着目したことで、社会人モデルは、経済人モデルを補完するものといえる。

（3）社会人モデルと「日本的経営」

高度経済成長期に優勢であった「日本的経営」は、上記の社会人モデルに基づいたものであった。そこでは、個人が組織の中に入り込み、緊密な人間関係が重視される（→図表1-1-1）。そのため、組織の内部では個人が同質化しやすくなり、強い規範で結ばれた組織は、運命共同体

図表1-1-1 ● 社会人モデル

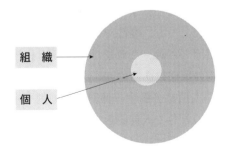

となった。

　1960年代に日本企業の組織構造を研究した研究者は、「資格」と「場」という分析概念を示した。ここでいう資格とは、「社会的個人の一定の属性を表すもの」であり、先天的に備わっているものもあれば、後天的に獲得したものもある。有名な会員制のフリーメーソンや学校の同窓会のような組織は、この資格の相違が基準となって構成されるものである。一方で、地域のように、資格の相違を問わず、「一定の枠によって、一定の個人が集団を構成する」ものがある。これを「場」が基準となる組織という。

　個人は、常に資格と場が交錯して構成される複数の集団に属している。かつての日本企業における集団意識は、強く場という枠に置かれており、日本の企業組織は、個人が契約を結んでいる相手というよりも、主体である自己と同一視される存在になっていたとする。そして、明治以来の日本の組織マネジメント原理は、企業と社員は、契約関係ではなく、「縁があって結びつけられた仲」であり、私生活や家族に至るまで、「イエ」として丸抱えする「運命共同体」という特徴を持っているとした。

　社員が会社を「運命共同体」とするのは、会社を構成する1人ひとりの個人が固い絆で結ばれているときである。そこでは、「会社のために懸命に働く」ということは共同体の絆に結ばれているという証しであり、共同体に属することが個人の幸せに直結すると信じられていた。つまり、会社の一員として、まじめに努力していれば、いずれ報われるという「因果モデル」を共有していたのである。こうした組織においては、出身地、門地、そして学歴などが異なっても、その一員である限りにおいては、どのような人材であっても組織内部の人間関係に受け入れてもらえ、共同体と一体となる安心感を得ることができたのである。

2　変化する個人と組織の関係

（1）「自己実現人モデル」への変容

　先ほど述べたように、かつて日本型の組織管理の背景には集団主義の伝統があった。1980年代までは、日本企業の組織運営は、さまざまな点、たとえば、責任のとり方などの面において明確に規定されず、曖昧な側面が見られた。そして、日本の製造業が優れた成果を上げるにつれて、明確さを特徴とする欧米の企業との比較において人々の関心を集めた。

　一般に、これまでの日本企業ではもやもやした状態のまま仕事をすることが是とされ、目標設定や権限の分担については、曖昧な状況のもとで企業組織の運営が行われてきた。また、個別の労働契約も契約書としては存在せず、就業規則や労働協約などに「埋没」していた。このような曖昧さがある場合には、普通であれば組織運営や経営の効率性という視点から、不具合を生んでもおかしくない。しかし、もともと「一を聞いて十を知る」「腹を読む」など、暗黙のうちに物事を進めていく文化がある日本の企業組織では、こうした曖昧さを持つことが柔軟な組織運営を可能にし、組織の効率を上げることができたのである。そこに日本型経営の特徴があったといえる。

　過去における日本企業は、このようなことを通して組織内もしくは組織間のコストを大幅に低下させて、それを競争優位の源泉にすることができた。これを可能にしたのが「チームワーク」である。ただし、この過去のチームワークとは、組織と一体になって献身する運命共同体意識である。そのようなチームワークが、組織に存在するさまざまな曖昧さを超えて、平等感と一体感を芽生えさせた。そして、仕事をするうえで労を厭わずに互いに助け合うという集団主義を社員に植えつけたのである。

　しかし、1990年代に入って、経済や社会のグローバリゼーションが進むことによって、企業経営においても大きな変化が生じてきた。経営面では、結果を出すことが重視され、これまでの集団の生産性よりも、個人の創造性や効率が追求されるようになった。また、人々の価値観が多

図表1-1-2 ●自己実現人モデル

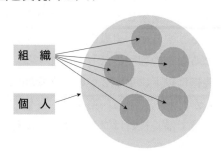

様化し、それまで集団に埋没していた個人の存在が重視され、個人主義的な考え方が見直されるようになった。そして、個人の自律が進むことで、個人は組織に依存するのではなく、組織を利用し、自分のアイデンティティのなかに複数の組織（および生活領域）を持つようになった。このような人間観を指して「自己実現人モデル」という。→図表1-1-2

（2）成果主義の登場

　この自己実現人モデルに基づく組織においては、個人は組織に同化されるのではなく、対等な立場で対峙することになるため、組織は多様な価値観を持った人材の活用を図らなくてはならなくなる。こうした個人と組織の関係においては、個人は自分の働きに対して「公平」ではなく、「公正」な評価を求めるようになる。したがって、個人の業績をおのおの測定して、報酬に直接結びつける成果主義が登場してきたのは、こうした時代からの必然的な要請であった。

　成果主義的人事制度のもとでは、複数の部門や人々の協力から生まれている企業組織において、「個人の業績」を評価することになる。個人に対して面談等を行い、業務目標を具体的に設定し、最終的に個々人の給与を別個に決定する。そして、その内容を文書で個人ファイルに残し、賃金額とともに職務記述書や単年度の個人目標を設定するなどしていくうちに、これまで埋没していたはずの個別の労働契約が浮上してくるこ

とになる。その結果、個人の自己実現欲求は充足させられるが、他方で組織との一体感や集団性を崩すことになり、これまでのチームワークを犠牲にすることになる。すると、組織内において個人間の利害を調整しなければならなくなるなどの取引コストが増加する。

　さらに、成果主義には以下に示す2つの大きな問題があり、現在も各企業において見直しが行われている。第1は、評価の困難さである。先に述べたように、企業で働く社員はフリーランスで仕事をする人々とは異なり、分業と協業で仕事をしている。「個人の業績」と見えるものは、実は複数の部門や人々の協力から生まれている。そこにあえて個人の業績評価を持ち込むと、その公平性と公正性について納得性が得られず、社員のやる気を損ない、人間関係をきしませるおそれがある。第2に、行きすぎた個人業績はモラルハザードを引き起こし、組織のみならず社会的にも多大な損害を与える可能性がある。成果主義の考え方には欧米流の個人主義の思想が影響している。個人主義は自己責任の原則に基づいて個人の確立と自律を訴え、強い責任感と自助努力を促す。グローバル・スタンダードともいわれる米国型の経営管理の背後には、このように個人主義が色濃く反映されている。

（3）ワーク・ライフ・バランスと「働き方改革」

　2007（平成19）年12月、政労使代表者らが参加した「官民トップ会議」において、政府は「仕事と生活の調和（ワーク・ライフ・バランス）憲章」と行動指針を策定した。憲章では、仕事と生活の調和が実現した社会とは、「国民一人ひとりがやりがいや充実感を感じながら働き、仕事上の責任を果たすとともに、家庭や地域生活などにおいても、子育て期、中高年期といった人生の各段階に応じて多様な生き方が選択・実現できる社会」としている。行動指針においては、2017（平成29）年までに年次有給休暇を完全取得させ、男性の育児休業取得率を当時の0.5％から10％に引き上げるなど、具体的な数値目標が盛り込まれた。先に施行された次世代育成支援対策推進法と本憲章の策定によって、各企業における

ワーク・ライフ・バランスの取り組みは急速に拡大した。

憲章策定から10年が経過する中、ワーク・ライフ・バランスの理念は社会や企業にある程度は浸透した。しかしながら、大手企業における過労死など多くの課題が指摘され、多くの数値目標の達成も困難であることが明らかとなった。政府は次なる一手として2016（平成28）年9月に「働き方改革実現会議」を開催し、2018（平成30）年3月に「働き方改革実行計画」を策定するに至った。この内容は、①同一労働同一賃金を主眼とする非正規雇用の処遇改善、②賃金引き上げと労働生産性の向上、③上限規制の導入による長時間労働の是正、④柔軟な働き方（テレワーク、副業・兼業）のための環境整備、⑤女性および就職氷河期の若者支援、⑥病気の治療と仕事の両立、⑦子育て・介護と仕事の両立、⑧転職・再就職支援、⑨高齢者の就業促進、⑩外国人材の受け入れ、など多岐にわたる。

政府は多様な人材の活躍を推進する具体的な方法論として「働き方改革」に着手し、このことは精神論としてのワーク・ライフ・バランスの限界を認めるものでもあった。「働き方改革」とは無制約に働くことのできる人々（無制約社員）よって築かれた日本の企業文化そのものを変えることを意味し、日本人のライフスタイルや労働観の変革を迫るものである。このように「働き方改革」とは、個人と組織との関係が大きく変化した今日における具体的な現象・取り組みととらえることが可能である。

3 組織活性化とコミットメント

（1）コミットメントの3つの要素

自分の働く職場が好きで、がんばって働きたいと思い、会社のビジョンやトップマネジメントに魅力を感じている状態をコミットメントが高い、という。コミットメントという言葉には、「忠誠心」だけではなく、目標達成に向けて自分のエネルギーを投入するという「心理的契約」の意味がある。そのため、コミットメントを「意欲と責任」という場合も

ある。コミットメントが高い社員は、たとえ他の組織からの有利な誘い
を受けたとしても、それを拒否して、いまの組織において働くことを選
択することさえある。また、組織に対するコミットメントの高さは、組
織を効率的にする。

　このコミットメントを生み出すものとして、コスト、しがらみ、愛着
という3つの要素がある。この3つは、それぞれが単独に作用するので
はなく、互いに複合しながら作用する。→図表1-1-3

図表1-1-3 ●コミットメントの要素

コミットメントは3つの要素が複合している。

　他の組織に移籍する、つまり転職する場合には、給与が上がるなどの
利益を得ることばかりではない。これまで積み重ねてきた年功を、いっ
たんゼロクリアすることになり、もしかすると、退職金などにおいて不
利になることで、生涯賃金が下がるかもしれない。それどころか、仕事
のやりがいを優先して転職し、これまで何の経験もない仕事を一から覚
えようとした場合には、大幅な給与ダウンは避けられない。こうした転
職に伴う損失を懸念して、リスクを回避するために現状の組織にとどま
るという決断をすることが、コストに基づくコミットメントである。ま
た、その組織からまだ得られるものがあるという積極的な理由で離職し
ない場合もある。これも同様にコストに基づくコミットメントである。
　次に、組織に長くいるうちにさまざまな人間関係が生じる。そうした
関係の中で、ある意味の貸し借りのような関係が生じ、「会社を辞めると、
あの人を裏切ることになる」といった感情が生じる。また、「いったん採

用してもらった会社を簡単に辞めるべきではない」というような、価値観を持つ場合もある。このように、「組織には忠実であるべきである」「上司には忠誠であるべきだ」「仲間を裏切るべきではない」といった、一種の規範的な感情を持つことが、しがらみによるコミットメントである。

　最後に、「この会社が好きだから」、もしくは「この職場が好きだから」といった情緒的な理由で、退職しない場合がある。これが愛着によるコミットメントである。愛着は自分の所属する組織の目標や価値観に共感し、それを受け入れることから芽生える。愛着を持つことにより、その組織の一員であり続けたいという願望が生まれ、組織のために積極的に貢献しようとする態度をとることになる。

　コミットメントはこの3つの側面をあわせ持っている。ある社員が、現在の組織から離職するか、それともとどまって働き続けるかを決心する場合には、この3つの要素が関係する。つまり、最終的な意思決定は、その個人がそれらの要素のどれに重きを置いて考えるかにかかっているのである。

　コミットメントを継続していくということは、一面で恋愛関係に似ている。つまり、コスト（金銭）やしがらみによるコミットメントが強ければ、そうした純粋な恋愛関係は長続きしない。「金の切れ目が縁の切れ目」とは、昔からいわれていることである。しがらみがあったとしても、相手が変化すれば、自分も変化することを当然と考えるであろう。変化や困難に負けないためには、相手に対する愛着が必要なのである。

　これを企業の社員について当てはめてみると、今日の企業環境の中で、社員がコミットメントを持ち続けるようになるためには、彼ら（彼女ら）が企業や組織に対して、愛着を感じていることが一番重要なのである。つまり、自分の働く組織の目標や価値観に共感し、それを受け入れるようになることが必要なのである。それはまた、社員1人ひとりの自己実現の追求でもある。

（2）個人と組織の統合

　個人の目的や価値観と、組織の目的や価値観を一致させる、すなわち「個人と組織の統合」について、従来の支配的な統合に関する理論は、対立化か同一化かの2つの次元しか存在していなかったとする。しかし、多様化・複雑化する今日においては、この2つの間に媒介要素を入れる「間接統合」があって初めて、個人が組織に同一化することなく対立を解消して両者が均衡することができるとも考えられる。

　この媒介要素として「仕事」を挙げることが可能であり、賃金による動機づけではなく、仕事そのものの面白さと内容で功労に報いる雇用システムを重視し、それによって個人と組織の均衡を図ることができる。
→図表1-1-4

図表1-1-4 ●組織と個人の間接統合

出所：太田肇『プロフェッショナルと組織』1993年、152頁

　仕事による間接統合は、個人がみずからの仕事そのものに生きがいや自己実現を見いだすことが可能であり、組織も彼ら（彼女ら）が仕事を遂行することで組織目標を達成することが可能になるようなメカニズムであるといえる。つまり、個人が仕事に依存するのと同時に、組織も仕事に依存することになる。そのため、組織では「個人の目的と組織の目的の単純な一致ではなく、仕事の成果による組織の利益への一致」が求められることになる。

　しかし、仕事そのものの「面白さ」というとき、それは裁量の自由度であったり、達成の難度であったりと、個人の価値観や考え方によって

異なる。それでは、組織における人間の管理を支援するという人事管理の立場からは、具体的な政策を提示することはできない。また、仕事の面白さは重要な要素であることは否定できないが、それは主観的なものであり、仕事それ自体が、直接個人に面白さを与えるものであるとは言い難い。また、そこでは、仕事の中から面白みを引き出せた者のみが組織の中で適応していけるというような、自由放任と適者生存の思想が支配しがちになるといえる。

　そのような場合においては、人事管理あるいは人事制度が個人と組織の目的の一致を促進するような媒介要素となる。人事制度は上司と部下の関係を規定し、また報酬制度や昇進・昇格制度などを通して、個人と組織における関係に影響を与えるものであるといえる。また、それは仕事に代わる媒介変数として、組織に属するすべての個人に影響を与え、統合を促進する役割を果たすものといえる。

（3）組織と個人をつなぐ人事管理

　かつての運命共同体であった日本の企業組織においても、「がんばれば報われる」という人事管理のしくみが個人と組織の「暗黙の了解」を成立させていたともいえる。そうした人事制度は、企業組織における文化を形成していた。しかし、今日では、個人は自分が達成する目標を組織と「契約」し、それに基づいた業績の評価によって処遇されることを求めるようになった。つまり、「結果を出せば報われる」というしくみを契約として明示されることを望むことになるが、実際の企業の現場においては、このような契約は個々の具体的契約よりも人事制度の中に包含され、個人と組織の目的は人事制度を媒介要素とすることによって一致することになる。

　そこで、人事担当者には、「契約」という観念に基づいて、シンプルで透明性の高い人事制度の構築が求められることになる。特に評価・報酬制度においては、あらゆる状況に対応できる制度としての緻密さよりも、どのような人が見ても、理解しやすく納得できるような合理性と、不利

益を被った場合の救済制度のような手続面における納得性が必要になる。同時に、人事担当者は、制度がもたらす結果に対する説明責任を負うことになる。

　最近の外食産業や小売業で成功している企業においては、パートタイマーやアルバイトの社員に至るまで、企業の価値観を教育し、それを実践できる人材を登用するところが多い。そうすることによって、こうした企業では、組織内でのコミットメントを高めようとしている。また、特に小売・サービス業においては、こうした価値観の浸透は副次的な効果を生む。優れたカスタマー・サービスは、1人ひとりの社員の現場での判断によることが大きいため、マニュアルなどの指示では個別状況に対応できない。価値観はそれぞれの社員が自律的に状況を判断して行動する指針となる。社員が企業の価値観を受け入れていることによって、現場において優れたカスタマー・サービスを提供することを可能にし、他社との競争優位を築いているのである。

　このようなコミットメントの高い組織においては、目に見えないコストを低く抑えることができる。社員が目標達成の意欲を高く持ち、自律的に働くので、組織では、とりたてて給与を高くすることや業務を監督する必要がないからである。反対にコミットメントの低い組織においては、成果に対する評価を厳しくして、成果に反映した報酬を用意するなどの費用をかける必要がある。

4　雇用の弾力化とコミットメント

　今日、企業において競争力を高めるために行われている人材マネジメントの中で、最重要の課題としてとらえられているのが雇用の弾力化である。雇用の弾力化とは3つの要素を含む。第1に数量的弾力化、第2に金銭的弾力化、そして第3に機能的弾力化である。

　簡単にいうと、数量とは雇用人数やパートタイマーなどの雇用量（時間）、金銭とは労働の対価である報酬を含めた労務コスト、機能とは個人

が成果を出すために求められるスキルやコンピテンシーのことである。これらを柔軟にすることで、企業は競争力を確保することができる。

　右肩上がりの経済成長が普通とされ、それに伴って企業業績も上がっていくことが当然とされた時代においては、賃金は、毎年の物価上昇分を超えて安定的に上昇させることが可能であった。業績が拡大すると組織も大きくなり、ポストも増加した。新卒採用による人員の補充が絶えず行われたために、長く勤めていれば、ある程度の昇進も暗黙のうちに約束され、それが実現した。つまり、社員個人にとっては、将来の生活設計が保証されていたため、若いうちに賃金が業績貢献度よりも安く抑えられていたとしても、20年とか30年といった長期で見れば、将来の賃金上昇によって、トータルの業績貢献度と賃金が均衡するしくみが成り立っていた。

　こうした雇用制度が成り立っていた背景には、各企業において雇用保証を最重要課題とした組織戦略上の考え方があった。しかし、それは一方では、雇用の硬直化と人件費の固定費化という結果を生むことになった。時を経て、21世紀初頭の現在では、経済が停滞して企業業績も先行き不透明になり、企業における変化のスピードもアップしたため、社員も将来に対する予測を立てることが困難となった。賃上げは定期的に行われるものではなくなり、組織が拡大しなくなったためにポスト不足が生じて昇進を年功で行うことができなくなった。そのため、長期にわたって昇給することを前提として業績貢献度と賃金を均衡させるしくみは実現が不確実となり、貢献度と賃金を短期で均衡させるように達成成果を重視したマネジメントが行われるようになった。

　コミットメントには契約的な側面があるため、このように柔軟性を高め、雇用を弾力化することは、契約内容が変化することにほかならない。この変化に対して、社員が「話が違う」と反発すれば、彼ら（彼女ら）のコミットメントの低下につながる。しかし、変化は企業の存続のためには不可欠である。企業としては、変化が頻繁になっても社員に納得して受け入れてもらう必要がある。納得できるかどうかはその変化を社員が

受け入れるかどうかにかかっている。つまり、心理的な抵抗を乗り越えて、新しい働き方について社員と企業の間に新たな契約を結ぶことができるかどうかが重要なのである。

5　組織と管理

（1）組織と管理の基礎

　戦略を実行するのは組織である。組織は大規模企業に特有のものではない。2人以上の人間が働き始めると、それはすでに組織なのである。複数の人々が共に働くとき、そこには経営戦略を遂行するための組織戦略が必要となる。組織戦略がうまくいかなければ、経営戦略を立案した当初に期待された経営成果も得られなくなるのである。

　組織は1人ひとりの個人では処理しきれない、複雑で大きな問題を解決するようにつくられる。組織の概念は大昔から存在している。個々の人間が集まると、やがて集団が形成される。集団が発展すると人々の間で、情報が交換され、知識が集積される。そして、高度な技術も開発される。同時に、個人相互の依存関係が密になるために複雑な社会が生まれる。このような社会においては、個人ができることは、だんだん小さくなり、必然的に人々の間の「協働」が必要になる。組織がつくられるのは、個人では達成できない仕事を複数の人々による協働によって実現させるためである。

　20世紀初頭に、米国の経営学は、「マネジメントの科学」を生み出すことを主たる研究目的としていた。こうした研究の中では、組織は目的達成のための合理的手段（道具）としてとらえられていた。そこでは、組織とは操作可能な部品から構成される「機械」のようなものであり、組織活動が外部環境とは独立して意識的かつ合理的に管理されることで、組織の能率が向上するものであるとした。

　こうした考え方から、組織は企業目的を達成するための人々の努力をより効果的に協働させるための手段であり、計画（Plan）、実行（Do）、統

制（See）のサイクル（PDSサイクル）を行う経営の管理過程（プロセス）であると考えられたのである。このような経営管理過程に注目することで、やがて実際に管理を行う管理者の管理職能に対する研究が行われるようになった。

　その一方で、「人間の集まり」ということに重点を置いてみると、組織は次のように定義できる。第1に、組織は社会的な存在である。しかし、人々が集まるだけでは、烏合の衆にすぎない。そこで第2に、関係する人々に共通の目標が必要になる。目標が共有され、それを達成しようとする意欲を持つことによって協働が始まるのである。しかし、1人ひとりの自発的な意欲だけでは、協働の方向性がバラバラになってしまうおそれがある。そのため第3に、活動を調整する制度やシステムが必要になる。さらに社会的な存在である以上、組織を取り巻く環境とは無縁ではいられない。そこで第4として、外部環境との結びつきが必要になる。

（2）バーナードの組織論

　組織と管理についての最も代表的な古典は、1938年に、ニュージャージー・ベル電話会社の社長であった、チェスター・I. バーナード（Chester I. Barnard）が著した『経営者の役割』である。それまでの組織論の現状に不満を持っていた彼は、経営者・管理者としてのみずからの経験に基づいて、さまざまな組織が持つ共通の概念的本質を明らかにしようとした。

　バーナードの組織論の特徴は、組織の持つ二面性を明らかにしたことである。彼は、まず組織を「意識的に調整された人間の活動や諸力のシステム」と定義し、組織の合理的側面である機能構造を明らかにした。この機能構造は、公式な職務遂行のしくみや情報ルートといったものを指す「公式組織」である。同時に、彼は組織の人間関係的側面にも着目した。この関係性が複雑に連鎖することで「非公式組織」が構成される。

　バーナードは非公式組織について、「個人的な接触や相互作用の総合およびすぐ前に述べたような人々の集団の連結を意味する。定義上、共

通ないし共同の目的は除外されているが、それにもかかわらず、重要な
性格を持つ共通ないし共同の結果がそのような組織から生じるのであ
る」と述べている。この人的なネットワークである「非公式組織」に共
通の意図や目標が与えられることによって、公式組織に転化する。バー
ナードは、「非公式な結合関係が公式組織に必ず先行する条件であるこ
とは明らかである。共通目的の受容、伝達、協働意欲のある心的な状態
の達成、これらを可能ならしめるためには事前の接触と相互作用が必要
である」と述べている。つまり、公式組織が形成されるためには、この
ような人的ネットワークである非公式組織の存在が必要であるとされる。

6 組織戦略と人事管理

（1）多様な組織構造

　組織戦略という場合、多くの人はまず組織構造を連想する。あるいは
問題が発生し、それを解決しようとするとき、まず組織構造の変革に注
目する企業は多い。機能別組織、事業部制、マトリックス組織、プロジ
ェクト組織など、さまざまな組織形態を戦略と企業の外部環境に合わせ
て選択することは組織戦略の1つの要素である。

　最も伝統的な組織構造は、職能単位で組織を形成する職能制組織（機
能別組織）である。この組織構造には、企業の競争能力（コア・コンピ
タンス）を蓄積しやすくなるというメリットがある反面、個々の市場で
の競争が激しくなり、顧客ニーズが多様化したような場合に、全社的な
統合がとりにくくなるという弊害を伴う。

　それに対して、企業が直面する市場の不確実性が高いときには、事業
部制をとることで組織を分化させることが有効であるといわれる。こう
した場合に、それぞれの市場への対応を行うために全社規模にわたる調
整を行っていると、市場変化に対応できなくなってしまうのである。し
かし、分化が一定限度を超えると、社内の他部門とのシナジーを達成で
きない、共通資源の蓄積を困難にするといった弊害が伴う。

図表１-１-５ ●マトリックス組織の例

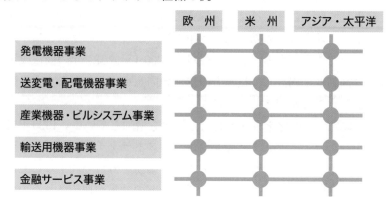

この２つの組織構造のジレンマを解決しようとしたのがマトリックス組織である。マトリックス組織は、図表１-１-５に示したように、「製品－市場」への適応に責任を負う事業部長と、効率追求や共通資源の企業内での蓄積に責任を負う職能部門長（あるいは地域責任者）の両方を設定し、バランスのとれたマネジメントを行おうとする、いわば「ツー・ボス・システム」（２人の上司）である。しかし、こうした考え方は組織設計図としては説得性に富むが、実際にこの組織を運営するのは人間である。組織がツー・ボスの間のバランスを自動的にとってくれるわけではない。実際には、個別の案件ごとに担当者は２人の上司の間で微妙な利益衡量をしながら仕事を進めなくてはならず、それが個人と組織の大きな負担となるのである。

　前述した組織を分化させる組織構造の中で、注目を集めたのは社内カンパニー制や分社化である。分社化とは、企業の事業や業務機能を担う一部門を本体から分離して独立した子会社にすることである。分社化の目的には、プロフィットセンター（収益と費用が集計される部門）である事業の再編と、コストセンター（費用だけが集計される部門）である業務の高度化の２つがある。

　日本の企業で、事業再編を目的とした分社化が注目された背景には、

第1には、企業の国際競争が激化する中で、機動的に組織を再編する必要性が生じていること、第2に、株式市場の評価が企業経営に与える影響が高まり、株主資本の効率的な運用の観点から事業の選択と集中が求められていることがある。これを受けた2000（平成12）年の商法改正では会社分割制度を創設し、債権者の個別の同意を得ることなく容易に会社分割を行うことができるようになった。

　一方、業務の高度化を目的とした分社化も増加している。1990年代に入ってから、コストセンターの業務は、リストラクチャリングの一環として、アウトソーシングが図られてきた。業務を外部委託することにより、コストの削減や外部ノウハウの活用などの効果が期待されたのである。しかし、事業部門別の採算管理が強化されるにつれ、コストセンターである本社機能に属する業務の一部にも市場価値を認めるようになった。つまり、社内では単なるコストセンターであるが、分社化して業務に見合った対価を支払うことで、本社機能の業務を高度化するのである。シェアドサービスが、続々と分社化によって設立された理由はこのことによる。→図表1-1-6

図表1 1 0 ● 分社化の2つの潮流

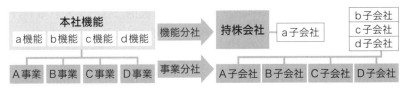

出所：野村総合研究所『経営用語の基礎知識〔第2版〕』2004年

（2）組織戦略と人事管理

　組織戦略は、分業関係、役割分担といった組織構造にとどまらず、権限委譲、決定権の上下関係、動機づけ、モチベーションといった幅広い範囲を含んでいる。さらには、人材育成も組織戦略に対して大きな影響を与える。

　半世紀以上も相変わらず、会社員が「うちの会社の組織はだめだ」と愚痴をこぼし続けている。確かに、問題を抱える企業の組織構造を見ると、過去のしがらみや歴史的背景などの理由によって奇妙な形態がとられていたり、それを変革できないでいる場合も多い。特に企業が発展していく過程においては、いまだ人材のストックが十分でない時期に、特定の個人の能力に合わせた組織構造がつくられる場合がある。それが、企業が大きくなり人材も豊富になったときにも変更されず、問題を引き起こすこともある。

　しかし、組織が「だめ」な原因は、組織構造に限られるわけではない。こうした愚痴のうち、本当に組織構造に欠陥があるのはむしろ少数であり、多くの場合、適切な人材がいないか、いても適材適所で活用できていないことに原因が求められることが多い。こうした場合、組織の問題は組織構造を変えればすべて解決するわけではない。なぜならば、構造や制度によって仕事が処理されるのではなく、何らかの意思決定をして仕事を遂行するのは、あくまでも人間だからである。そこで、組織戦略は直面する問題を解決できる人材を発見・育成し、彼ら（彼女ら）に活動できる場や資源を提供することに真の目的を置かなくてはならない。

　人事管理の要点は、コストと人と組織をどう結びつけるかということである。人事管理におけるコストとは人件費のことである。そこでは、給与や賞与などの報酬に福利厚生等の費用を含めた総人件費の管理を行うことになる。組織戦略は組織構造のもとで働く人を対象としてその発揮能力を高め、人々の間を上手に結びつけることによって人と組織を結びつける。また、人々の間や組織の間にシナジー効果を生み出すことで、コストにも影響を与えることになる。

　以上のことから、人事管理とは組織戦略の遂行を主たる目的として行われるものであるともいえる。そこでは、給与支払い、社会保険手続、関係官庁への届出業務などの事務作業にとどまらず、より戦略的な活動をすることが求められるのである。

第 2 節 職群・資格制度

学習のポイント

◆社員区分とは、同一の評価、報酬、配置、育成などの人事管理を適用する対象社員グループの区分である。

◆社員区分は、1990年代以降の社会、経済、テクノロジーといった人事制度を取り巻く環境の変化によって、これまでの「正社員」という単一のくくりから多様化してきている。

◆企業は多様な働き方を希望する人材を受け入れて活用しなくてはならない。そのために社員区分の基準を明確にすることで「人材ポートフォリオ」を形成して人材戦略を検討する。同時に、社員に対しては、公正な運用をすることで区分の意味を伝達できるようにする必要がある。

1 社員の多様化と人事管理

(1) 非典型労働の増大と活用

　20世紀の製造業において大量生産方式が普及したことによって、働くことが生活そのものであるというよりも、そこから切り離されて「労働」が生活をするための手段であると強く意識されるようになった。一方で、使用者にとっては、労働は製品を作るための原材料などと同等であるように認識されるようになり、労働の非人間化が進んだ。

　そのため、労働者が、使用者から非人間的な労働を課せられることによって人間的な尊厳を失わないように、国家や労働組合などによるさまざまな保護ルールづくりや規制が行われるようになった。これにより、

労働は個人と使用者が対等な関係で結ぶ労働契約に基づいて行われるようになり、1日8時間労働、週5日勤務、有給休暇の権利といった今日の典型的な労働の形態が定まってきた。

　日本の労働基準法では、労働契約を「（3年以内の）期間の定めのある契約」と「期間の定めのない契約」の2つに大別している。一般的に後者の期間の定めのない契約に基づくのが正社員である。かつての企業では、この期間の定めのない契約に基づく雇用がほとんどであったため、これを前提とした評価・報酬・配置・育成などの人事管理しか考えておらず、期間の定めのある契約に基づく社員（一般的には非正社員）に対しては人事管理を考えすらしていなかった企業も多い。

　しかしながら、1990年代以降、社会、経済、テクノロジーの世界的変化の中で、これまでのように1つの企業に就職するのではなく、いわゆるフリーターとして働く若者たちが急増した。また、出産や育児を終えた女性の再就職も増加している。働き方の多様化に伴い、これまでの新卒採用中心の正社員の代わりに、非正社員として従事する人が増加している。

　他方、雇用する企業側は、これまで非正社員を安価な補助的戦力として、さらには景気変動に対応する労働力の伸縮のバッファーとしてとらえてきた。しかし近年では、非正社員が小売・サービス業を中心にして業務の基幹を担うようになってきている。そこで、一部の企業では人材確保の有力手段として非正社員を正社員とは異なる方法で活用することを試みるようになった。こうした背景から、期間の定めのある契約として大くくりにされていた非正社員の中にも、契約社員、パートタイマー、アルバイトなどのそれぞれの形態に応じて評価・報酬・配置・育成の人事管理を行わなければならなくなってきた。

　この流れの1つの帰結として、同一労働同一賃金を含む働き方改革関連法が2018（平成30）年6月29日に成立した。同一労働同一賃金とは、同一企業や団体における正規雇用労働者（正社員）と非正規雇用労働者との間の不合理な待遇差解消を目的とする考え方である。2018年12月に

策定された「同一労働同一賃金ガイドライン」は、正社員（無期雇用フルタイム労働者）と非正規雇用労働者（パートタイム労働者・有期雇用労働者・派遣労働者）との間で待遇差が存在する場合、いかなる待遇差が不合理なものであり、いかなる待遇差は不合理なものでないのかについて原則となる考え方と具体例を示したものである。基本給、昇給、ボーナス（賞与）、各種手当といった賃金にとどまらず、教育訓練や福利厚生等についても記載され、ガイドラインに記載がない退職手当、住宅手当、家族手当等の待遇や具体例に該当しない場合についても、不合理な待遇差の解消等が求められるとしている。

（2）働き方の多様化に対応する組織づくり

　企業が非正社員の活用を図る背景には、次のような理由がある。まず1990年代半ばからのグローバル競争とデフレによって、固定費化した人件費を企業業績に応じて変動費化させるニーズが高まってきた。企業における総人件費は単位時間給与と企業活動のために投入される総労働時間の掛け算である。

　成果主義型賃金や業績連動報酬などの制度は、単位時間給与を調節するための制度であるといわれる。しかし、終わった「業績」に基づく限り、それは結果論に基づく調整であり、「今期の利益を確保したい」という目の前の企業のニーズに即応できるものではない。そこで、これまで企業は時間当たり単価の安い非正社員を雇うことで人件費の削減を図ってきた。

　非正社員の「活用」というと、まず非正社員が安い賃金で効果的に働くような労務管理の工夫を指しているように思える。しかし、企業側の論理だけに基づいた人事管理の底の浅さは、働く者の側からは簡単に見抜かれてしまう。このような場合、非正社員は自分の将来と組織の将来を重ね合わせるようなことはせず、むしろ与えられた仕事をミスなく無理なく遂行することを念頭に置くようになる。そして、決められた範囲以外の仕事や能力開発に取り組むことには、強い拒否反応を示すようになる。

　もう１つの活用は、企業活動のために投入される総労働時間の総和の調整である。この具体例の１つは、繁忙期に多数の非正社員を雇い入れ、閑散期にはそれを解雇するといった形の労働力の需給調整である。こうしたやり方は、労働力の使い捨てであるという負の印象が強くなる。

　しかしながら、今日の企業の置かれた競争環境はかつての状況とは異なり、数カ月も前から需要を予測することを困難にしつつある。計画に基づいて労働力の供給を調整しておくと、あてが外れて過不足が生じてしまうことも多い。そこで企業の競争優位の１つとして、需要に細かく対応できる柔軟な労働力を持つことが必要となる。

　そのための方法の１つは、１人ひとりの可能な労働時間をうまく組み合わせることで、投入労働時間を需要に対応させることである。たとえば平日の夕方のみ勤務可能な人、休日のみ勤務可能な人といったようなさまざまな個人を採用して、需要の変化に柔軟に対応できるシフト勤務を実現する。

　こうした方法を実現するためには、多様な労働形態を受け入れる企業の姿勢が必要である。生活者としての個人の側面を尊重し、働くことを生活の一部として、無理なく働くことを可能にするような環境や政策をつくることで非正社員の活用が可能になる。こうした職場環境に置かれる非正社員は、「この会社に長く勤めたい」と思えるようになる。そうすることで組織に対するコミットメントが生まれ、単に与えられた仕事をこなすだけではなく、自分と会社の将来に有益なことであれば難しい仕事や能力開発にもチャレンジするようになる。場合によっては、会社の求めに応じて自分の労働時間を需要に応じて伸縮させることも厭わなくなり、結果として企業はより柔軟な労働力を確保することが可能になる。

　ヨーロッパに続いて、日本でも「同一労働同一賃金」の原則が2018年６月に法制化されたように、社員区分による違い、すなわち「正社員ではないこと」を理由にして賃金格差をつけることは禁じられることとなった。2013（平成25）年４月に施行された改正労働契約法第20条（2020（令和２）年４月からは、パートタイム・有期雇用労働法第８条として施

行）の趣旨も同様である。今後は、個人と企業のニーズをともに生かせるような働き方をいかに実現していくかに重点が置かれるようになるであろう。

2 社員区分の基本

（1）社員区分の概要

　社員区分は、同一の評価・報酬・配置・育成などの人事管理を適用する対象社員グループの区分（職群）である。つまり、異なる区分には異なる人事管理を行うことになる。企業によって人事管理の適用の仕方が異なるために、社員区分の程度と基準は企業によって異なる。

　正社員だけを雇用しているような企業では、社員区分は1つだけで十分な場合もある。一方、多様な労働形態の非正社員を抱える企業では多様な人事管理が必要になるために、社員区分を細かくすることで人事管理のニーズに柔軟に対応できることになる。

　たとえば、技術開発力を重視する企業においては組織マネジメント能力を高めるような人事管理を行う「管理職」の区分とは別に、専門的な技術や知識の向上とそれを後進に指導していくことを促すような人事管理を行う「専門職」の区分を設ける。これによって、それぞれの特性に適合した人事管理を行うことができるようになる。→図表1-2-1

　しかし、社員区分の程度を細かくすれば副作用が生じることもある。

図表1-2-1 ●社員区分の例

先の例でいえば、専門職として評価され、それに基づいた報酬は他の基準で評価された管理職の誰と整合させればよいかが困難になる。1つの企業において多数の区分が存在する場合、異なる区分を均衡させることは難しく、不公平感を生みやすくなる。また、人事管理が異なるために異なる区分間の移動も困難になり、社員間の対立を助長させ、柔軟な配置による組織の効率を阻害する可能性もある。

　しかしながら、今日の企業では、技術の深化、社会の多様化、経済の複雑さに対応できるように、さまざまな仕事が存在している。社員区分の単一化がすぎると社員間の不満が高まる。たとえば、最先端技術の研究職と営業職を同じ基準で評価して処遇するのは難しい。今日、多くの企業で導入されている目標管理制度について、「営業部門とは異なり、数値目標の設定が困難な管理部門の社員には不適切である」という批判が出るのも、区分の行きすぎた単純化の例であるともいえる。

　社員区分は企業の社員に対する期待によって基準が異なってくる。従来、多くの企業では社員に期待する働き方の違いに基づいて基準をつくっていた。たとえば、恒常的に役務を提供することを期待する「正社員」という基準や、業務量が増大するときに短時間で就労することを期待する「パートタイマー社員」といった区分の基準である。

　働き方ではないが、将来の経営を担う人材として育成することを期待する「基幹職」という区分もある。また、たとえば、有名なリクルート社の3年有期契約社員の「CV職」のように一定期間働いた後、企業から離れていくことを期待されるような区分もある。このように、企業が社員に対するキャリアの期待に基づいた基準を設定する場合もある。

　さらには、仕事の内容に基づく基準もある。コンサルティング会社のように、顧客に高度なサービスを提供するコンサルタントと会社の運営にあたる職員に対して、異なる区分を適用する会社もある。また、高度な専門技術に特化したエンジニアを「専門職」と区分し、経営管理の業務にあたる社員を「マネジメント職」と区分する場合もこれに当たるであろう。

（2）社員区分設計の要点

① 基準の明確化

　社員区分を定める際には、社員が納得できるものにする必要がある。

　そのためには、第1に、区分基準を明確に定める必要がある。その際には、たとえば営業職には短期成果を期待する一方で、研究職には長期成果を期待するといったように、望ましい社員像をまず明らかにしなければならない。そして、会社が社員に求める役割や働き方に基づいて社員区分を明確に定め、社員に伝達する必要がある。

② 区分間の公平性

　第2に、異なる区分間の処遇の公平性を担保するしくみづくりが必要となる。ただし、ここでの「公平」とは結果平等を意味しない。社員それぞれの役割・職務の価値をもって公平性の基準とする、Pay for Jobが基本となる。この価値観を組織に浸透させると同時に、キャリア・パスを明確にすることで機会平等による納得性を高めることができる。

　そのうえで、制度の透明性を高めて処遇をできるだけ公開することに努めれば、社員の納得性をさらに高めることができる。しかし、どれだけ制度の精緻化を図ったとしても、実際の運用において100％の満足度を得ることは難しい。そのため、処遇についての苦情に対応する機能を持つことで制度を補完することができる。この機能はこれまで労働組合が担うことが多かったが、社員区分と処遇の個別化や多様化に対応するためには、社内の意見が組織の上下関係にとらわれずに伝えられるようにするオープン・ドア・ポリシーなどを導入して、直属の上司が担うようにすべきである。そして人事部門に訓練された担当者を置き、上司の手助けを行うことで、さらにその機能を充実させることが可能となる。

③ 法的要件の充足

　第3に、社員区分に伴う法的要請に配慮する必要がある。解雇制限や、短時間労働者に対する社会保険適用等は、雇用保障を基本思想としており、企業側のニーズである人材の柔軟な活用と相反する場合もある。人事実務担当者はそのミスマッチを回避するような制度を立案する必要がある。

（3）社員区分の今日的課題

① 社員区分の多様化

　正社員はもはや、多様な社員区分の1つとして取り扱われるにすぎない。今日の企業においては、正社員であるか非正社員であるかという区分はあまり大きな意味を持たない。

　一方で、改正パートタイム・有期雇用労働法や改正労働者派遣法のように、非正社員に対して同一労働同一賃金の原則を法制化することにより正社員との格差の是正を行い、社員区分間の公平性を均衡させるような圧力を増加させている。こうしたことによっても、これまでの正社員、非正社員という区分そのものが崩れようとしていることがわかる。

　こうした環境変化に対応するためには、まず、人事制度の骨格となる社員区分の基準の設定が重要になる。基準設定の基本的な方向は、正社員の雇用を重視し、非正社員を雇用のバッファー（緩衝装置）としてとらえていた考え方から、多様な働き方を希望する優秀な人材を受け入れることができるように雇用機会を拡大する方向に転換することである。

　プールした優秀な人材を企業戦略に応じて柔軟に活用できるように、雇用形態や契約を多様化することが不可欠になる。これまでのように、正社員と非正社員は同一職務をこなすが、処遇は異なるというアンフェアな状態を是正し、双方の職務を明確に規定し、期待される成果もはっきりさせなくてはならない。そうすることで、企業側では年齢や性別とは無関係に成果に基づく人事考課を行いやすくなり、効果的な人材開発が可能となる。

② コア人材と非コア人材

　もう1つの今日的な課題は、アウトソーシングが進んだことによって企業組織の境界そのものが曖昧になってきたために、どこまでを自社の社員として扱うかという社員の内外区分の基準の見直しが必要となっていることである。これについては、企業のコア・コンピタンスとなるコア業務と定型業務等の非コア業務を区分する基準に基づいた見直しを行う必要がある。

　コア業務に就く人材がコア人材である。言い方を変えると、コア人材は企業への貢献が大きい、もしくは大きくなるであろうと期待される人材である。コア人材は早期から社内で計画的に育成していくか、高い報酬を支払って外部から調達する必要がある。これに対して、非コア業務に就く非コア人材については、できるだけコストを抑える必要がある。そのためにアウトソーシングや非正社員など、正社員とは異なる給与システムのもとで処遇する人材への切り替えを考える必要がある。

　以上のような視点に立って、社員区分を企業が期待する働き方の違い（期待役割）に基づくものとし、その区分の違いによって個々の社員の役割や仕事が明確に定められるようにする必要がある。さらに、その区分を法的要件と合致させるために、雇用契約においても明確な区分が必要となる。

　こうした区分の基準の設定の仕方によって、異なる「雇用ポートフォリオ」が形成される。先に述べた、①コア人材・非コア人材という違いもポートフォリオの基準となる。そのほかの基準として、②人材の社外調達可能性、③人材の保有スキルの外部労働市場における一般性、④チームワーク能力の有無などがあり、企業の目的に合わせてさまざまに設定することができ、その組み合わせによってポートフォリオを形成することができる。たとえば、①と②を組み合わせると、図表1-2-2のようなポートフォリオを構成することができ、企業はこれによって人材活用などの人材戦略を検討することができる。

　ただし、いったん1つの区分に入ると閉鎖的になり区分間の移動ができない、もしくは正社員から非正社員へというように一方向のみの移動しかできないという状況をつくり出すおそれがある。社員が個人としてもつキャリア計画と合致できるように、個人の希望によって区分間の移動が可逆的に行えるような制度運用を行う必要がある。

図表1-2-2●人材ポートフォリオの例

	社外調達可能	社外調達困難
コア人材	中途採用	新卒採用＋社内での計画的育成
非コア人材	業務委託や異なる雇用形態への移行	業務の廃止

3 人材ポートフォリオの今日的意義

（1）人材ポートフォリオの背景

　1990年代以降のIT技術の進歩により、個人だけでなく国や企業までもが密接に世界と結びつけられ、グローバル市場が形成された。やがて企業の協調と競争の新たなルールがつくられ、国を超えた経済取引が行われるようになった。その結果、市場はいままでになく複合化し、テクノロジーも高度化した。こうした変化によって従来の仕事のやり方や能力では、その中で増大する高度な情報や知識に対応することができなくなった。

　これに対して、企業がとることのできる対応の1つは仕事の整理と職務による組織の再設計である。これによって個人に任される職務の範囲が明確になり、それぞれの個人がそれぞれの職務を遂行する責任を負う。責任が果たされなければ、組織全体の目標が達成されないことになる。このような組織を効率よく機能させるためには、それぞれの職務に最も適した人材を採用し、その意欲を高めるような報酬を与え、さらに能力開発を行う必要がある。

　効率性の観点からは、配置された人材はその職務を100％遂行できるだ

けの能力を持つ必要がある。そこで、企業は非正社員を含めた「人材ポートフォリオ」を考慮して、それぞれの職務に適切な人材を配置する必要がある。

（2）組織のモジュール化と職務主義

最近は小さな政府が望ましいとされる。企業においても、組織が大きくなるにつれて新しく組織活動を行うための費用（組織費用）が増加して効率が悪くなると考える流れがある。一方で、組織の拡大化のメリットも忘れてはならない。組織の規模が大きくなるにつれて、継続的な組織活動に必要な費用（取引費用）が減少し、「規模の経済」および「範囲の経済」が働いて効率がよくなるからである。

20世紀初頭の大量生産方式の時代においては、規模の経済を理由に大きな組織が望ましいとされた。しかし、今日の企業における組織活動では、扱う製品やサービスが複雑化・高機能化したことで、求められる知識や情報の範囲や深度が拡大した。1990年代以降のIT技術の急激な進歩によって、これに対応できるような情報処理が可能になったものの、処理された情報を使う人間の認知能力の限界を超えてしまった。このような人間の能力の限界は、組織能力の限界につながる。情報が氾濫する世界においては、情報処理そのものはコンピュータ等のIT技術が中心となって行うものの、情報のインプットやアウトプットの活用そのものは人間とその集合である組織が行うためである。

この限界を克服するためには、複雑な情報を整理・圧縮して効率化できるような組織的な対応をとること、つまり組織の再設計が必要である。人間の認知能力に応じた情報の整理と圧縮を行うためには、組織を一定の区分（モジュール）に分割することが望ましい。これによって、組織の内部において「選択と集中」がなされるのである。組織のモジュール化が行われると、必然的に個々人の職務も明確になっていく。すなわち、雇用が職務に基づいて行われるようになる。そして、それぞれの職務に応じて求められる人材や働き方が異なるようになる。

　非正社員の増加の背景には、企業の組織においてモジュール化と職務主義化が進展していることが大きな理由として挙げられる。職務主義は年功賃金制度や職能資格制度といった人事制度、なかでも賃金制度の議論の中で語られることがほとんどであるが、実は世界的な産業構造の変化に対する組織構造の適応であるといえる。業種にもよるであろうが、企業の生き残りのためには避けられない変化の１つである。

（３）モジュール化と非正社員

　企業の組織、つまり製品やサービス等の生産によって付加価値を生み出していく一連のプロセスの中にはさまざまな職務がある。そして、それぞれの職務を担当する人材はその職務について専門化することが求められるようになる。

　また、職務の中には従来のような「午前９時から午後６時まで、１日８時間、週40時間」といった働き方にそぐわないものもある。たとえば、小売業における接客や顧客サービスといった職務は来店者数の多い季節や時間帯に特に必要とされる仕事であり、閑散期にはそれほどの需要がない。これまでは、正社員を閑散期に他の職務を兼務させる一方で、非正社員を補助的労働力とするなどして労働力の需給調整を行っていた。しかし、最近では、職務の専門化によって、特に小売・サービス業を中心にして、労働時間の伸縮性の高い非正社員が重要な職務を担うようになってきている。

4　職能資格制度

（１）社員格付けの概要

①　格付けと序列

　社員の格付けは、社員の企業における重要度の程度を表す。社員格付け制度は、社員の社内における相対的な位置関係を表すランク、すなわち序列を決定するしくみである。

　個々の社員は、それぞれの属する社員区分において何らかの尺度を当てはめることで、その重要度が測定される。格付けにおける等級数は10等級前後で設定される場合が多いが、一般には小さい組織では等級数が少なく、大きい組織では多くなる傾向がある。また、等級の数があまりにも多くなると等級間の格差がつきにくくなり、運用が困難になるだけでなく、社員の昇格のモチベーションを失わせて格付け制度が形骸化することにもなる。一方で、等級数が少ないと等級格差は明確になるが、昇格の機会が少なくなることで社員に閉塞感を与えることになる。

　このように、格付け制度における昇格（もしくは降格）は、社員にとって会社生活における最重要事項の1つである。そこでは悲喜こもごもの感情が入り交じるため、人事部門は制度の公正な運用が行われるような管理を行う必要がある。

② 年功制

　昇格管理の「公正性」を「公平性」と同義として扱うと、それぞれの等級における滞留年数、勤続年数、さらには年齢で運用する「年功制」の社員格付け制度となる。もしも全員が新卒採用され、誰も途中で退職しなければ、年功制は究極の「公平」であり、運用も簡単である。日本企業ではこの年功制が広く導入された時期もあり、そのもとでは女性社員を補助的業務のみに就けることも多く、性別も実質的な格付けの要素となっていた。

　しかしながら、公平な運用は企業業績とは連動せず、コストアップの要因となる。それを防ぐために、社員の成果や期待される役割の重さで格付けすることを考えなければならない。そのためには、格付けのための定義を明確にしていくことが重要である。ここでは、これまでの代表的な格付け制度である職能資格制度と導入が進みつつある職務分類制度についてふれる。それぞれの詳細について説明する前に、ここでは概要と成り立ちについて述べる。

③ 職能資格制度

　最近まで最も一般的な格付け制度であった職能資格制度は、第二次世

界大戦後の占領下においてGHQの指示によって導入が試みられた職務等級制度に替わるものとして、多くの企業に取り入れられたものである。

職能資格制度は、職務遂行能力に基づいて序列を決定するものである。しかし、その運用において、能力そのものの序列付けが困難であることと、役割・仕事が明確に定められていないことから、勤続年数を能力指標の代替値として使用し、実質的には年功制と大差がなくなってしまった。

年功制は、「年と功」に基づいて格付けと処遇が決められれば社員の納得性をある程度得ることもできるが、単に「年の功」によって運用される場合には若手・中堅社員のやる気を喪失させ、組織の活力を下げ、変化への抵抗を拡大するようになる。今後はそれに代わって役割・仕事の大きさによる格付けに移行していくことで人材のやる気を高め、環境の変化に組織を適応させて生き残りをはからなければならない。

④ 職務分類制度

そこで、1990年代になって、もう1つの代表的な制度である職務分類制度（職務等級制度）を導入する企業が増えてきた。これは、米国におけるPay for Jobを参考にしている。米国では、以前より、職務記述書をベースにして職務評価を行ってジョブサイズ・ポイントを決定し、それに基づいて職務等級を決定する方式が主流となっていた。しかし、等級が30等級から50等級と細分化されていたためにさまざまな混乱が生じた。

そこで、米国でも1990年代以降、組織のフラット化とともに職務等級の大くくり化（ブロード・バンディング）と、日本の能力評価の要素もあわせ持ったコンピテンシー（高業績者の行動特性）を取り込みながら、ゆるやかな幅をもたせた制度に変化した。この新しい方法は、職能資格制度をベースにしていた日本企業にとっても比較的受け入れやすく、中高齢化問題の解消に相当の効果を発揮することが期待される。そのため、多くの企業において導入が検討され、今後の人事制度の標準になりつつあるといえる。

（2）職務主義から職能資格制度へ

1945（昭和20）年以降、GHQの強い指示と指導により職務等級制度と職務給に基づいた人事制度が日本で急速に広がっていった。当時の労働省だけでなく、多くのコンサルタントがGHQにおいて職務分析や職務評価技法を習得し、企業における職務給の導入を支援した。

しかし、職務等級制度と職務給は長続きしなかった。この人事制度を運用するためには、仕事の内容が変化するたびに職務評価をやり直さなければならず、仕事が安定していない場合には大変な手間と労力が必要とされた。また、技術革新が起こるとそれまで困難だった仕事が簡単になり、その価値が低下し、賃金も下がることになる。そのため、労働組合は職務給導入に反対するだけでなく、技術革新そのものにも反対するようになった。

当時の日本は、人事管理はどのような政策をとるべきかの模索期にあったといえる。1952（昭和27）年ごろまでは、日本には労働能率や効率といった概念はあったが、生産性という概念はなかったといわれる。そして、生産性概念が登場したころから刺激性だけを主眼に置いた能率給や業績給がしだいに後退し、代わってゆるやかな生産性賃金つまり成果配分賃金が重視されるようになった。

続いて、1960（昭和35）年ごろから1975（昭和50）年までの間に登場したのが、年功制に基づく社員格付け制度である。この制度は、社員を役職とともに学歴、性別、勤続で処遇するため、どんなに仕事が変化しても賃金に対する影響はなく、新技術の導入などに積極的に取り組める柔軟な組織運営が可能であった。

折しも1950年代の半ば過ぎから70年代前半にかけては安定した高度成長期であり、毎年昇給する年功賃金に何の問題もなかった。むしろ、社員の平均年齢が若かったこともあり、年功賃金は低人件費を実現する人事政策として企業の高収益と成長に寄与したのである。

しかし、1973（昭和48）年のオイルショックを機に日本経済が中成長に落ちたため、企業は年功賃金に対応できるだけの支払い能力がなくな

り、高人件費コストが懸念された。そこで社員格付け制度は、能力を重視する「職能給」を特徴とする職能資格制度に転換していった。

　この能力に基づく社員格付け制度とは、職務調査を行い、等級基準を具体化しながら職務遂行能力の成長に応じたグレードに肩書きを付けた職能資格を決定するところに特徴がある。そして、評価制度も給与査定を目的にした相対考課から、育成を目的とした絶対考課へと変化を試みた。これらの職能資格制度と育成型絶対考課が、「日本型の能力主義」といわれる他国に例を見ない人事管理の2つの柱であるといえる。

　このように、職能資格制度は能力開発という点で有意性を持っているが、そこで想定されている社員像は、次々に等級基準を満たしながら職能等級の階段を上がっていく社員である。その前提には企業で年数を重ね、能力開発に努力していけば能力は高まっていくという仮定があった。また、職能資格制度における能力とは、過去の蓄積、つまり過去の習熟、習得、職歴、企業への貢献業績の累積であり、いわば過去の能力開発の総和である。こうした考え方から、職能給は年数に対して結果として右肩上がりのカーブになる。このことから、職能資格制度を年功賃金制度と混同することがあるが、職能資格制度はもともと年功賃金を意図した制度でないことに留意しておかなければならない。

　職能資格制度のような能力を重視する人事制度は、日本固有の労使関係に根ざした組織の柔軟性や人材の活用の観点から、欧米流の「労働（結果）」対価よりも「労働力（プロセス）」対価の考え方を重視したことの帰結であるといえる。この能力を構成する主たる要素は、前述したように過去の能力開発と経験の蓄積であるのだが、その範囲は曖昧である。そのため、やがて労働力に社員の属性や家族状況などの「労働力を提供する環境」も含まれるようになり、能力は社員の「人生の蓄積」と同じように扱われるようになったともいえる。

　さらに能力を重視したことで、職能資格制度に基づく人事施策には、①定期採用、②定年制、③継続的人材育成、④内部昇進、⑤定期昇給、の5つの人事制度が含まれる。なかでも重要なのが、継続的人材育成お

よび、それをもとにして機能する内部昇進と定期昇給である。

（3）職能資格制度の浸透

①　生活給と職能資格制度

　報酬が人生の蓄積の対価であるとされると、報酬のベースはそれぞれの人生の段階において生活に必要なコスト、つまり生計費に基本を置いた報酬制度となる。生計費に基づく給与の設計では、「35歳男性、高卒、勤続17年、既婚、子ども２人」というような「モデル社員」を想定し、その「モデル人生」の各ステージに応じた生計費の支出に基づいた報酬金額の設定が行われる。

　具体的には、学校を卒業して入社間もない独身の社員には安い賃金水準が設定され、勤続が長くなるにつれて上昇する生計費に見合うように賃金も上昇するしくみになっていた。その上昇も直線的ではなく、結婚してやがて扶養家族が増えれば、基本給の上昇だけではなく、諸手当が付加されることによって生計費の上昇の加速分を補っていた。また、年功によって昇進することを通して、子どもの教育費や住宅の購入などによって支出がピークになる40代から50代前半に報酬もピークになり、子どもが独立して負担が軽くなる50代後半に入ると、役職定年などによって賃金が徐々に減少していくようなカーブを描くような設計になっていた。

　加えて、企業の活動結果である利益の社員に対する成果配分制度であったはずの賞与においても、給与の一部であるという考え方が持ち込まれ、生計を安定させるという目的で、企業業績にかかわらずある程度の支払い水準を維持しようとされた。また退職金についても、賃金の後払い的な性格が強くいわれるようになった。

　職能資格制度においては、昇格するにはその資格に必要な能力を身につけることが前提となり、それを基準に賃金が決定されることになっていた。しかし、実際は資格に必要な能力の習得を判定する方法を明確に定めることができなかったために、「勤続年数が長くなれば、経験も深ま

ったはずだから、職務遂行能力も高まったに違いない」という仮定を置いて、年功的な運用がなされるようになった。それが可能であったのは、職能資格制度のもとでは、企業の成長が鈍化してポスト不足が生じて昇進の機会が制限されても、資格を上げることで処遇することができたからである。

② 職能資格制度における評価

しかし一方では、1980年代以降、職能資格制度によって評価と賃金決定が切り離されてしまったといえる。賃上げが年間3％前後に落ち着いてきたために、たとえ人事評価に差が出たとしても、昇給にそう大きな格差がつかなくなってきた。むしろ、昇進とそれに伴う賃上げが重要視されるようになった。さらに、昇進は社会的なステータスに結びつき、社員にとってのインセンティブになった。そのため、社員の毎年の人事評価に対する関心は薄くなり、企業も社員に評価結果を詳細に伝えることはほとんどなかった。

第二次世界大戦後の日本企業では、管理者訓練の中で人間関係による部下指導が重視され、提案制度や福利厚生や職場ぐるみのレクリエーションが積極的に展開されるようになったが、その背景には「ひと」基準の人事施策とワーク・モチベーションの考え方があった。その結果、離職率や欠勤率は欧米企業と比較して大幅に低くなった。右肩上がりの高度成長経済のもとでは、企業の成長のためには労働力の確保が最重要課題であったために、このような人事政策は企業目的に沿った合理的なものであったといえる。

（4）職能資格制度の運用

職能資格制度は、社員が配置されている仕事ではなく、その仕事に配置されるうえで必要な一定の資格に達するまでにストックされた「職務遂行能力」に基づいて社員の格付けを決める制度である。したがって、社員はそれぞれの資格の職能要件を満たすように能力開発を行い、その要件がすべて充足されると上位の資格に昇格するのが原則である。こう

したやり方を「卒業方式」と呼ぶ。さらに上位の役職へ昇進する者は、一定の資格に到達した者の中から選抜される。これを指して、「昇格先行・昇進追従」とも呼ばれる。これによって、「能力を上げれば給料が上がる」という強力なインセンティブを社員に与え、みずからの能力開発に強い関心を持たせることができる。そのため、職能資格制度は社員の育成を促進することに重点を置いた制度であるともいわれる。

おのおのの資格には職務遂行能力の要件（職能要件）が定められている。社員は異なる職務に配置されていたとしても、同一資格に属していれば同一水準の賃金が支払われるようになる。そのため、企業は環境変化に対応するべく機動的に人材の配置を行うことができ、組織の柔軟性を維持することができる。

職能要件の内容は会社によって異なるが、おおむね次のような段階を経て設定される。まず、職務を調査し、その職務の遂行に必要な能力の抽出を行う。抽出された能力を職種ごとに難易度の順に分類して「職能分類表」を作成する。さらに、この分類表をある程度の難易度ごとに分類して等級を付け、その等級ごとに職種の違いを超えた共通要件を整理した「職能資格等級基準」を作成する。こうした作業を行ったうえで、各職能資格に対して名前を付けて社内で共有していく。

能力は時間とともに蓄積されるものであり、この能力の蓄積を測定する手段が人事考課である。職能資格制度では、能力のレベルをある程度大くくりにして資格等級化しているので、同一の資格に対応する賃金はシングル・レートではなく、一定の幅をもったレンジ・レートとなる。人事考課の結果は、同一資格内での昇給に反映されると同時に、昇格の審査においても活用される。これによって仕事や働き方の異なる社員を共通の基準で格付け・評価を行い、さらに処遇していくことが可能なため、組織内における一致団結を促進し、集団の強みを発揮することができる。

次に、職能資格制度を運用するために、学卒新人の入社時のスタートラインとなる資格を定める必要がある。同時に、課長や部長などの役職

（職位）に対応する資格を定める必要がある。この対応資格は、時間外労働管理などの労務管理において重要になる。また、すでに述べたように、能力は時間とともに蓄積されると考えるのが原則であるため、それぞれの資格の「必要滞留年数」を定めて上位資格への昇格の要件とする場合もある。→図表１−２−３

図表１−２−３●必要滞留年数と昇進・昇格の例

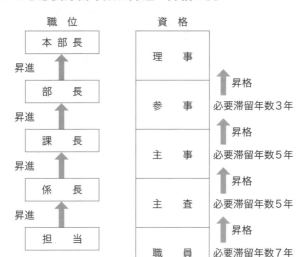

5　成果主義型人事制度

（１）1990年代における環境変化

　1990年代以降、日本企業の職能資格制度は、企業業績の悪化と社員の高齢化に耐えられず、修正を迫られることになった。職能資格制度における賃金カーブは年齢に対して右肩上がりである。1990年代においては、職能給の平均的な上昇率は３％程度と、年功賃金時代の７％の半分以下となった。しかし、経営に対するインパクトの大きさはいまだ無視でき

ないものとなっている。

　ここでいう能力とは前述したように過去の蓄積であり、職能資格制度
における等級（職能等級）の基準を満たしながら等級が上がるというこ
とは、経験とともに能力が蓄積されるという考え方がとられていること
を示している。そのため賃金の引き下げができず、社員の高齢化が進む
に伴い賃金負担に耐えられない企業が出てきた。

　また、技術革新のスピードが加速されたことに伴って、企業の業態が
急速に変化し、学校などで最新の技術を学んでいる人でないと、リード
できないような新分野も登場するようになった。そのような場合、入社
歴が浅くて職能等級の低い人が実際にラインを統括せざるを得なくなり、
等級とポストの不一致が生じるようになった。このため、「努力すれば報
われる」という、それまでの考え方が作用しなくなってきた。また、経
済が停滞し企業業績も先行き不透明となったため、賃上げは定期的に行
われるものではなくなり、組織が拡大しなくなったためにポスト不足が
生じた。そのため、長期間の中で業績貢献度と賃金を均衡させるしくみ
が機能することが難しくなった。

（2）成果主義の登場
① 　総額人件費コントロールの必要性
　能力の蓄積に焦点を当てる職能資格制度のもとでは、社員の高齢化に
伴い賃金も天井知らずに増加していくことになることを強調したが、そ
の結果、経営を厳しく見直さなくてはならなくなった企業においては、
労働費用を抑制しなければならなくなった。労働費用は、企業戦略を実
行するうえで必要な労働力を調達するためのコストである。労働費用の
およそ8割近くは賃金、すなわち現金給与が占める。残りの部分は、現
金給与部分に比例して増加する社会保険などの福利厚生費用である。現
金給与の費用に福利厚生費用を加えたものを総額人件費（total remu-
neration）という。

　総額人件費の水準は、企業の長期の成長性と健全性を加味し、また、

株主に対する配当や投資などの要素を勘案しつつ決定されなければならない高度な経営上の意思決定である。しかし、1980年代までの総額人件費は、春闘を中心として形成された「世間相場」に基づいて企業を超えた横並びの決定がなされていた。そこには、個々の企業の状況に基づいた経営判断が入る余地はあまりなかった。

しかし1990年代になって、経済が停滞し企業業績が先行き不透明となったため、企業も変化への迅速な対応が求められるようになった。このような環境の変化に適応するためには、総額人件費はもはや世間相場ではなく、個々の企業の実情に応じて決定し、原材料費などのようにコントロールする必要性が出てきたのである。そこで、企業では総額人件費の原資を確保すると同時に、その配分にあたっては企業の戦略達成に対する貢献に応じた管理が必要とされた。つまり、原資の管理方法と配分方式はともに方向性が大幅に変更されたのである。

原資の管理方法としては、従来から用いられてきた労働分配率だけではなく、予想される売上げや営業利益などの経営のアウトプットに対する労働費用の比率を戦略的に決定し、それに基づいて原資を確保する方法をとることが多くなってきている。これらの新しい指標は、労働分配率のような、経営の結果の振り返りではなく、予想される環境を見越した戦略的な人事管理を行ううえで重要となるのである。

② 原資の配分ルール

原資の配分にあたっては、これまでの、年功による「絶対的平等」を基準とした配分が不公平感を高めるようになった。原資の管理が厳しくなるということは、かつてのような「能力の蓄積」に基づく「平等」な配分を行うことができなくなることを意味した。つまり人件費の配分は、限られたパイを取り合うゼロサム思考で行われるように変化し、社員間の納得を得られる新しい方法がとられる必要が出てきたのである。

新しい配分ルールで重視されるのは、「内部公平性」と「外部競争性」の２つの点であった。外部競争性は社員を企業に引き止める（リテンション）効果がある。そのため、企業は定期的に給与調査を行い、他社と

45

比較したうえで、労働力のマーケットの水準に遜色ない水準に賃金を維持しようとした。

　内部公平性のためには、社員の貢献度の明確な基準を設定しようとした。ただし、1つひとつの貢献を別個に測定するのは困難であるために、最も妥当な代替案として1950年代に試みられたように、個人の役割や仕事に応じて報酬が決定される職務給制度に回帰することが検討され、やがて、職務の幅（job scope）に応じて社員を格付けし、格付けが高くなるほど貢献も大きいという仮定を置いて内部公平性を担保した。この新たな格付けに応じて行われるのが、役割・仕事に応じた分配である成果主義型人事制度である。

（3）成果主義の理念

　成果主義への転換によって、役割や仕事と報酬が、また成果と報酬が結びつけられるようになった。これまでの評価が人物評価による「何ができるか」ということであったのに対し、新たに「何をもたらしたのか」を重視するように大きく変化したのである。そこでは、報酬は年功、勤務態度あるいは職務遂行に必要な一般的な能力に対してではなく、あくまで会社の戦略目標や方針に合致した行動やそれに伴う結果に対して支給される。したがって、個人がどのような努力をして何らかの結果を出したとしても、その結果が会社の戦略と合致していなければ報酬に反映されることはない。

　具体的には、実際に担当している職務の経営に与える「インパクト」を測定する職務評価を行い、それに基づいた賃金体系が設計される。さらに、報酬と成果とを結びつけるために、社員の期首の目標と期末の業績評価を賃金に直結させ、短期の金銭的なインセンティブ効果を目的とする。ただし、このような金銭的な報酬を重視することが、動機づけとして有効であるかどうかに関してはさまざまな議論がある。動機づけについては多くの理論があるが、その中心にある期待理論の考え方が参考になる。

　期待理論は、合理的で打算的な人間像に基づいて、外的な報酬によって特定の行動をとらせようとする動機づけが働くと考える。ここでは、ある行為（仕事）を行うことで一次の結果（成果）が生まれ、その一次の結果に対して二次の結果（報酬）が決定される。仕事にとりかかる前の段階では、一次、二次のそれぞれの結果が出るか否かは不確実である。仕事をしたとしても必ずしもそれがうまくいくとは限らないからである。行為から一次の結果に結びつく確率を「期待」、一次の結果が二次の結果に結びつく確率を「手段性」という。仕事にとりかかる前には、二次の結果である報酬に誘われて成果を出そうとする。ただし、ここでの報酬とは金銭的なものに限らない、さまざまな要素を含んだ経済学用語でいう「効用」である。期待理論では、この効用を「誘意性」という。→図表1-2-4

図表1-2-4●期待理論

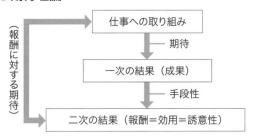

　しかし、効用は個人の絶対的な価値観によるものであり、ある人に対しては誘意性が高いものであっても、他の人に対しては違うこともある。あらゆる人に対して誘意性を持つような報酬を制度化することは、ほぼ不可能であるといってよい。また、「効用」という概念そのものの定義も曖昧である。期待理論において用いられている効用とは、選択の意思決定を行った時点における「決定時の効用」（decision utility）である。言い換えれば「事前の意味での」効用である。これに対して、人々が実際に選択・行動をした後に獲得する効用を「経験時の効用」（experienced utility）と呼ぶ。

　これは、たとえば、実際に消費をした時点における満足度を示すものであり、「事後的」な概念である。この2つの効用は、必ずしも一致しない。「目標を達成したら、30万円のボーナスを払う」といわれた時点と、実際にその現金を得たときの効用は同じではない。実際に手にしてみると、30万円があるという状況に慣れてしまって、思っていたほどの満足感を得られないことがしばしばあるのは、この効用の違いによるためである。短期の金銭的インセンティブ効果をねらった成果主義人事制度を設計するにあたっては、このような動機づけの理論の主張を理解しておく必要がある。→図表1-2-5

図表1-2-5 ● 効用の概念

6　雇用管理制度

（1）専門職制度

　通常の管理職とは異なり、組織責任は負わないが、専門分野において深い知識、経験、スキルを持った人材は「専門職」と定義される。専門職制度は、そのような人材を活用することをめざして、1970年代の初めから1980年代半ばにかけて、主として大企業において導入された制度である。

　こうした制度の導入の背景には、企業の急成長が一段落し、管理職のポスト不足によって、それまでの年功に基づく人事制度の運用に障害が生まれたことがある。そこで、管理職と同等の能力があるとみなされる人材を処遇し、名誉を与えて「やる気」を高めるような処遇のためのポ

ストづくりのために専門職制度が考えられたのである。

　処遇のための緊急避難のような専門職制度であったことで、当初は管理職と専門職の能力の区分定義などが曖昧になり、本来の専門職の能力がない人材までもが専門職として処遇されたりした。そのため、専門職がラインに組み込まれてマネジメントの補助的な仕事に就いたり、専門職に就いた者は「管理職不適格者」であるという誤解が生まれたりして、かえって適用者のモチベーションの低下を招き、専門能力を伸ばしていこうとするインセンティブにも欠ける制度となってしまった。

　しかし、今日では企業の職務意識や社員のキャリア意識の高まりにより、専門職制度が見直されるようになった。マネジメントの職務が明確にされるにつれ、一部のエンジニアや研究者のようにマネジメント職務を担当するよりも、研究開発などのみずからの職務を究めていくことを望む人材も出てくるようになった。企業の側も取り巻くビジネス環境が複雑になるにつれ、マネジメントを行うゼネラリストだけではなく、企業の競争優位の源泉となる分野において、高度の専門性に特化したスペシャリストが必要となっている。

　このような新しい専門職制度においては、専門職に期待される職能要件が職能ごとに異なってくるために、その評価尺度もかつてのような全社一律から、職能ごとに異なるようになり、人事・労務管理の多様性も高まるようになった。

　また、成果主義のもとでは管理職も１つの職務であり、必ずしもこれまでのような職務遂行能力を開発していく延長線上にある唯一の到達目標ではなくなる。もちろん、社員区分によっては格付けが高い職務として管理職が置かれることもあるが、処遇を目的とした管理職への登用は廃止され、管理職という職務は少数しか存在しなくなる。その結果、格付けにかかわらず管理職的な職務から解放された「プロフェッショナル社員」が、新たな専門職として組織の過半数を占めることになる。

　新卒社員のような能力養成期にある社員を除き、プロフェッショナル社員と管理職の処遇は仕事・役割に基づく職務給が基本となる。実際の

運用では、格付けごとに基準給が定められ、それを中心に給与レンジの中で業績によって給与が増減するという形で管理がなされる。この基準給は、同じ格付けであってもプロフェッショナル社員と管理職、営業、開発といった職種、もしくはその他の社員区分ごとに異なって定めることが可能である。この設定にあたっては、会社の戦略的意図や外部労働市場における相場、社員の維持（リテンション）が考慮されなければならない。

（2）昇進・昇格
①　人事管理上における昇進

　一般に、社員格付けにおいて上位の等級に移ることを昇進もしくは昇格という。昇進にはそれぞれの企業においてさまざまな定義がある。役職上の昇進のみを指して昇進といい、格付けの上位に移ることを昇格という場合もある。しかし、ここでは役職の上昇を役職昇進、職務等級上の昇進を職務昇進、職能資格上の昇進を資格昇進と呼ぶこととする。

　昇進は組織の構造と人件費に影響を与える。社員は昇進によってモチベーションを高めることができるが、無秩序な昇進は組織運営のための適切な構造を破壊し、さらに人件費の大幅な上昇をもたらす。そのため、企業では企業戦略を適切に実行するために、社員のモチベーション、組織構造、人件費の間で適切なバランスがとれるように昇進管理を行う必要がある。

　職能資格制度の導入以前は、役職昇進中心の昇進管理が行われていた。しかし、経済の高度成長が終わる1980年代近くになって、組織の拡大スピードが鈍化するようになり、役職ポストも減少した。それに伴い昇進機会が減少し、昇進を期待する社員のモチベーションダウンを招いた。

　職能資格制度は役職と資格を切り離したため、職務遂行能力が高まれば資格昇進ができる道を開いた。しかし、社員が蓄積した能力をフルに活用できるような配置が行えない場合、人件費に見合うだけのアウトプットを期待することができず、結果として人件費のコスト高を招き、企

業の財務的な体力を奪うという問題を引き起こした。

1990年代以降はこの高人件費の問題が顕在化したため、職務と報酬をリンクさせた成果主義が導入された。この制度のもとでは、企業の組織構造と職務構造が一定である限り、総人件費の上昇に歯止めをかけることができるようになり、管理が容易になった。しかしながら、こうしたやり方はこれまで日本の企業で一般的に行われてきた、①人材の遅い選抜、②高度で専門的な知識や経験を有するが役職には就けない専門職グループへの配慮、③新卒者の一括採用と育成、といった施策と相いれることができなくなり、今日では見直しが迫られている。

② 選抜と昇進

通常、ヒエラルキー構造を持つ企業組織においては、上位の管理階層になるほど役職数は下位の管理階層より少なくなる。そのため、役職昇進においては組織の規模が大きくならない限り、昇進者の選抜が不可欠になる。

かつての日本企業では、米国企業と比べてフラットな組織構造がとられていたことと、右肩上がりの経済成長が続いていたこともあってキャリア初期におけるポスト不足はそれほど問題ではなかった。そのため、部長前までの昇進においては、同期入社者がかなりの確率で、同じ時期に同じ役職や職能資格に昇進する「同期同時昇進」や、昇進時期に差は出るが同じ役職や職能資格に昇進できる「同期時間差昇進」が可能であった。そして、経営中枢への選抜はキャリアの比較的遅い時期に行われ、長い時間をかけて能力や適性の評価を総合的に行っていくことが普通であった。

こうした時間をかけた選抜においては、「敗者復活」のしくみを設けることが可能であった。たとえば、キャリアの初期で先発昇進に漏れた人材であっても、その後の業績や能力伸長の度合いによっては、中期もしくは後期において逆転が可能となるしくみが設けられていた。

一方、欧米では早期選抜と「勝ち抜き」が一般的であるといわれる。職務分類制度の場合、上位格付けの職務に空きがある場合のみ、「勝ち抜

き」方式によって下位格付けの職務を遂行する者の中から最も適性があると思われる人材だけが昇進できる。いったん昇進者が決まると、次に空きができるまで昇進のチャンスはない。優秀な人材はこの制度の中で次々と勝ち上がっていくため、結果として早期選抜が行われることになる。一方で、勝ち上がれなかった者に対しては挽回策はない。そのため、競争に敗れた者はチャンスを求めて外部労働市場に転出していく場合もある。

今日の日本企業にとってどの方法が適しているかは、どのような社員グループのモチベーション管理を重視していくかという方針によって異なる。勝ち抜きと早期選抜はトップ人材を育成するだけでなく、社員のモチベーションを高めて他社からの引き抜きを防止（リテンション）するという効果を期待できる。一方で、選抜に漏れた社員のモチベーションの管理を行う必要も出てくる。

他方、敗者復活と遅い選抜では、選抜の先送りによって組織の一体感を高めることができるが、キャリア後期まで全員のリテンションを行うことが、経営の高コスト体質をつくるおそれがある。その際には、全員一律に給与を抑えるなどのコスト管理を行うことも方法としてあるが、この方法では若年層の突出した人材の不満を高め、人材流出のおそれがある。そうなると人事部門としては、キャリアの各段階において人材を外部に輩出していくような「退出のマネジメント」の施策を考える必要がある。

<table>
<tr><td>第 3 節</td><td># 人事評価</td></tr>
</table>

◆人事評価制度とは、社員区分と社員格付け制度に準じて評価の構成を決定し、その構成に基づいて具体的な評価基準と評価方法を設定していくことである。

◆職能資格制度における人事評価は、能力を有する人が主、仕事を従の関係としてとらえ、能力開発を重視する制度である。

◆成果主義における人事評価では、社員個人の成果は担当する仕事に対する職務行動とそれによる仕事の達成度によって評価される。

1 人事評価制度の意義・目的・種類

(1) 人事評価の役割

　評価という言葉を聞いてネガティブな印象を抱く人も少なくないだろう。評価は、ふるい分けをするためのものである、処遇格差の理由づけのために行うものである、あるいは評価は煩わしいものであるととらえて、上司・部下ともに"できれば評価などしたくない"と考えることもあるだろう。

　しかし、評価は「今の自分」を知るための道具であることをしっかりと押さえておきたい。「今の自分」を知り、課題を発見し、よりよくなるために評価は行うべきものなのである。

　人事評価に限らず、企業活動においてはさまざまな評価が行われている。なぜ評価が行われるかというと、現状を把握して、その情報をもと

に、よりよい活動を実現するためである。企業活動の基本は、求められる品質水準の製品やサービスを、再現性のある形で提供することにある。何かの購買行動を想定したときに、顧客は求める品質水準に満たない製品を買うことはない。また、今日は求める品質水準のものが提供されたが、明日はどうなるかわからないといった状態では、その企業の製品やサービスは敬遠されることになるだろう。

そのような悪い状態に陥らないために、企業活動ではさまざまな評価を行っている。ある水準の品質を再現性のある形で提供しなければならないために、企業活動では標準・基準が設けられる。標準・基準に従って作業が行われ、アウトプットが生み出されるが、そのアウトプットやプロセスが標準・基準を満たしていたかを評価する。評価した結果が悪ければ、何に原因があるのかを明らかにし、製品やそれを作るプロセスの改善、作業者の行為の改善、場合によっては、標準・基準の見直しを行っている。このような活動は日々の生産活動の場で行われている。

しかし、人事評価の場合はどうであろうか。ともすれば、1年ないし半年の評価期間の終わりまで、問題を放置していることはないだろうか。加えて、評価時にも "今期の評価はこうだった" という判定にとどまっていないだろうか。

日常の観察を通じて、求めることと差異が生じているならば、すぐにフィードバックして適正な行動を促さなければならない。評価期間を通じて中長期的に改善やレベルアップを図らなければならないことが発見されたなら、その課題を提示しなければならない。いまの自分を知り、よりよくする、その集合として企業の経営成果を高めることが人事評価の役割なのである。

（2）人事評価の機能

「今の自分」を知るとはどういうことであろうか。まず、「今の自分」といっても、人事評価の場合は会社との関係性の中で位置づけられる「今の自分」に焦点が当てられる。つまり、会社の期待に対する「今の自分」

図表1-3-1 ●人事評価の機能

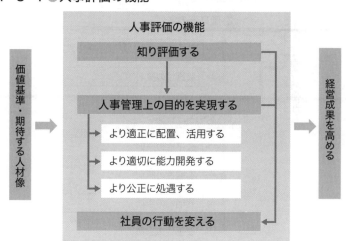

が人事評価の対象である。言い換えれば、社員に対する会社の期待が明示されて適正な人事評価が行えるのである。会社として社員に何を大切にし、どんな働きを期待しているのか、どのような人材になってほしいのか。そうした価値基準および期待する人材像を提示することが人事評価の原点となる。→図表1-3-1

　そして、その期待に対して社員のいまの状態はどうなっているのか、その状態を認識して適切な人事管理を施して、よりよくすることが人事評価のねらいである。よって、人事評価の機能は、①社員のいまの状態を「知り評価する」、②「社員をより適正に配置、活用（昇進・昇格・異動）する」「社員の能力をより適切に開発する」「より公正に処遇する」という人事管理上の目的を実現する、③「社員の行動を変える」、の3つに要約される。これら3つの機能が適正に発揮されることによって、経営成果を高めようとするものが人事評価なのである。

（3）人事評価の基本原則

　人事評価は、配置に活用されるにしても、能力開発に活用されるにし

図表1-3-2 ● 人事評価の基本原則

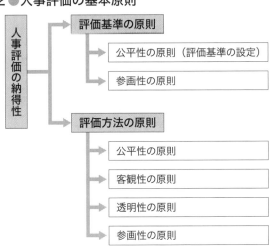

ても、あるいは処遇の決定に活用されるにしても、社員に大きな影響を及ぼすことになるので、彼ら（彼女ら）の納得性が得られる制度として設計される必要がある。納得性を高めることが人事評価の根本課題であるが、そのためには何によって評価するのかを決める「評価基準の原則」と、いかに評価するかを決める「評価方法の原則」を押さえておく必要がある。→図表1-3-2

評価基準の原則は、公平性の原則と参画性の原則からなる。価値基準および期待する人材像の提示を原点として、経営目的を実現するうえで合理的で、社員から見ても納得のできる（つまり、公平な）評価基準を設定する。これが「公平性の原則」である。出身階層や性、年齢といった評価基準は、今日では公平性の原則に反すると解釈されるべきであろう。

評価基準の設定においてもう1つ加味する必要性が増しているのが、「参画性の原則」である。会社が設定する評価基準とは、会社の価値観や意思に依存するものであり、普遍的にこの評価基準が正しいといえるものではない。しかも、その評価基準は時代とともに変わっていく。評価基準とはそういうものであることを前提とすると、その基準を経営側か

ら一方的に押しつけられたのでは社員が納得することは難しい。社員が評価基準づくりや目標の決定プロセスへ参画し、基準に合意し、納得性を高めることが肝要である。

評価基準が設定されたとして、基準に基づいて評価が適正に行われなければ納得性は高まるはずがない。評価基準の原則にとどまらず、評価方法の原則を理解する必要がある。

第1は、「公平性の原則」である。基準がいかに適正でも、それに基づいて社員を公平に評価する必要があり、そのための原則が評価測定に関する公平性の原則である。

第2は、「客観性の原則」である。納得性の高い評価とするためには、評価者の好き嫌い、評価者の主観によって評価が行われることがあってはならない。評価はあくまでも客観的な事実に基づいてなされるべきものである。

第3は、「透明性の原則」である。評価手続に関する透明性が重視されるようになってきている。どんな基準で、どのように評価されているのかを知ることなく、社員の納得性が高まるはずはなく、何よりも「今の自分」を知ることができない。これからの人事評価は密室主義でなされるべきものではない。評価の基準・手続・結果などを社員に公開することによって、社員の評価に対する納得性を高めなければならない。

第4は、「参画性の原則」である。評価基準の設定や目標の決定への参画にとどまらず、自己評価の実施など、評価手続においても社員を参画させることがすでに一般的となっている。評価手続への参画として、あまりに基本的ではあるが、評価面談等で上司と部下が適正な対話を行えるかということも重要である。

図表1-3-3は以上の諸原則に沿って社員の納得性を高めるための施策を示している。会社と社員との関係のあり方が変わり、より契約的な色彩が強まっていることは事実である。そうした中で人事評価はこれまで以上に重要なものとなっており、適正で納得性のあるしくみとすることが求められている。

図表１-３-３●人事評価の納得性を高める施策

公平性施策	客観性施策	透明性施策	参画性施策
●役職位、資格レベルに応じた評価基準の設定	●目標の合理的な設定	●目標の背景、決定プロセスの公開	●目標の決定プロセスへの参画
●職種特性を反映した評価基準の設定	●評価基準の具体化、可測化	●他者の予算、目標の公開	●評価基準づくりへの参画
●評価事実の数値化、累積	●本人と評価者間の評価事実の確認	●評価基準の公開	●自己評価の実施
●複数者による評価（多段階評価）	●関係者による評価（多面評価）	●評価手続、処遇への反映の仕方の公開	●評価についての話し合い
●評価者のバイアス排除	●評価者のバイアス排除(考課者訓練)	●評価結果、評価理由のフィードバック	●多面評価における他者評価への参画
●役割・責任範囲を考慮した評価結果の決定		●異議申し立てのしくみ	

2 制度設計にあたっての留意点

（１）何を評価するのか

　人事評価とは、具体的に何を対象とするものだろうか。人事評価は、会社との関係性の中で位置づけられる「今の自分」に焦点を当てると述べたが、会社と社員たる個人の関係性をつくる媒介となるものが「仕事」である。仕事とは、抽象的な会社の期待を具体化したものである。その仕事についての「能力と働きぶり」を評価するものが人事評価である。

　この人事評価には、「何を評価するか」「いつ誰が評価するか」などねらいや方法の違いによって多様なタイプがある。まず、「何を評価するか」である。人事評価は仕事についての「能力と働きぶり」を評価するものであるから、評価は業務遂行プロセスとの関連でなされるべきものである。

　図表１-３-４は、知識やスキルなどの「能力」と「労働意欲」を持っ

図表1-3-4 ●業務遂行プロセスと評価要素および評価制度

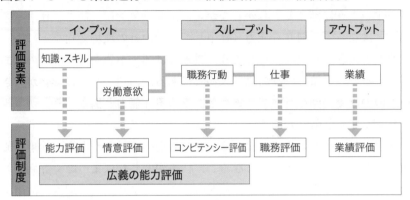

出所：今野浩一郎・佐藤博樹、2002年に加筆

た個人が、それを発揮して「仕事」に取り組み「業績」を上げるという業務遂行プロセスを示している。業務遂行プロセスは、「知識・スキル」「労働意欲」のインプット要素、「職務行動」「仕事」のスループット要素、「業績」のアウトプット要素から構成されるが、このうちの何を評価するのか。つまり、何を評価要素とするかを決めなければならない。評価要素にはそれぞれ特性があり、この点は『人事・人材開発3級』を参照してほしい。

　何を評価するかは具体的に何を期待しているのかの表明であり、会社から社員に対するメッセージとして非常に重要である。しかし現実の制度設計では、一評価要素のみを選択するという決定はほとんどなされない。評価要素のいずれかを軸とし、それを補完するために他の要素を組み合わせるということが実際の設計である。このうち軸となる評価要素は、資格制度（社員区分と社員格付け）に準じたものとなる。職能資格制度であれば「能力」であるし、成果主義であれば「仕事（職務）」である。

　なぜ企業は1つの評価要素のみを選択せずに、わざわざ他の要素を組み合わせるのかについては再確認しておく。

　企業の諸活動の終着点は業績を上げることであり、業績は能力を仕事

に投入した結果であるから、割り切ってすべてを業績で評価すればわかりやすいように感じる。しかしながら、業績は単純に〔能力×仕事＝業績〕とはならず、同じ〔能力×仕事〕でも社内外の環境変化などによって業績の大きさが異なってしまう。業績には運・不運が影響するのである。すると、業績という結果は大切ではあるが、運・不運の影響が大きいもののみで評価を行ってしまうと、求める「能力と働きぶり」が重視されなくなる危険性がある。

　仕事のみ、能力のみで評価するとしても別の難しさがある。仕事の価値そのものだけで評価するとなると、仕事が変わればまったく評価が変わることになるので、人事評価機能のうちの「より適正に配置、活用する」の柔軟性が損なわれることになる。能力のみを評価しても、それが仕事に活用される保証はない。学校であれば学生の習得した能力の高さのみをもって評価すれば十分であるが、企業ではその能力が仕事に活かされなければ意味がない。

　では、すべてを評価すればよいかといえば、それでは複雑でわかりづらいしくみとなってしまい、会社が何を期待しているのか、そのメッセージがぼやけてしまう。加えて、すべてを評価しようとすると、評価制度の設計費用、評価者の手間などの評価運用コストが高騰することになる。

　よって、社員に対する期待や人事評価の目的をはっきりさせたうえで、個々の評価要素が持つ特性を理解し、評価コストを加味して、最適な組み合わせを考えることが評価制度の設計となるのである。

（２）いつ誰が評価するか

　次いで、「いつ誰が評価するか」である。評価をいつ行うのか、評価対象期間をどのように設定するか、ならびに誰が評価を行うのかによって、社員の「能力と働きぶり」についてどの程度の広がりをとらえて評価するのかが変わることになる。→図表１-３-５

　人事評価は社員の仕事についての「能力と働きぶり」を評価するものであるから、それを日常的に観察できる直属の上司が年度ごと（または

図表1-3-5 ●評価期間、評価者と評価のタイプ

いつ	誰が	評価のタイプ
当該評価期間 （1年ないし半年）	上司 （また部下本人）	人事考課 （自己評価含む）
	同僚、部下、他部門の関係者等	多面評価
3年～5年に一度 昇進・昇格・異動時	アセッサー、人事部等	人材アセスメント

半期ごと）に行うのが一般的である。これは狭義の人事評価であり、人事考課とも呼ばれる。なお、昨今では、上司による評価とあわせて、補完的に部下による自己評価を採り入れて、両者をセットにして人事考課を行う企業が多くなっている。

　人事考課で把握しきれない事実情報を補うために、多面評価を導入する企業もある。さらに、人事考課、多面評価は1年ないし半年間の短期的な社員の「能力と働きぶり」を評価するものなので、より長期的に広く社員の状態を把握するために、専門アセッサー等による人材アセスメ

図表1-3-6 ●多面評価、人材アセスメント

	ねらい	留意点
多面評価	社員の評価を後輩、同僚、あるいは他部門の関係者や顧客などによって行い、上司と部下との情報ギャップを埋めるためのしくみである。	多面評価は評価権を持たず、評価訓練等も受けていない多様な関係者によって行われる。そのため評価結果はあくまでも上司の評価の参考資料とするほうが一般的である。また評価を処遇には利用せずに、育成等に限って活用する企業もある。
人材アセスメント	主に社員が長期的に蓄積・習得してきた能力を評価する。社員は当期の担当職務で発揮した能力以外に、過去の業務遂行において蓄積した能力や自己学習等を通じて獲得した能力を有している可能性がある。この能力情報を把握し、昇進・昇格や職種転換などの入口管理に活用するのが一般的である。	アセスメント手法には、総合的な知識等を問う筆記試験、適性検査、論文試験などがある。最近では、集合研修形式で対象者にさまざまな課題を与えて、専門のアセッサーがその行動等を観察して能力や適性を判定する手法も用いられている。目的を考えて手法と判定者を決めることがポイントである。

ントを導入する企業もある。なお、多面評価、人材アセスメントの詳細
は図表1-3-6を参照してほしい。

　「いつ誰が評価するか」についても、自社の人事評価の目的や評価要素
の選択を踏まえたうえで、最適な組み合わせを考えることになる。次に
取り上げる人事評価の制度設計は、人事考課（上司評価および自己評価）
に焦点を当てる。なお、人事評価と人事考課は同じ意味で使用する。

（3）制度設計の手順

　「何を評価するか」「いつ誰が評価するか」が決まったら、詳細な評価
制度の設計に移る。この詳しい内容は主要な制度である「職能資格制度
における人事評価」「成果主義における人事評価」を取り上げて本節**3**以
降で見ていくこととするが、共通項が多いので設計プロセスの概略を押
さえておく。→図表1-3-7

① 評価区分

　評価要素の組み合わせが決まり、社員に求める能力と働きぶりに明確
な差異がある場合、社員を複数のグループに分け、評価区分を設定する。
基本的には資格制度に準じて評価区分を設定する。つまり資格、職群（一
般職、総合職、管理職、専門職）、職掌（事務職掌、営業職掌、技術職掌）
などに基づいて詳細制度を設計するのである。なお、グループ間の差が
特に大きい場合は、評価要素を分けることもある。たとえば、後述する
職能資格制度では、能力評価、情意評価、業績評価（成績評価）を評価
要素とするが、上位のキャリアグループ（管理職、専門職）では、情意
評価は実施しないなどのケースである。

② 評価項目

　評価区分が決まったら、評価要素ごとの詳細な評価項目を設定する。
情意評価であれば規律性、協調性、積極性、責任性というように評価す
る構成要素を明らかにする。評価区分によって求める評価項目を変える
こともある。たとえば、同種類の能力要素でも図表1-3-8のようにレ
ベルに応じて区分するケースがある。

図表1-3-7●制度設計のプロセス

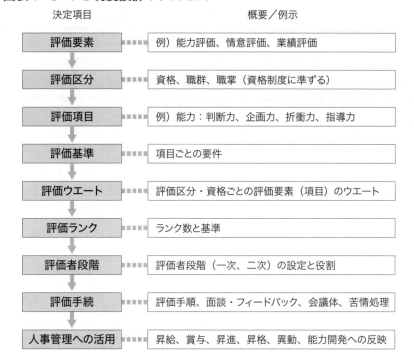

決定項目　　　　　　　　　　　　　　　概要／例示

評価要素	例）能力評価、情意評価、業績評価
評価区分	資格、職群、職掌（資格制度に準ずる）
評価項目	例）能力：判断力、企画力、折衝力、指導力
評価基準	項目ごとの要件
評価ウエート	評価区分・資格ごとの評価要素（項目）のウエート
評価ランク	ランク数と基準
評価者段階	評価者段階（一次、二次）の設定と役割
評価手続	評価手順、面談・フィードバック、会議体、苦情処理
人事管理への活用	昇給、賞与、昇進、昇格、異動、能力開発への反映

図表1-3-8●評価区分別評価項目の設定例

ジュニアクラス	シニアクラス	マネジメントクラス
理解力	判断力	決断力
工夫力	企画力	開発力
表現力	折衝力	渉外力
	指導力	管理統率力

出所：楠田丘、2006年

③　評価基準

　評価項目が決まると、評価項目が各資格において求める基準、つまり具体的な要件の設定を行う。評価基準は同一資格であれば全社共通とす

ることもあれば、同一資格でも評価区分ごとに変える場合もある。評価区分は求める能力と働きぶりに明確な差異がある場合に設けるものであるから、後者のほうが望ましいといえる。また、能力評価であれば「〜できる」、職務行動評価であれば「〜している」など評価要素によって表現系も変わる。なお、目標達成度評価を行う場合には、資格制度の基準に即した形で毎期達成基準（目標）を設定する。

④　評価ウエート

　評価ウエートは、下位のキャリアグループから上位になるほど、評価要素のインプット要素よりもアウトプット要素を高くする。また、生産系の現場層のグループで情意評価重視、営業系では業績評価重視といったように職種等の評価区分に応じても評価要素、評価項目のウエートを変える場合もある。なお、各評価要素のウエートの決め方と、評価結果の活用の仕方は相互に強く影響する。

⑤　評価ランク

　評価ランクは5段階から7段階とする企業が多い。たとえば、5段階でS、A、B、C、Dを評語とする。この場合、通常「B＝期待どおり」である。評価ランクは対象とする全評価要素について共通とするほうが一般的であろうが、評価要素別に評価結果の活用方法が明確に区分される場合には、目的に応じて評価ランクを変えることもある。

⑥　評価者段階

　評価者が直属の上司のみでは、人事評価の公正さが担保されない可能性があるため、さらにその上位の上司が二次評価を行う。部下数や組織の構成によっては最終評価を加えて評価段階を三層化する企業も少なくない。二次評価者は、一次評価を尊重することを前提として、一次評価者全員の評価結果のバランスをとる。1人ひとりの一次評価の結果に対して、一次評価者の見落としや偏った見方がないかチェックを行うことが役割となる。

⑦　評価手続

　評価のプロセスは、「目標および課題の設定面談→中間面談→自己評

価→評価面談→一次評価→二次評価→評価フィードバック面談」とすることが一般的であろう。このサイクルを評価要素ごとの評価期間に合わせて回すことになる。たとえば、業績評価であれば半年、能力評価であれば1年が通例である。評価のプロセスのうち中間面談は実施しないケースもある。しかし、その際にも、職場において必要な対話を行って、上司が観察を通じて認識した部下の成果や働きぶりの状態についてフィードバックを行い、課題達成や適正行動に向けたアドバイスをすることが求められる。

　評価のプロセスにおいては、部下の評価の納得性を高めることがポイントとなるが、そのためにはまず上司の評価能力を高めなければならない。そこで、上司本人の評価傾向を分析したり、評価傾向の学習も含めて考課者訓練等を実施したりする。しかし、どんなに上司個々人の能力を高めたとしても、部下の能力と働きぶりを過不足なく把握し、100％正しい評価を行うことは困難である。このことを認識して、「目標や課題の設定時」「評価時」「評価後」の各段階において、評価を制御する工夫が必要となる。

　評価においてしばしば問題となることは、設定された目標や課題の妥当性である。この問題に対応するためには、設定された目標の適正さについて事前制御することが必要となる。管理部門や経理部門が経営計画等の整合性から見て各部門の目標の正当性を検証することは、そのための1つの工夫である。

　評価時も上司個々人の評価能力に依存せず、適切な制御を行うべきである。たとえば、一次評価者と二次評価者の参加による評価者会議を設けて、議論を通じて評価のすり合わせを行うのである。これによって評価の根拠がより確かなものとなり、一次評価者が部下に対して説得力のあるフィードバックを行えるようにもなる。

　このような工夫を加えても、評価上の問題すべてを解消することは難しい。人が人を評価することの本質的な難しさを受け止め、苦情処理等のしくみを導入して評価誤差を事後制御することも必要である。苦情処

理機関を設置したり、再審査請求制度を導入したりすることで、評価プロセスにおける納得性を高めることが望まれる。

⑧　人事管理への活用

　人事評価の人事管理への活用では、「何に活用するか」「どのように反映させるか」の2点が課題となる。何に活用するかは、「社員をより適正に配置、活用（昇進・昇格・異動）する」「社員の能力をより適切に開発する」「より公正に処遇する」の3点であり、それをどのように反映させるかは、「ルールを設定して行う場合」と「上司の指導によって行う場合」とがある。

　「社員をより適正に配置、活用（昇進・昇格・異動）する」「より公正に処遇する」への反映については、明確なルールを設定する。評価要素別にその評価結果を、どの人事管理施策にどの程度の比重で反映させるかを決めることになる。図表1-3-9は能力評価、情意評価、業績評価を行っている場合の会社の人事管理（この場合は昇格・昇給・賞与）への反映イメージである。評価結果の活用目的に応じて、何を何にどの程度反映させるかを決めることになるが、それについての基本的な考え方は『人事・人材開発3級』を参照してほしい。

図表1-3-9●評価要素と人事管理への反映イメージ

評価要素	昇格	昇給	賞与
能力	○	○	
情意	○	○	
業績		△	○

　「社員の能力をより適切に開発する」については、一般には上司の指導によって行っている。上司が評価結果から育成課題を明らかにし、部下に取り組ませるのである。場合によっては、研修会等への参加も上司が指示する。しかし、能力開発分野においても近年、費用対効果を考えて会社への高い貢献が見込まれる社員に対して重点投資する傾向が強まっ

ているために、評価結果を「社員の能力をより適切に開発する」ために活用する際にも、明確なルールを設ける企業が見られるようになる可能性もある。

「社員をより適正に配置、活用（昇進・昇格・異動）する」「より公正に処遇する」への反映をする際には、企業は何らかの形で相対評価を行う。人事評価は、企業が社員に求める働きぶりを判定するものであるから、ある資格の社員に対して求める働きぶりを表した目標や能力・行動等の評価基準を満たしたならば、「期待どおり」と評価するという絶対評価がなされるべきである。実際に、ほとんどの企業の一次評価は絶対評価が用いられている。しかし、二次評価以降では、ほとんどの企業で何らかの形で相対評価を行っている。「社員をより適正に配置、活用（昇進・昇格・異動）する」「より公正に処遇する」際の枠・原資に限りがあるためである。

企業は資源制約の中で生産活動を行っているので、これらについても制約があるのは当然であり、何らかの相対化は避けられない。しかし、その相対化の行い方にはいくつかのパターンがある。1つは評価そのものを相対化する方法であり、もう1つは特に賞与などについて原資配分を相対化する方法である。

まず評価そのものを相対化する方法であるが、その際には分布枠を設けるか否か、分布枠を設ける場合はどのような分布にするかの2点が課題となる。

分布枠を設けないで評価を相対化させる場合は、評価の総点数を合わせるという方法を用いる。たとえば、S（5点）、A（4点）、B（3点）、C（2点）、D（1点）のように5段階評価でそれぞれ対応点数が決まっているとする。そこで、A部門の人数が10名だとすれば、中間値のB評価の3点×10名の30点をA部門の評価総点数として配分する。A部門内では、30点に収まるように評価をすることになる。

分布枠を設ける場合は、すなわちどのような分布規制にするかを考えることになる。図表1-3-10のように分布のさせ方はさまざまである。

図表1-3-10●相対評価の分布例

評価	A社	B社	C社
S	厳選	10%	20%
A	20%		
B	60%	80%	70%
C	20%	10%	10%
D	例外		

　また、分布範囲（C評価は0〜10%など）を設定したり、比率を目安として定めて職場により全体として平均値とすることを条件に微調整できるようにしたりすることも可能である。

　もう1つは、評価そのものは相対化せずに原資を相対化させる方法である。原資を評価に応じて配分していくのであるが、この際に評価結果の等級別評価別ポイントを定める。ポイントは上位等級になるほど、高評価になるほど高くなるように設定しておく。そして、評価に基づいて個人のポイントを決定する。全員が獲得したポイント数を合計し、そのポイント数で原資を割って1点単価を割り出す。原資はあくまで会社業績によって決まるが、同じ額の原資と想定して、全体の評価が低ければ全員の獲得ポイント数が小さくなって、1点当たりの単価が高くなる。全体の評価が高ければ全員の獲得ポイント数が大きくなって、1点当たりの単価が低くなり、支給額を原資内に納めることができるのである。

3　制度運用にあたっての留意点

（1）職能資格制度における人事評価

　職能資格制度は、社員の能力の高さに応じて社員格付けを決定する制度である。その人事評価の基軸は能力である。人事評価は、仕事についての「能力と働きぶり」を評価するものであるが、職能資格制度における人事評価は、能力を有する人が主、仕事が従の関係としてとらえるこ

とが大きな特徴である。ある社員が能力に見合っていない仕事を割り当てられたとする。この場合、能力と仕事が不整合であるために個人が十分な能力を発揮できず（あるいは、能力不足で業務をこなせず）、働きぶりや業績は低くなることになる。職能資格制度における人事評価では、この能力と仕事の不整合から生じるリスクは会社がとり、個人の評価はあくまで能力を主に決めるのである。

なぜ、同評価制度が能力を基軸にとらえるかというと、長期的な個人成果は能力の高さに依存するはずだからである。つまり、能力を第一義的に評価し、能力（能力開発）を重視するという会社のメッセージのもとで個人が能力向上を図っていけば、長期的には個人成果が高まり、その総和としての経営成果も高まるはずだからである。

これが、同評価制度が能力を基軸とする理由であるが、加えて、それを補完するために業務遂行プロセス上の他の要素の評価を行う。能力が高いだけでは必ずしも成果に結びつかないので、能力が仕事に活用され成果に結びつく確度を高める。また、企業としては当期の成果を実現することも重要な使命であるため、社員が担当する職務の職責を果たすように補完的な評価を行う。このトータルな評価システムが職能資格制度における人事評価の全体像である。

同評価制度は多くの日本企業が採り入れてきたものであり、現在では大きな曲がり角にきているとはいえ、能力（能力開発）を重視するという考え方を大切にして同制度を維持しようとする企業も多い。しかし、その際にも制度の軸である能力の測定をいかに行うか（正確性・妥当性）、また、能力と職務の結びつきをいかに明確化・強化していくか、といったことが課題となっている。

評価制度を導入していく際には、人事評価マニュアル、人事評価表（人事考課表）、人事評価表の記入例などのツールを準備する。こうしたツールに基づいて制度説明会を実施し、制度のねらいや制度の特徴等についての理解を促す。制度説明会は管理者（上司）のみを対象に行うか、全社員に対して行うかを決めなければならない。後者が望ましいことは間

違いないが、社員数等によっては実施が難しい場合もあるだろう。その際には、上司に対して管轄部門の社員にしっかりと説明することを依頼する。社員（被評価者）が制度について理解していることは、評価の納得性の面でも、評価から「今の自分を知る」という面でも大変重要である。そのためには上司が制度の趣旨について十分理解し、説明責任を果たすことが肝要である。

　あわせて、上司の評価能力を高めるために考課者訓練を実施する。特に制度改定後の考課者訓練では、自社事例を作成して評価演習を実施するか、新評価基準を用いて部下を想定した評価を実施することが望ましい。そして、評価結果についてグループ討議等を実施し、基準・ルールの理解と評価目線のすり合わせを行うのである。

　職能資格制度による人事評価が適正に運用されるためには、実は、他の評価制度よりも上司の評価能力が高くなければならない。このことは制度の設計内容を見ればわかるだろう。まず、社員個々人に与える職務の割り当てを適正に行えるかである。職能資格制度の性格上、〔資格（能力）＝職務〕とならないとしても、組織全体として不整合は極小化すべきである。

　次いで、能力評価の判定である。〔資格（能力）－職務〕のケースでは、担当職務についての能力の発揮状況から資格相当の能力があると判定できよう。〔資格（能力）＜職務〕のケースでは、その職務をある程度に遂行できていれば能力水準を判定できるが、あまりに職務の遂行度合いが低ければ、本人が格付けられている資格相当の能力が十分にあるのかも疑わしくなる。また、〔資格（能力）＞職務〕のケースでは、その資格相当の能力を発揮する場がないので正確な判定を下すことはできない。

　結局、毎期の人事評価（人事考課）において、「発揮済みの潜在能力」を評価するという形でこれを補うが、これについても印象評価に陥らないように、過去の評価結果等の事実に基づいて判断することが求められる。

　こうした制度の特性を踏まえ、考課者訓練等を通じて上司の評価能力を磨くことが大切である。また、制度説明会や考課者訓練において出さ

れた疑問については、人事部門等は真摯に回答を行い、有効な意見は制度の改善に役立てていくべきである。

このようにして制度の導入・定着を図るとともに、評価プロセス、評価結果について検証を行っていく。評価プロセスについては面談実施率、面談時間、面談内容などの把握を行う。少なくとも面談実施率の把握を行い、100％をめざしたいところである。さらに、一次評価、二次評価のズレを確認し、ズレの原因が何であったか（事実の見落とし、基準の取り違え等）を明らかにし、改善につなげていくことも望まれる。

最終的な評価結果についてバラツキが大きい場合は、当期の対応と長期の対応に分けて考える。当期の対応としては、評価を確定させなければならないために、評価の調整を行う必要が生じる。たとえば、評価の甘辛のある部門については部門に修正を求めることになる。場合によっては、人事部門等が各部門の平均点等に基づいて点数を調整する。

長期的には問題部門の評価を適正化していくために、評価者たる上司に対して評価制度内容の啓発、考課者訓練の実施、ならびに必要に応じては全社の評価結果の公開等を行っていく。こうした活動の繰り返しによって組織としての評価力を高めていくのである。

（2）成果主義における人事評価

成果主義のベースとなる職務等級制度は、仕事の大きさに応じて社員格付けを決定する制度である。この仕事の大きさは後述する職務分析・職務評価によって明らかにされるが、職務等級制度の人事評価はこの仕事（の大きさ）を前提として行われる。人事評価は仕事についての「能力と働きぶり」を評価するものであるが、同評価制度では、会社と社員たる個人の関係性をつくる媒体となる仕事が主、それに従事する人を従の関係としてとらえる。会社における人の働きを評価するという意味では、職務等級制度における人事評価は非常に明瞭な思想のもとで行われるといえる。

ところで、成果主義は「事前決定型ジョブ」タイプと「事後決定型ジ

ョブ」タイプに大別することが可能である。職務評価により事前に仕事を合理的に設計するタイプが「事前決定型ジョブ」であり、職務評価を通じてその仕事の概要や期待を明らかにするが、実際の仕事の範囲と内容は担当した人の一定期間の働きによって事後的に決まるタイプが「事後決定型ジョブ」である。ここでは前者を「職務型」、後者を「役割型」と呼ぶことにする。

わが国では職能資格制度を通じた人の管理が曲がり角にきていることもあり、人事評価の軸を業務遂行プロセス上の能力から仕事へと移行させようとすることが1つの流れとなっている。その際には、個人が自主的に仕事の改善等を行うという日本企業の人の働き方に合わせて、「役割型」が選択されることが多い。あるいは、役割型の成果主義を人事制度の基本としつつ、定型的な業務については「職務型」を採り入れるという設計がなされる。

職務の分類を「職務型」とするか、「役割型」とするかは、人事評価の設計・運用の仕方にも大きく影響することになるので、それぞれの制度の意味や意図と、評価制度のサブシステムの特性をよく理解したうえで、トータルな評価制度設計を行うことが大切である。

評価制度の導入、評価プロセス、評価結果の検証の行い方については、基本的には職能資格制度と変わらない。ただし、成果主義おける人事評価では業績評価が、特に目標達成度評価が問題になるのでルールを理解し、目標設定、評価を適切に行えるようにすることが肝要である。

たとえば、実務上注意したいのは、部下による自己申告が行われるが、部下が低い目標や高い目標を申請してきた場合である。低い目標を申請してきた場合には、しっかりと職務基準に見合った適正レベルのものに修正する。高い目標を申請してきたケースも原則は同じである。

このようなことをいうと、現場管理者からは「それでは社員にチャレンジさせることができずに能力アップを図れない」という反論が出るかもしれない。それはもっともであるが、上述したように、まず基準から見て適正な目標は何かを考える。チャレンジと無謀はまったく意味が異

　なることを認識しなければならない。チャレンジ目標を設定するには、しっかりとした部下の状況把握と単なる数値だけではない達成すべき状態の仮説がなければならない。そして、チャレンジさせたらボトルネックとなる困難を乗り切らせて（特に若年層）、成功させることが上司の務めである。無理な目標が設定されて、大幅な未達成が多発するようでは組織の管理上も、部下の育成やモチベーション維持・向上のうえでも問題である。適正目標を考えずに、「部下の自主性を尊重した」として無謀な目標を設定させることは、マネジメントの放棄、評価権に付随する義務怠慢である。

　制度の導入面で日本企業に限定していうならば、それまで職能資格制度を選択していた企業が成果主義へと転換するケースが多いので、経営層、管理者、一般社員ともに価値基準が変わることを十分理解する必要があることを指摘しておきたい。職能資格制度では人が主であり、仕事が従であるが、成果主義では仕事が主であり、人は従である。すべての評価は仕事を主として行うのであり、目標設定も「この人ならこれぐらい期待する」ではなく、「この仕事はこれぐらい期待する」という観点で設定される。職務行動についても過去の実績ではなく、今期の仕事についての行動の具体的な事実、あるいは具体的な能力発揮を評価するのである。価値基準が変わったことを理解していないと、運用はうまくいかず、評価の納得性も高まらないことになる。

第 **4** 節 | # 職務分析・職務評価

学習のポイント

◆成果主義のベースとなる職務等級制度を用いるためには、職務分析によって企業内のさまざまな職務の内容を把握し、その情報を活用して職務評価を行い、職務の価値の大きさを明らかにする。

◆職務分析の手法には、記述法、面接法、観察法がある。

◆職務評価の方法には、職務の順位づけを行う序列法、職務等級定義を定めて職務を分類する定義分類法、評価項目ごとに定量的な評価を積み上げて職務価値を明らかにするポイントファクター法がある。

1 職務分析・職務評価の基本と課題

　成果主義を導入・適用するには、企業内のさまざまな職務の価値の大きさを明らかにする必要があり、そのためにはまず、個々の職務の内容を正確に把握することが必要となる。この個々の職務の内容を把握するために行われるのが「職務分析」である。個々の職務の内容を把握したら、その情報を活用して職務を比較したり、分類したりして職務の価値の大きさを評価する。これが「職務評価」である。

　職務分析では、実際の職務遂行状況を観察したり、ヒアリング調査を実施したりして必要な情報を収集する。これらを通じて集められた情報は職務記述書にまとめられる。職務記述書には、通常は職務名、職務内容の概要、職務の組織内での位置（上位の役職、下位の職務など）、職務

上の責務、職務遂行に必要とされる知識・技能などが記述される。この職務記述書を基礎資料として、職務を比較したり、分類したりすることで職務の価値の大きさを明らかにするのである。

2 職務分析・職務評価の方法と手順

（1）職務分析

　職務分析を行うにあたっては、職務の実態を正確に把握する必要があるため、以下のような方法で調査を行い、情報を収集する。

① 記述法

　記述法は、職務担当者やその上司に調査票を配布し、必要事項を記入してもらうことによって情報を収集する方法である。そのため記述法は、比較的容易に手間やコストをかけずに実施できる調査法であるといえる。しかしその一方で、調査票に記入を行う職務担当者は必ずしも職務分析に精通しているとは限らないので、記入内容が不十分であったり、記入事項の取り違えが生じたりするなど、情報にバラツキが生じやすい。

② 面接法

　面接法は、人事部門等の担当者や職務評価プロジェクトメンバーなどからなる職務分析者が職務担当者やその上司に面接を行って、必要事項の聞き取りを行う調査方法である。面接法は、職務分析に精通した職務分析者がじかに担当者やその上司に会ってヒアリングを行うため、必要事項の抜けや漏れが少なくて済み、アウトプット間の整合性も保たれやすい。他方、職務分析者の作業工数がかさむことになるので調査費用は高くなりがちである。面接を効果的に実施するには、職務分析者が当該職務の内容や特性などにある程度精通していることも要件となる。

③ 観察法

　観察法は、職務の担当者の職務遂行状況を直接観察する調査方法であり、職務の正確な記述が期待できる。しかし、観察法も職務分析者が当該職務の内容や特性に精通していることが前提である。職務分析の手法

にだけ精通していても、当該職務への理解が浅いと作業の見落としなどの危険性がある。観察を正確に行うためには業務の一部始終を観察しなければならないため、職務分析者の作業工数がかさみ、調査費用は高くつくことになる。

（2）職務評価

　職務分析によって得られた情報をもとに職務記述書を作成し、その職務記述書を材料に職務評価を行う。職務評価は、組織内の職務や役割の序列化を行い、同程度の価値の職務をグループ化して分類するものである。代表的な職務評価の手法は序列法、定義分類法、ポイントファクター法（点数法ともいう）である。

① 序列法

　職務を組織内のあらゆる仕事に通じた者が一定の評価軸に基づいて相対評価し、順位付けを行う方法である。簡単な方法であるが、評価結果は序列関係でしか表現されず、また評価者の主観が入りやすいため、評価結果に対する納得性に課題が残る。

② 定義分類法

　職務評価に先立って職務等級を設定し、各等級の基準を定義する。米国では、等級基準とともに基準職務（bench-mark job）を設定することが一般的である。基準職務を通じて賃金の市場相場を知るためである。等級基準と個々の職務の職務記述書の内容を比較し、当該職務が位置づけられる職務等級を決定する。

　現在、多数のわが国企業が採り入れている成果主義では、この定義分類法を応用しているケースが多い。職務分析によって等級と等級に求められる評価項目を設定し、等級別に各評価項目の基準を定義する。この基準に照らし合わせて個々の職務の職務等級（役割等級）を決定していくのである。

　定義分類法は簡潔でわかりやすく、調査コストも比較的安く済む。しかしながら、後述するポイントファクター法に比べて、評価結果に恣意

的な判断が入る余地がある。また、比較的大くくりな職務評価となるために、職務等級定義や職群等の区分の仕方によっては、基準に照らして収まりの悪い職務が出てしまうことがある。

③　ポイントファクター法

　職務の評価項目を設定し、その評価項目ごとに定量的な評価を行い、それらの結果を積み上げ合計点を算出する。そして、各職務の合計点から等級区分を決定する方法である。評価項目の設定は各社各様であるが、①知識・技能、ノウハウ、②職務の複雑さ、困難さ、③責任の大きさ、意思決定の影響度、などを見ることが一般的である。加えて、④精神的・身体的負荷、作業条件、⑤社内外の人材の需給状況、などを評価項目として設定する場合もある。各評価項目に水準が設定され、当該職務における水準を判断していくと、算式に基づいて評価結果が自動的に点数換算される（つまり、職務価値が決定される）。図表1-4-1は、こうした職務評価の手順を例示したものである。

　ポイントファクター法は客観的な算定を行うために、評価者の恣意性が入りにくく判定に合理性がある。また、職務の差が点数で表されるた

図表1-4-1 ●ポイントファクター法による職務評価のイメージ

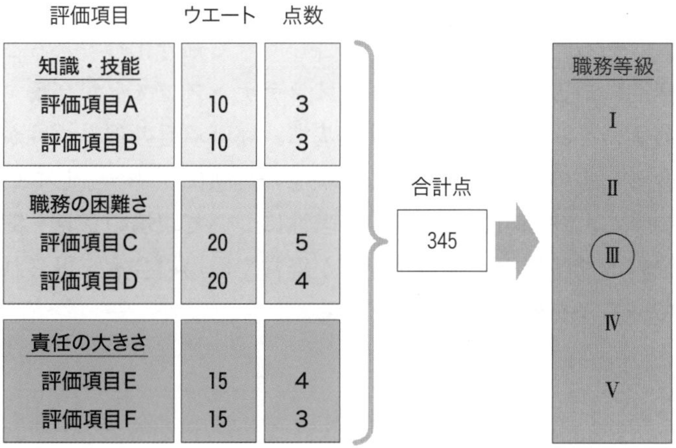

め、すべての職務の評価に一貫性がある。他方、評価項目ごとの評価や評価項目の重みづけによって合計点（職務評価）が変わってしまうことになる。算定方法が明確であるがゆえに、組織改編等のたびに職務価値を見直す必要が生じ、メンテナンスコストがかかるといった課題を理解しておく必要がある。

（3）実施と検証

職務分析を実施する際には、前述した記述法、面接法、観察法を組み合わせて用いることも多い。最初に、質問票に記入してもらい、職務分析者はそれを検討した後に、面接したり観察したりして詳細な職務分析を行うのである。

また、職務分析・職務評価を行う際には職務評価プロジェクトを編成し、各職務に詳しい人材に職務分析者となってもらうことを検討する。職務評価の決定手続が公正で、透明性のある手続となっているかどうかは評価の納得性において重要であるので、可能であればプロジェクトを編成することが望まれる。ただし、プロジェクトを設置する場合には、メンバーに調査の趣旨と手法について十分理解してもらう必要がある。

職務分析・職務評価の検証としては、職務の大きさが人事異動・組織の改編を阻害するものにならないようなくくりになっているかどうかを見る必要がある。職務間の違いに着目しすぎて細分化しすぎると、人材活用が極端に阻害されるとともに、メンテナンスコストが高騰する。また、職務価値を決定する評価項目や基準、評価項目の重みづけが会社の特性に合ったものになっているか、現場の実感にフィットしているかも検証を要する。評価項目や基準の妥当性について現場の意見を聞くとともに、最終的な序列やグループ分けが経営や職場の合意を得られるものになっているかを確認するべきである。

<table>
</table>

| 第 5 節 | モチベーションとモラール
向上・企業文化改革 |

学習のポイント

◆人事管理全体を評価するための代表的な管理サイクル（PDCA）
ツールとして従業員満足度調査を学ぶ。
◆調査の企画立案等の準備段階から、調査の実施段階、集計・
分析の段階、結果を社内にフィードバックする段階を経て、
施策・制度の立案につなげる効果検証段階等までの、調査全
体のプロセスが説明されている。

1 人事管理の評価の必要性と従業員満足度調査

　これまで人事企画について学習してきたが、人事管理全体がどのよう
なパフォーマンスを発揮しているのかを評価する必要がある。つまり、
人事管理の管理サイクルの中の「評価」の段階であり、そのための有力
な道具が従業員満足度調査（モラールサーベイ）である。そこで、従業
員満足度調査を活用した人事管理の評価の進め方について説明しておく。
　従業員満足度調査を行うにあたってはいくつかのポイントを確認して
おく必要がある。第1に、企業や組織の業績を上げるためのPDCAツー
ルの1つであることを認識するということである。つまり、調査結果の
数字に一喜一憂するのではなく、よければそれをいかに維持するか、悪
ければ改善のために何を変えなくてはいけないかを議論し、施策の立案
や実施につなげていくことに意味がある。したがって、調査を定期的に
行い、施策の有効性や定着度合いを継続的に検証していくことが重要で

ある。

　第2に、調査を行う主体は経営者であるべきということである。もちろん、人事、総務、企画といった部署が具体的な実施を担うが、調査の目的と従業員に対する思いをトップみずからが熱く語りかけることによってこそ、従業員は会社を信頼して本音を語ってくれるのである。このことは調査実施にとどまらず、結果のフィードバック、各種会議における調査結果の共有や言及の段階においてもトップの果たす役割は大きい。

　第3のポイントは、従業員を重要なステークホルダー（利害関係者）であると位置づけ、彼ら（彼女ら）との対話を行うという点である。ステークホルダーは企業にとって不可欠な存在であり、企業に対して何らかの期待を抱いている。たとえば、株主というステークホルダーは株価の値上がりと多くの配当を期待しており、企業はその期待に応えなければならない。同様に、従業員満足度調査はステークホルダーである従業員が何を期待し、その期待にどれほど応えられているかを知るための重要な手段なのである。

2　従業員満足度調査の基本的な考え方

（1）調査を行うメリット・デメリット

　調査を行うメリットは数多くあるが、主なものとして、①組織の風土（強み・弱み）を知ることができる、②組織が従業員の声を重視するというメッセージになる、③他社・業界との比較や組織・部署間の比較ができる、④過去との比較が行える、⑤制度や施策の有効性や浸透度を知ることができる、などが挙げられよう。本節**1**で述べたように、組織の業績向上に向けたPDCAツールと認識するのならば、従業員満足度調査を行うことは不可欠であり、多くのメリットを享受できるであろう。

　次にデメリットとしては、①費用もしくは負担が発生する、②従業員へのフィードバックが難しい、③誹謗・中傷が書き込まれるおそれがある、といった点が挙げられる。費用に関しては、社内ですべて行うか、

それとも外部へ業務委託するかによっても異なる。②と③に関しては経営陣の覚悟が必要である。特にフリーアンサー（自由回答欄）を設けた場合には、さまざまなコメントが届く。顧客からのクレームと同様に、従業員からの指摘を嫌がらず、謙虚に受け止め対応する覚悟が必要である。

（2）調査目的の明確化とそれを踏まえた基本方針の決定

　調査にあたっては目的を明確にすることが重要である。普段は会社もしくは上司から一方的に評価される従業員にとって、満足度調査といえども会社に対して率直な評価をする機会である。目的とともに基本方針を明確にし、従業員へ伝えなくてはならない。

　（a）WHY（目的）…調査を行う目的ならびに用途
　（b）WHAT（調査項目）…調査したいカテゴリーならびに設問
　（c）WHO（調査者・対象者）…調査の対象（全員／一部の従業員）
　（d）WHERE（場所）…調査を行う場所（オフィス／自宅）
　（e）WHEN（期間・頻度）…調査時期・期間、フィードバック時期、
　　　次回の実施時期
　（f）HOW（方法・金額）…調査方法、フィードバック方法、コスト
　具体的な目的で実施する場合もある。たとえば、賃金体系の改定を予定している場合に賃金に絞り込んだ調査を行ったり、女性従業員の活躍推進策を検討するための予備調査であったり、自社ブランドに関する意識調査などである。いずれにせよ、目的と基本方針は調査を実施するにあたって、イントラネット等を利用して経営トップのメッセージとして明確に伝えること（社内告知）が必要である。

3　制度の枠組み

（1）運営部署・運営体制の考え方

　プロジェクトにたとえるならば、実施主体は社長（もしくは担当役員）、リーダーは事務局長（企画部署のリーダークラス）、メンバーは数名の実

務担当者（企画部署もしくはシェアドサービス会社）、パートナーを置く場合には労働組合幹部および人事コンサルタントということになる。なお、事業部門の企画担当者（もしくは人事担当者）にメンバーとして入ってもらうことができれば、前述の社内調整は非常にスムーズに進むであろう。

（2）調査対象、実施時期・頻度の考え方

　原則として、調査対象は目的によって異なる。たとえば、女性従業員について知りたいのであれば女性が対象になるが、女性のみを調査しても比較対象がなければ分析や解釈は難しい。つまり、いかなる個人属性による分析や解釈を行うにせよ、比較も行えるように調査対象はできるだけ広くすべきである。しかしながら、特に重視する個人属性がある場合には、特定の集団に絞り込んだ調査はありうるし、大企業やグループの場合には、特定の会社や事業部のみを調査対象としても問題はない。

　実施時期については、特にこの時期がよいということはない。会計年度や社内行事などを勘案して実施すればよい。事務局としては繁忙期を避けたほうがよいことはいうまでもない。実施の頻度は、四半期ごと（年4回）という外資系企業の例もあるが、ほとんどの場合は年1回である。しかも、毎年行う企業もあれば、隔年もしくは3年に1回という例もある。すでに述べたように、企業業績向上のためのPDCAツールである従業員満足度調査は1回きりではまったく意味がなく、継続して行わなくてはならない。

（3）実施・回収方法の考え方

　初めに決めるべきことは紙ベース調査か、Webベース調査かである。最近ではWebベースが一般的になってきているが、回収率では紙ベースに軍配が上がるようである。Webの場合には、事務局が個人を特定して督促しない限り、「まあ、いいか」ということにもなりかねない。ただし、Webであれば外部や海外に出向している従業員にもタイムラグがなく、

アクセスしてもらえるメリットもある。現業部署などではパソコンが全従業員に行き渡っているわけでもないため、部署によっては紙ベースを併用することも有効である。

次に、記名か無記名かという問題がある。理想は「記名でありながらも従業員が本音を言ってくれて、回収率100％」である。記名であれば、事務局で未提出者をピックアップして督促することができるので、回収率は間違いなく上がる。しかし、本音を言ってくれるかどうか疑問が残る。特に、新たに調査を始める場合であれば無記名が無難であろう。なお、記名にせよ、無記名にせよ、調査告知にあたっては、「個人を特定することは一切ありません」「個人が不利益を被ることは絶対にありません」というメッセージを重ねて強調することが重要である。特に、初めて行う場合は、事務局の予想以上に従業員は神経質になるものである。

Webを利用する場合には回収作業は必要なく、自動的にデータが蓄積されていく。この面でもITを利用した方法の場合、非常に手間が軽減される。一方、紙ベースの場合には回収作業が発生する。郵送先については、人事部といった社内よりも外部のほうが安心できるし、率直な回答にもつながる。なお、調査終了にあたっては、開始時の告知と同じくイントラネットなどで調査終了の旨を伝えるとともに、回答への協力に対する謝意を表し、フィードバック時期についても言及することを忘れてはならない。

回収率は100％が目標であることは間違いないが、なかなかそうもいかない。回収率は紙ベースとWebベースでも大きく異なるし、トップのコミットメントや事務局運営の巧拙によっても違ってくる。何％以上がよいとは一概にいえないが、50％以下の場合には明らかに何らかの問題がある。考え方としては、初回に全力を傾けて回収率を高め、次回以降は初回の数字を上回ることを目標にするとよいだろう。調査が上手に実施・継続されている企業の場合、80％～95％を常に維持している。

4 　調査票の設計

（1）プロフィール項目（個人属性情報）の設計

　設問を設定する前に、回答者である従業員のプロフィール項目（個人属性情報）を検討する。軽視しがちであるが、この内容はきわめて重要である。なぜならば、後の分析・解釈・施策立案に直結するだけでなく、回収率（回答率）にも大きな影響を与えるからである。

　特に、初めて調査する場合には、詳しくプロフィールを聞きたくなる。細かく聞けば聞くほど、分析や解釈はさまざまなパターンで行えることは間違いないが、細かすぎると統計的な信頼性が怪しくなるし、何といっても手間がかかる。うまく解釈ができずに、よくわからない結果になることさえある。性別、年齢、勤続年数、婚姻状況、子どもの数、学歴、採用形態、勤務地域、勤務状態、職種、所属部門、所属部署、社員区分、部下の数等々……、聞いていけばきりがないし、回答者が個人が特定されることに疑念を持つおそれがある。基本的には、「どうしても必要なプロフィール項目しか聞かない」である。つまり、調査目的を達成するために不可欠なプロフィール項目に絞り込むべきである。たとえば、子育て支援策を立案するためであれば、子どもの数を聞くことは不可欠になる。しかしながら、「これも念のために聞いておこう、あれも参考として聞こう」といった程度であれば、迷うことなく外すべきである。

（2）設問カテゴリーの設計

　設問数であるが、包括的調査であればどうしても設問数は多くなる。目安としては「回答者が飽きずにきちんと答えてくれる限界まで」ということになる。紙ベースとWebベースでも異なるが、10～15分程度で答えられる数ということになると、せいぜい50問～80問が限界である。
図表1-5-1

　設問を考える際には、他社事例や文献などをインターネットで調べるほかに、人事コンサルタントに相談するとよい。決して、ゼロから自分

図表1-5-1●従業員満足度調査　カテゴリー例

カテゴリー	主な設問例
①仕事	仕事のやりがい、量、挑戦度、労働価値観
②意思疎通	会社・部署の風通し、方針浸透度
③マネジメント	上司、権限委譲、自主性の尊重
④目標管理・評価	目標設定、支援体制、フィードバック
⑤チームワーク	全社・部署、連携プレー、目標の共有
⑥給与・待遇	水準、成果主義の運用、男女格差、異動
⑦職場環境	設備、セクハラ、安全衛生、時間外、ゆとり
⑧教育・能力開発	体系、上司・先輩、キャリア見通し、機会
⑨品質・顧客サービス	ブランドイメージ、品質、顧客サービス
⑩総合満足度	誇り、家族・友人、愛着、会社の評価、企業理念、成長性、人事制度

で設問を作ろうと思ってはならない。文言の使い方など技術的なハードルもあるため、他社事例や文献、および人事コンサルタントの示す例を基本にして、必要に応じて文言を自社に合わせることが望ましい。その際には、大くくりの設問カテゴリーを決めることから始める。

（3）設問の設計

このようにカテゴリーを設けたうえで、具体的な設問を他社等の例から作成する。その際、自社に合わせて文言を変更したり、新たな設問を作っていくとよい。まず、設問は集計や分析の手間を考慮すれば、当然「イエス」もしくは「ノー」で答える形とし、それを点数化する方法が最も簡単である。その際に単純に2択ではなく、幅をもたせて3択、4択、5択、7択といった濃淡をつけるのが通常である（専門的には「3件法」「5件法」といった言い方をする）。何択にするかは迷うところであるが、統計解析をするのであれば、5件法以上でないと無効といわれている。また、「どちらともいえない」という曖昧な回答を排除するために偶数から選択させるという工夫もある。このあたりは、好みの問題ともいえる。

図表1-5-2 ● 5件法の選択肢例

5＝当てはまる
4＝どちらかといえば当てはまる
3＝どちらともいえない
2＝どちらかといえば当てはまらない
1＝当てはまらない

参考までに図表1-5-2に5件法の例を示す。

　次に、設問の問い方にはポジティブ・クエスチョンとネガティブ・クエスチョンがある。「当社で働いていることを誇りに思っている」といった肯定的な質問がポジティブ・クエスチョンであり、「職場にセクハラがある」などの否定的な質問がネガティブ・クエスチョンである。なお、集計と分析の効率性からすると、可能な限りポジティブ・クエスチョンにそろえたほうがよい。たとえば、上記の例であれば、「職場にセクハラがある」に代わって「職場にセクハラがない」とする。

　最後に、自由回答欄についてふれておきたい。調査をすべて選択式としてもよいが、選択式の設問の最後に「気づいたことなど、何でも自由にコメントください」といった自由記入のスペースを設けることは2つの意味で有効である。1つは、多くの従業員が書きたがるという事実である。一般的には回答者の半数近くが何らかのフリーコメントを記入しているといわれる。短いものから長いもの、建設的なコメントから告発に近いものまで、さまざまな内容が寄せられるであろう。もう1つは、仮に回収率（回答率）が予想よりも低かった場合でも、丁寧に自由回答欄を吟味することによって非回答者の気持ちを推し量ることができるという点である。言い換えれば、組織の課題がフリーコメントに潜んでいるということだ。特に5割、6割といった低い回答率の場合、フリーコメントの厳しい意見に問題解決のヒントもしくは思わぬ課題が書かれているケースが多い。確かに、集計や分析は選択式に比較して大変な手間がかかるが、最近ではテキスト形式のデータ・マイニング・ソフトなど

もある。労苦を惜しんではならない。

5　従業員満足度調査のプロセス

　最後に、これまで説明してきた従業員満足度調査の全プロセスを改めて整理すると以下のようになる。

〈準備段階〉

①　調査企画の立案（目的と基本方針の明確化、予算確保）

②　パートナーの検討（人事コンサルタント会社、労働組合など）

③　運営体制の決定（オーナー、リーダー、事務局メンバー、パートナー）

④　調査票の設計（プロフィール項目ならびに設問）

⑤　社内の調整（役員会等におけるプレゼン、決裁）

〈実施段階〉

⑥　社内告知（イントラネットへの掲示、従業員個人あてのメールなど）

⑦　調査開始（郵送、配布、URL開示など）

⑧　回答呼びかけ（全員もしくは未回答者）

⑨　調査終了（回答への謝意）

〈集計・分析段階〉

⑩　集計（データ入力もしくはアウトソース先への送付）

⑪　分析（単純集計、クロス集計、その他統計分析）

⑫　解釈（過去比較、部署間比較、個人属性比較や、自由回答の分析を踏まえた課題抽出）

〈フィードバック段階〉

⑬　結果報告（イントラネット、文書、データベース、社内報、各種会議、研修実施など）

〈効果検証段階〉

⑭　課題の優先順位付け（解釈に基づく課題の整理）

⑮　施策・制度の立案（新規導入のみでなく改訂・廃止も検討してスケジュール化）

⑯　施策・制度の告知・導入（従業員満足度調査結果に言及）

〈調査レビュー段階〉

⑰　次回調査へ向けたレビュー（準備、実施、集計・分析、フィードバックのよかった点・改善点）

参考文献

今野浩一郎『正社員消滅時代の人事改革』日本経済新聞出版社、2012年

海老原嗣生・荻野進介『日本人はどのように仕事をしてきたか』中央公論新社、2011年

鍵山整充・太田滋（2004）『日本型人事管理学大全　二十一世紀の日本型人事管理の基本思想と具体的システム〔第2版〕』白桃書房、2004年

金井壽宏『リーダーシップ入門』日本経済新聞出版社、2005年

金津健治『人事考課の実際』日本経済新聞社、2005年

木谷宏（2016）『「人事管理論」再考　多様な人材が求める社会的報酬とは』生産性出版、2006年

楠田丘『人を活かす人材評価制度』経営書院、2006年

小池和男『仕事の経済学〔第3版〕』東洋経済新報社、2005年

笹島芳雄『アメリカの賃金・評価システム』日本経団連出版、2001年

城繁幸『内側から見た富士通「成果主義」の崩壊』光文社、2004年

須田敏子『戦略人事論』日本経済新聞出版社、2010年

高橋俊介『成果主義』東洋経済新報社、1999年

谷口真美『ダイバシティ・マネジメント－多様性をいかす組織』白桃書房、2005年

日本生産性本部編（2013）『社員の多様化をいかす人事管理の3つの戦略』日本生産性本部生産性労働情報センター、2013年

宮下清『組織内プロフェッショナル－新しい組織と人材のマネジメント』同友館、2001年

第 2 章

雇用管理

この章のねらい

　従来の雇用管理とは、「仕事をさせる目的で、有償で雇い入れた人員を管理すること」であった。これからは、組織の業績を向上させ続けるため、経営戦略と人材戦略に基づく人員計画によってプロフェッショナル人材を採用し（第1節・第2節）、最適な配置・異動・昇進、出向・転籍を行う（第3節・第4節）ことが重要となる。

　しかしながら、雇用とは当事者の一方が相手方に対して労務に服することを約し、相手方がそれに対して報酬を与えることを約する契約に基づくため、組織の秩序を維持するしくみとしての表彰・懲戒（第5節）のみならず、退職・解雇（第6節）や雇用調整（第7節）の際には目的の明確化と労働関連法規への留意が必要である。

第 1 節 | # 人員計画の種類・内容

学習のポイント

◆人員計画は長期・中期・短期の視点で策定されなければならない。基本となるのは長期的な人員計画と雇用ポートフォリオであり、これは各企業が経営戦略を実行するための人材戦略の根幹となる。

◆人員計画の策定にあたっては、雇用の流動化、非正社員の増加、ビジネス社会の構造変化といった労働市場を取り巻く環境の変化を踏まえることが重要である。

1 長期・中期・短期別の人員計画

（1）人材戦略の背景

　人員計画は長期的な視点、中期的な視点、短期的な視点のそれぞれで策定されなければならないが、基本となるのは長期的な人員計画である。長期的な人員計画とは、各企業が人員についてどのような考え方をするか、つまり「人材戦略」の根幹にほかならない。まず、人材戦略について概観する。

　日本においては、「ヒト」の問題は主に人事管理や労務管理という概念によって扱われてきた。しかし、1990年代に入り、人的資源管理（Human Resource Management：IIRM）の考え方が主流になり、企業における人事労務管理の政策全般を意味する概念として使われるようになった。ここではHRMと経営戦略の関連を重視した戦略的人的資源管理（Strategic HRM：SHRM）の内容を概観する。

　まず、人材戦略がそれまでの人事管理や労務管理とどのように異なるかを考えてみる。人事や労務管理の諸制度は、アメリカにおいては1920年代に産業界に普及した。企業の中に人事部と呼ばれるスタッフ部門が設置され、さまざまな人事制度が開発されていったが、それは人事労務管理（Personnel Management）と呼ばれた。具体的内容としては、たとえば、人員の募集、採用、訓練、配置、賃金の決定、作業組織の編成、福利厚生制度、団体交渉などである。

　1970〜80年代になると、新しい概念として、労働経済学における人的資本（Human Capital）という考え方が、経営の分野にも応用されるようになり、HRMとして急速に普及するようになった。その基本的な考え方は、教育・訓練などによって人的資源に投資を行い、中長期的にその生産能力と効率を高めることで、その企業の競争力を高めることである。つまり、企業の人材を経営資源とみなし、それに投資を行い、さらに開発することによって、企業の発展を実現できるという考え方であり、その特徴は人材の育成や能力開発を重視する視点にある。

　1990年代以降に、市場における競争が激化するにつれて人的資源の考え方がさらに発展して、経営戦略との結合性がさらに重視されるようになった。そして、戦略目的を達成する人材を開発して育成するという視点が強化されるように変化した。

（2）経営戦略と人材戦略

　図表2-1-1は経営戦略と人材戦略の関係を示している。

①　まず人材戦略の前提として、ある事業を推進するための「経営戦略」が、市場変化や経営環境を考慮しながら策定される。

②　次に、その経営戦略に沿って、自社のもつ競争優位は何か、他社とのベンチマーキング（競争比較）はどうかという条件を勘案しながら、事業の「コア・コンピタンス要件（競争力の核となる要件）」が決められる。

③　その前提のもとで経営資源や企業文化を評価して、「戦略事業の

図表2-1-1 ●経営戦略と人事戦略

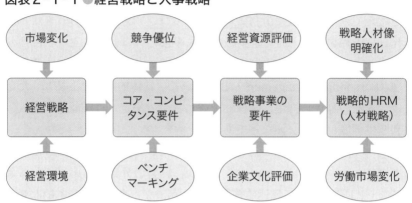

出所：佐久間賢『問題解決型リーダーシップ』189頁に加筆

　要件」が確定される。
④　そして、「戦略事業の要件」を実現するためにはどのような人材が
　必要なのかという人材像が明確化されたうえで、労働市場の変化に
　合わせて「戦略的HRM」、つまり、人材戦略が決定されるのである。
　たとえば、競争要件として必要とされる人材が社内にいない場合に
　は、外部から採用しなければならない。つまり、人材戦略は「最初
　に経営戦略ありき」ということができる。

（3）長期人員計画のブレークダウン

　このようにして人材戦略が明確になってくると、その戦略遂行に必要
な役割（仕事）と人員の要請に対して、雇用ポートフォリオを戦略的に
決定していくこととなる。雇用ポートフォリオにおいては、まず自社内
で処理すべき業務と外部化（アウトソーシング）が可能な業務に分類す
る。さらに、自社内で処理すべき業務に対しては、直接雇用するか、外
部労働力を活用するかを検討する。そのうえで雇用を行う場合には、正
社員とするか、非正社員とするかを決定することになる。そして、適正
な従業員数を決定するための要員計画を立て、要員計画から在籍者数を

除くことによって中期的、短期的な人員計画を立てることが可能となる。

2 労働市場の変化と人員計画

（1）雇用の流動化

　労働市場の変化は企業の雇用関係に大きな影響力を及ぼす。その重要な変化の1つは、中途採用や従業員の転職の増加等による雇用の流動化である。雇用流動化を示す統計としては入職率と離職率がある。それは個々の企業の前期末労働者を分母とし、当期に増加（入職率の場合）または減少（離職率の場合）した労働者数を分子とした数値である。→図表2-1-2

　同図表に示されるように、景気変動等の影響により、性別や就業形態の違いにかかわらず、雇用の流動が普通に起こりうることが問題となってきている。

　雇用の流動化は、企業の賃金体系にも影響を及ぼす。たとえば、経営戦略を推進する人材が必要な場合に、高い年収を支払わないと人材を確保できない、自社の人材を引き抜かれてしまうということが起こるからである。

　このような雇用の流動化とともに、パートタイマーや派遣労働者などの非常用雇用者の比率も増えている。総務省の「労働力調査」によると、その比率は2003（平成15）年の年平均で雇用者全体の30％を超え、2018（平成30）年には37.9％に達している（→図表2-1-3）。このことは人材戦略の基本的な条件に影響を及ぼすとともに、一般の従業員の生活にも多大な影響を与えることになる。たとえば、失業である。

　高度成長期の1960（昭和35）年から1974（昭和49）年にかけて日本の失業者数は60万人から80万人台で推移した。それが、オイルショックなどの影響で1987（昭和62）年には173万人まで増加した。その後の景気の回復によって図表2-1-4のように、1990（平成2）年には134万人まで低下したが、それを底にして、いわゆる「バブルの崩壊」「アジア

図表２-１-２ ● 就職・離職動向─性別・就業形態別

〔性別〕

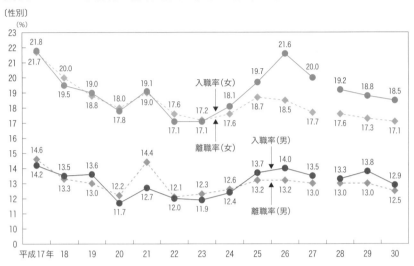

〔就業形態別〕

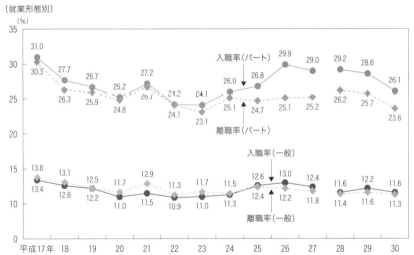

注）平成27年以前は常用労働者の定義変更に伴う再集計前の数値であり、平成28年以降とは接続しない。

出所：厚生労働省「雇用動向調査」（2019年公表）

図表２-１-３ ● 正規雇用と非正規雇用労働者の推移

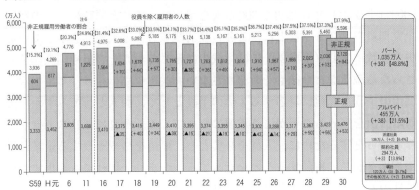

出所：総務省「労働力調査」

図表２-１-４ ● 完全失業率および就業者の対前年増減の推移

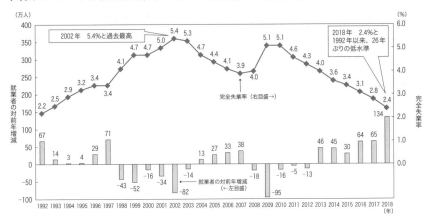

出所：総務省「労働力調査」

危機」などによって、1995（平成7）年に200万人の大台を超えた失業者数は、2002（平成14）年には350万人を突破した。

　その後は逓減傾向に転じ、いったんは300万人を下回ったが、2007（平成19）年に表面化したサブプライムローン問題に端を発した世界金融危

機、ならびに2008（平成20）年のいわゆる「リーマンショック」を経て、2009（平成21）年には再び300万人を超えた。それと同時に、この間の企業倒産やリストラなどによる非自発的離職者も増大傾向を示している。失業者数は2011（平成23）年には減少に転じたが、その後も国際競争のさらなる激化など今後も予断を許さない。

　このような変化に対応する１つの手段として、個人としてみずからの市場価値を高めることがより重要になってくる。それは、リストラからみずからを守るために、人材を必要とし、雇用を増やそうする企業に労働市場を通じて移動することを意味する。つまり、他社にも通用する市場性のある能力（エンプロイアビリティ）をみずから学んで獲得することである。

（２）日本のビジネス社会の構造変化

　21世紀に入り、日本のビジネス社会の構造変化が急速に進んでいる。１つは人口の高齢化であり、もう１つは企業の競争構造の変化である。

　まず、人口の高齢化は65歳以上の増加と若年人口の減少として現れている。

　図表２-１-５に示すように、65歳以上の高齢人口は2015年の3,387万人から、25年後の2040年の3,921万人まで1.2倍にも増える。一方、いわゆる「生産年齢人口」といわれる15歳〜64歳の人口は、2015年の7,406万人から、2040年の5,978万人まで約1,428万人も激減する。

　このような高齢者の急増と若年人口の激減という社会構造の変化を見ると、これまで日本社会を支えてきた壮年男性という均質的な労働力だけで、これからの日本社会を支えるのは困難となる。すなわち、女性や高齢者を含めた働く意思と能力のある人材の力を活用する社会的しくみ、つまり、年齢、性別、人種や国籍などにとらわれない雇用のあり方が必要とされている。

　構造変化の２つ目は、企業を取り巻く競争構造の変化である。たとえば、図表２-１-６に示すように、日本人の賃金は今世紀のはじめには、

図表２-１-５ ●高齢人口の増加と若年層の減少

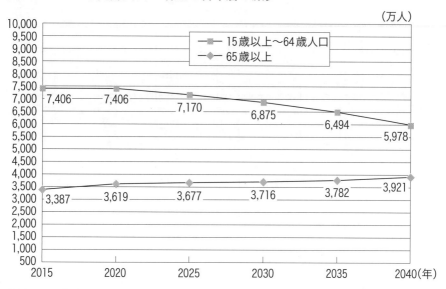

出所：国立社会保障・人口問題研究所「将来推計人口－中位推計値」（2016年）

先進国を含めてすでに世界で最も高い水準となっている。

　このことは、経営戦略の面からも重要な意味を持っている。つまり、高い賃金水準を前提としながら日本企業の国際競争力を維持するためには、きわめて高い利益・付加価値のあるモノやサービスをつくり出すことが必要であることを意味している。また、段階的な賃金水準の修正も検討せざるを得ないかもしれない。すなわち、そこに優れた人材戦略が必要とされる理由がある。

　なお、多少本筋を離れるが、同図表に示したように日本の賃金水準が世界最高水準にあるにもかかわらず、出生率が世界最低水準にあることに端的に示されるように、国民の大多数はその豊かさを実感できない状況が続いている。

　その原因は、第１に、食費、光熱費、交通費および家賃といった、生活の基本となる物価の水準が国際的に見て突出して高水準にあること、

図表2-1-6 ● 日本の賃金の国際比較（円換算・時給）

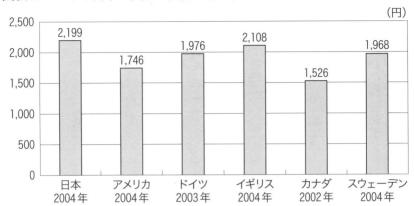

注）日本—現金給与総額、事業所規模5人以上。アメリカ—民間非農業部門。イギリス—
　フルタイム労働者、北アイルランドを除く、4月調査。カナダ—被用者。スウェーデン
　—民間部門、9～10月の数値。

出所：日本生産性本部・生産性労働情報センター「活用労働統計」（2007年）

　第2に、戦後の長い期間を通して「貧富の差」が比較的少ない社会といわれてきた日本において、近年のいわゆる「格差社会」が急激に進展していること等が挙げられよう。

　「国際化」や「グローバル化」が標榜される今日、経営戦略全般を概観する観点においても、上記に掲げた問題を素通りすることはできないのではないだろうか。

<table>
<tr><td>第 2 節</td><td>募集・採用</td></tr>
</table>

1 採用の基本と課題

(1) 採用の定義

採用とは「優秀な人材の継続的な確保」である。最も重要な経営資源を人材と考えるのならば、企業の存続と成長は優秀な人材の育成と確保にかかっているといえよう。今後、労働人口が減少していくことを考えると、新卒であれ中途であれ、採用はきわめて重要な位置づけとなる。

また、人材の育成（能力開発）は人材戦略というフレームにおいて、初めて真の重要性を勝ち得るのではないだろうか。日本企業では、これまでも能力開発が重視されていたことは事実であるが、現場によるOJTと自己啓発が主体であり、社外を見据えた「エンプロイアビリティ（雇用されうる能力）」の獲得といった視点によるキャリア開発や能力開発の体系は皆無であったといってよい。目標達成のプロセスを通じたキャリア開発や能力開発の体系を社員に提示し、「学習する組織」を構築することも人材戦略の重要な目的である。

　今後の企業は社員にとって成長の場とならなくてはならない。社員にとってエンプロイアビリティが求められるのと同様に、企業には「エンプロイメンタビリティ（社員を引きつける能力)」が必要であるといわれている。個人のエンプロイアビリティを高めてくれる企業が、エンプロイメンタビリティを獲得するのである。

（2）採用の目的

　採用の目的はプロフェッショナル人材（およびその予備軍）の獲得にあるといえる。日本企業においても、成果主義に代表されるように、業績主義、能力主義、年俸制、通年採用、職種別採用、早期退職制度、選別型研修、業績連動型目標管理制度、コンピテンシー評価など、人材戦略の内容は変化している。こうした変化の底流には専門性の重視がある。従来、職務の専門性は中堅層までのもので、それより上位の管理職にはほとんど問われなかった。しかし、生産システムの効率性が競争優位の源泉であった工業社会のビジネス・モデルから、革新性・創造性・問題解決力といった知識創造が、競争優位の源泉となる知識社会のビジネス・モデルに変化するに伴い、社員の専門性が企業の競争力を左右しかねなくなっている。

　このような中で中心的な人材になるのは専門家、すなわちプロフェッショナルである。「ゴールドカラー」「メタルカラー」「組織内プロフェッショナル」「企業プロフェッショナル」など、さまざまな用語によって語られる企業内のプロフェッショナル人材には、①医師や弁護士といった伝統的プロフェッショナルでない"新興プロフェッショナル"である、②組織内の人材である、③ホワイトカラーを中心とする、という特徴があり、「企業など組織に雇用され、職務に対する主体性と専門性を持ち、組織の中核として評価される人材」と定義することができる。また、企業内のプロフェッショナル人材は技術系に限定されない。技術のプロのみならず、営業のプロ、人事のプロ、財務のプロといった人材をどれだけ多く有するかが企業の競争力の源泉となってくる。

このように、企業に求められる人材をプロフェッショナルととらえ直すと、プロフェッショナルを活かす人材戦略や人事制度が必要になる。専門性を重視することは、仕事から生み出された成果を純粋に評価することとそういった人材を効率的に育成することにほかならない。成果主義とは、年功や経験などによる人物や過去の功績による評価、つまり個人の属性に基づく評価から、仕事の成果に基づく評価へとシフトすることを意味している。人材のプロフェッショナル化に対応したマネジメントの変化の現れが成果主義であるともいえる。

（3）制度設計・運用の基本的な考え方

従来の人員計画は、業務遂行に必要な工数に基づく各部門の人員要求を積み上げるボトムアップ方式で行われていた。この方式は短期的な視点に基づくものであり、長期的な観点から人件費を十分に検討しないままに、経営戦略や人材戦略と分断されたところで行われることが多かった。これからは、まず経営戦略の中に人材戦略と人員計画を含め、それを採用政策に連動させることが重要である。→図表2-2-1

こうして採用計画が決定されると、それにふさわしい採用方法を検討

図表2-2-1 ● 採用の基本的方向

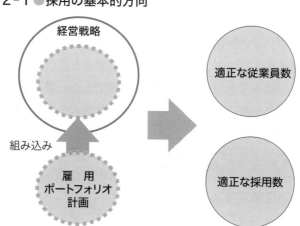

することとなる。人材確保の方法としての採用手段は、長期的な育成を前提とした採用（新卒採用や第2新卒採用）と即戦力となる人材の採用（中途採用）に分けられるが、企業が成果志向を重視する際には即戦力採用が中心となる。即戦力採用とは、中途採用もしくは経験者採用であり、企業が求めるスキルや知識を候補者が持ち合わせているかが、採否を決める要素となる。そのため、採用の意思決定は現場で行うこととなり、人事部門は採用を支援するという役割を分担することになる。

（4）採用における課題

　中途採用の場合には、まず必要とされる役割要件を明確にする必要がある。募集にあたっては、これまでの新卒採用における一般的な方法とは異なり、役割要件を外部労働市場に対して告知し、志願者を募集する職種別採用を行うこととなる。職種別採用は、新卒採用にも適用することができる。職種別採用を行った場合には、入社後の仕事を提示することにより、その仕事に関心を持ち、専門的な知識を学んだ学生に的を絞った採用を行うことが可能となる。

　また、社内に余剰人員を確保しておくことが難しいという状況にあるにもかかわらず、日本の法制度のもとでは、欧米と比較すると解雇ルールが明瞭でない。そのため新卒採用には、いったん採用すると人材の入れ替えが難しいという課題がある。これに対しては、採用における失敗の影響を最小限にするために、インターンシップ制度や一定期間後に正社員として採用する紹介予定派遣などを活用する方法が考えられる。これによって、面接や入社試験では十分に把握できない職務上の能力や適性を実際の仕事ぶりから判断し、適切な採用を行うことができる。

2　採用の方法・手続の設計

（1）採用計画を策定する

　人材ポートフォリオに基づき、社員区分ごとに適正な人数を以下の算

式で算出する。

必要要員数－在籍要員数＝必要採用数

　さらに、長期・中期・短期の採用計画を、新卒採用と中途採用、契約社員等の採用を効果的に組み合わせながら策定することとなる。新卒採用は定期採用となり、中途採用や契約社員の採用は不定期採用もしくは通年採用という形になる。採用は、経営戦略から導き出される役割に適した人材を採用するのに最も効果的である職種別採用を基本とする。採用の最終承認は、経営トップの決定事項とし、個々の採用の決定は各部門にゆだねる。→図表2-2-2

図表2-2-2 ● 採用計画のイメージ

（2）選考基準を整理する

　選考基準は、経営理念および経営戦略から導き出される人材要件（社員として求められる価値観と職種別スキル）に基づいて決定される。新卒採用の場合は、訓練可能性の観点から、専攻分野と専門知識、熱意・意欲、理解力・判断力、一般常識・教養、行動力・実行力等を評価する。したがって、新卒採用を職種別採用とする場合においては、専攻分野が当該職種と異なる学生でも学習意欲と熱意によって採用することがあってよい。

　中途採用の場合でも、入社後に人事異動する可能性があるため、専門スキルだけではなく、コミュニケーション能力等の社会的スキル、企業文化との適合性も選考基準とすべきである。→図表2-2-3

　なお、選考基準の策定にあたっては、人事部門だけでなく、各ライン

図表2-2-3●選考基準決定の流れ

の代表者をメンバーとする検討委員会を設置することが望ましい。当然であるが、上長の好みではなく、経営戦略上の要請から必要とされる人材を絞り込むこととなる。

（3）採用方法を検討する

　募集にあたっては、求める人材要件の詳細を明示する。そのうえで、公的な職業紹介機関、民間の職業紹介機関、大学・高校・専門学校への求人、会社説明会、新聞等の求人広告、求人専門誌（紙）、インターネット等の手段を適宜選択して募集を行う。その際、求める役割についての具体的な情報をできるだり明示することが重要である。さらに、入社後のキャリア、能力開発の機会、経営方針などを公開することも、求人・求職のミスマッチを少なくするうえで有効である。→図表2-2-4

図表2-2-4●採用方法決定までの流れ

（4）試験・面接を行って採否を決定する

　試験はあくまでも候補者を絞り込むためのスクリーニングと考え、最終的には面接によって採否を決定することとなる。面接においては通り一遍の面接ではなく、行動特性（コンピテンシー）面接と呼ばれる手法によって行うことが望ましい。

　行動特性（コンピテンシー）面接とは、「人間は過去にとった行動を繰り返す可能性が高いため、過去の行動から今後の可能性を把握できる」という考え方に基づいた面接手法である。具体的には、人材要件から導き出された評価項目（チームワーク、リーダーシップ等）に関連して過去の経験を話させる形式をとる。これまでの経験の中から、①状況、②それに対してとった行動、③行動した結果、を掘り下げて聞き出し、総合的に評価を行う。その際には複数の面接者によって評価を行い、最終的な採否を決定する。→図表2-2-5

図表2-2-5 ● 行動面接の流れ

（5）検証する

　半期に一度、人材の棚卸しを行い、採用した人材の実態を確認することが必要である。具体的には業績と能力の2つの軸に基づいて1人ひとりの位置づけを決定し、業績・能力がともに低い「崖っぷち社員」と、ともに高い「スーパー社員」についての採用プロセスをチェックする（→図表2-2-6）。なお、退職の意思表明のあった社員に対しては人事部門が面談を行い、その決断に至った理由や今後の組織に対する建設的な意

図表２-２-６ ● 人材ポートフォリオ

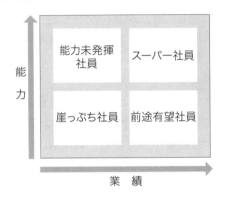

見を把握することも重要である。

3　各種採用・雇用形態別の留意点、関係法令等

　採用にかかわる労働法制には、大きく①採用対象者、②雇用契約、③募集・職業紹介、にかかわる３つの分野がある。まず採用対象者については、企業に採用の自由が広く与えられているが、いくつかの点から法的に規制が加えられている。

　その第１は、女性にかかわる規制であり、企業は男女雇用機会均等法により、募集・採用について女性に対して男性と均等の機会を与えねばならず、女性であることを理由に募集・採用の対象から女性を除外することが禁じられている。具体的には、募集に際して女性または男性の募集人数を設定すること、求人や採用にかかわる情報の提供（たとえば、会社案内の送付）に際して女性と男性で異なる扱いをすること、採用試験などについて女性に対して男性と異なる扱いをすること（たとえば、女性のみに試験を課すことなど）が禁じられている。さらに女性のみを採用することも、女性の職域を限定するとの理由から禁止されている。

　第２は、障害者雇用促進法により、企業に、社員の一定比率（「雇用率」

と呼ばれている）以上の障害者を雇用する義務が課せられている。これに違反すると、企業は罰則として一定額の納付金を徴収される。また、違反の程度がひどいと行政機関（ハローワーク）から指導を受け、それでも改善されない場合には会社名が公表されることになる。

　第3は、外国人労働者に関する法定規制であり、企業は、自由に外国人を雇用することはできない。政府は、専門的・技術的分野の外国人労働者は受け入れるが、単純労働に従事する外国人労働者の受け入れは認めない、という基本方針を長年とってきた。しかし、外国人労働者の入国・在留資格の条件を定めた法律である出入国管理及び難民認定法が改正され、2019（令和元）年度から在留資格「特定技能1号・2号」が新設されたことにより、これまでの政府の方針は一部転換されたことになる。ただし、同法で認めた資格を持たずに、単純労働に従事している外国人（不法労働者など）がすでに数多くいることも周知の事実である。このような難しい問題はあるが、外国人労働者は確実に増えていくと思われる。

第 **3** 節 配置・異動と昇進

学習のポイント

◆成果主義の進展や社員の価値観の変化をとらえ、配置・異動と昇進に際しては、「会社としての計画性」と「個人としての自主性」が実感できるしくみを構築することが重要である。

◆従来の会社主導の「人事異動」は、社内公募制度を中心とした「キャリア開発」へと姿を変えていく。その際には、①職務、②能力、③意志の３つの面から人と職務のマッチングを行うことが必要になる。

1 配置と昇進

(1) 配置と昇進をめぐる変化の背景

　配置と昇進については従来の会社主導から大きく方向転換を進めなくてはならない。その背景には、次のことがある。→図表2-3-1

　その１つは成果主義の進展である。かつては終身雇用が前提とされ、それと引き換えに会社主導の配置に黙って従うことはある意味当然であった。しかしながら、成果主義が進展する中でその前提は崩れつつあり、会社主導のキャリア政策に対する納得性は減少してきている。また、就いた仕事・役割による格付けが行われ、処遇も会社全体や個人の成果によって変動することが当然となってくる。会社としても職務配置（人材配置）の公平性を担保できるしくみの構築が急務である。

　もう１つは社員の価値観の変化である。キャリア開発を会社にゆだねる「会社人間」から、仕事を介して会社と契約し、みずからの能力を開

図表2-3-1 ●配置・異動をめぐる変化の背景

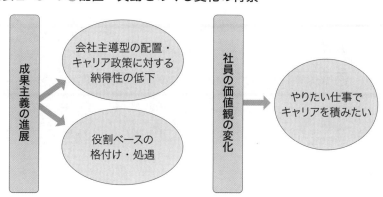

発する「プロフェッショナル人間」へと価値観が変容する中、みずから
希望する仕事によってキャリアを築いていきたいと強く願う社員の割合
は増大してきている。このように、従来の配置・異動政策は大きな曲が
り角を迎えている。

(2)配置・異動の基本的方向

　一言でいえば、社員は「会社としての計画性」と「個人としての自主
性」が実感できるしくみを欲しているといえる。もちろん、希望すれば
必ずかなえられるということはあり得ないが、①職務、②能力、③意志
の3つの面から人と職務のマッチングをきちんと行い、結果にかかわら
ず本人へフィードバックできる人事異動のしくみが必要である。

　具体的には、まず成果主義と整合性のとれた配置・キャリア政策を構
築する必要がある。→図表2-3-2

　その際には、①キャリアをみずから考えるキャリアマインドを醸成す
る施策、②人事異動・配置転換の多様化、が必須となってくるであろう。
キャリアマインドとは、配置を自己決定する基礎となる意識変革であり、
全社的な風土改革でもある。キャリアについて考えさせる機会がほとん
どなかった中で、いきなり社員に対して「これからは自分でキャリアを

図表2-3-2 ● 配置・異動の基本的方向

配置・キャリア政策
成果主義に整合的な
　→　配置の自己決定型　→　会社主導従」型政策
「ポスティング主・

切り拓いてください」というのは無理な話である。少しずつキャリアの
考え方を全社で身につけていき、必要な支援を行うことが重要となる。
たとえば、キャリア研修の体系を構築し、ライフステージの節目ごとに
実施することなどは有効である。

　配置・異動の多様化にあたっては、さまざまな施策の組み合わせが必
要となる。たとえば、社内の職務を網羅した「キャリアマップ」を社員
に公開したり、社内人材公募制度、自己申告制度、管理職登用公募制度、
進路選択制度といったしくみが考えられる。その中でも中心となるのは
社内人材公募制度（ポスティング）である。

　欠員が生じたり、増員の必要があったり、交替がやむを得ない場合に
は、従来のような少数の意思決定者による検討を行うのではなく、広く
社内に公募を行う。これは希望者の意思と実績を確認し、戦略に基づく
異動の重要な参考データとするしくみである。もちろん、会社主導によ
る指名も欠くことはできないが、今後は欧米のようにポスティングをメ
インのしくみとすることを検討すべきである。

　このような施策を通じて、従来の配置・異動はキャリア開発支援の様
相を帯びてくる。成果主義の成否は、「人事異動」をどこまで「キャリア
開発」に近づけることができるかにかかっているともいえる。

（3）配置・異動政策のポイント

　ポスティング政策とは社内における人材公募制度であり、大きく定期型と不定期型があり、これらを補完するしくみとして自己申告制度がある（→図表2-3-3）。一般的な社内人材公募制度は不定期型を指す場合が多い。新規事業やプロジェクトの発足によってまとまった人数が必要な場合や、突然の欠員のためローテーションが組めないといった突発的な事態に対応する場合に用いられる。募集する職務、場所、処遇、求められる能力・資格といった必要要件を社内に公開し、応募用紙を配布する。応募の際に現在の上司と相談する必要はなく、事務局である人事部の仲介によって募集する部署の担当者と面談し採否を決定する。そして、決定した時点で現在の職場に通知されるしくみである。突然の引き抜きとなることがデメリットとされることが多いが、通常的に実施されることによって大きな問題ではなくなる。

　定期型に取り組む企業はまだ少ないが、これは定期異動をすべてポスティングで行う考え方である。突発的な事態のみでなく、交替、昇進、ローテーションといった通常の異動までもすべて公募によって行うもの

図表2-3-3●配置・異動政策のポイント

1 ポスティング型	2 会社主導型	3 支援体制の整備
定　期　型 不　定　期　型 （自己申告制度）	●「なぜ必要か」の明確化と説明 ●「上」の仕事・役割に従事 ●「下」への異動でも、一定期間は処遇を下げない	ポスティング・システムの基盤整備 ●役割の内容の明確化と公開 ●賃金の明確化と公開 ＋ 社員個人に対する支援 ●キャリア研修の充実 ●上司のキャリア・コーチング機能の充実

であり、これが最終的な理想の姿である。しかしながら、現実的には不定期型の公募を増やしながら、自己申告制度等を利用して社員の異動希望を把握し、従来の会社主導型配置を改善していくことが近道である。また、ポスティングを機能させるには、社内にある役割・仕事を処遇とともに公開することを通じて、個人のキャリア開発に必要な情報を提供する、キャリア研修や上司によるキャリア・コーチングを奨励するなどの基盤を整備する必要がある。

　会社主導型配置の改善については、説明責任がポイントとなる。異動に際しては「なぜ会社が指名したのか、なぜ戦略上必要なのか」について明確に本人に事前説明することが重要である。また、単に「ここでの勤務が長くなったから」という理由による横の異動ではなく、原則として上位の仕事・役割に配置すれば本人の納得を得られやすい。やむなく下位への異動を行う際には、一定期間処遇を下げないといった工夫も有効であろう。

2　運用にあたっての留意点

（1）配置と昇進の原則・基準を明確にする

　配置とは「ポジションが空いたら人を充てること」、昇進とは「現在よりも上の職務に就けること」を原則とする。空いたポジションに求められる必要要件は、その旨を記述した「役割記述書」等で確認し、それを基準に人選を行うことになる。なお、配置や昇進にあたって、役割記述書の内容が陳腐化していないかを定期的に確認することも重要である。
→図表2-3-4

（2）配置と昇進のしくみを決定する

　配置・昇進は、全社員を対象とする社内公募制度を主に、指名型の人事異動を必要に応じて組み込むことが本来は望ましい。→図表2-3-5

図表2-3-4 ●人選基準

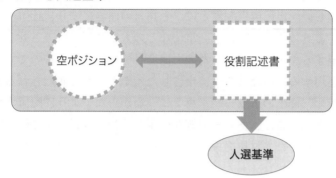

図表2-3-5 ●理想的な募集型と指名型とのバランス

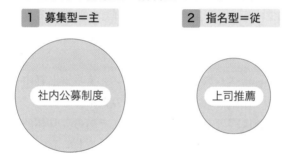

① 募集型

　募集型は前述した社内公募制度によって行うものであり、これにはいくつかのメリットがある。人事部門における既存の人事データからは把握できない人材の発掘、社員の意欲を高める人材活性化、人材の囲い込みを排することによる組織活性化などである。また、希望する仕事に就くための、社員の主体的な能力開発につなげることができる点や、組織業績が個人業績に反映されることに対する納得感の高まりも得ることができる。

② 指名型

　指名型とは上司推薦に基づいて行う前述の会社主導型の政策であるが、

上司推薦を補完する手段として異動に関する自己申告制度を導入することが望ましい。自己申告制度とは、上司との面談により、仕事やキャリアに対する具体的な希望、家庭事情などの人事情報を申告させると同時に、希望するキャリアに則した能力開発目標を設定するものである。同制度を運用するにあたっては、申告した希望がすべて満たされるわけではないため、部下のモラールダウンにつながらないように配慮することが必要である。また、あくまで既存の事業分野を前提とする制度であり、新規事業に適した人材を発掘することについては難しい面があるので留意してほしい。

（3）社内公募制度のしくみをつくる

募集方法については、下記の項目を整理して実施する。

① 公募の対象－他部門への異動のみを対象とするか、自部門内の異動も対象とするか。

② 募集方法－紙ベースとするか、イントラネット経由とするか。

③ 異動時期－採用された場合の異動のタイミング。

社内公募の流れは図表2-3-6のとおりである。具体的には、求人部門のトップが人事部門に公募シートを提出するしくみとし、公募にあたっては、担当する業務を明示したうえで、応募要件（必要とする能力・経験、役割等級、過去の業績評価など）を明確にする。また、説明会等を実施して社内公募制度の理解と浸透を図ることは、他社からの引き抜き防止の点からも有効である。応募に際しては、応募の事実や合否結果を上司・同僚に対して秘密扱いとするために、人事部門へ直接応募する

図表2-3-6 ● 社内公募の流れ

空ポスト → 人材募集 → 応募 → 採用

しくみとすることが望ましい。

（4）アセスメントの方法を決定する

アセスメントの方法は下記のとおりとする。→図表2-3-7

図表2-3-7●アセスメントの位置づけ

① 社内公募による候補者に対してアセスメントを行う。

② アセスメントの柱は行動事実面接とする。すなわち、面接によって過去（直近2～3年）における具体的な行動を聞き出し、各自の能力を判断する。

③ 配置に関する面接は当該部門のトップが行う。昇進となる場合には人事部門も面接官として立ち会う。

④ 正確な評価のために、面接シートを用いて詳細にメモをとる。

⑤ あわせて、面接マニュアルを作成しておく。

⑥ 特に上位等級への昇進の場合には、知識測定、レポート・論文、ケース討議などの試験もあわせて実施することが望ましい。

⑦ 選に漏れた社員には、モラール低下が生じないようにフォローを行う。具体的には、次回の公募に備えた能力開発計画についてアドバイスをする、定期異動の際にできるだけ希望に添うような配慮をする等がある。

（5）検証する

　配置・異動が、組織と個人の双方にマッチしているか否かの検証は、第一義的には本人の業績評価で行う。実際に行われた人事異動がミスマッチを起こしていないかどうかを、下記のような方法で検証する。→図表2-3-8

① 　配置・異動後の面談
② 　異動後アンケート
③ 　定員管理（欠員管理）
④ 　同一役割（役職）滞留年数の測定

　また、モラールサーベイ（従業員満足度調査）を行って、評価制度も含めた配置・異動政策全体が機能しているか否かを確認することも重要である。

図表2-3-8 ●マッチングの検証方法

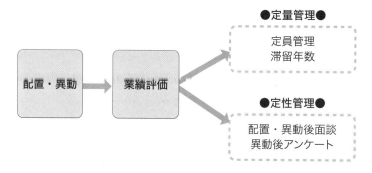

第4節 出向・転籍

学習のポイント

◆出向とは、「社員の身分を維持したままで、他社の指揮命令のもとで業務に従事する異動」であり、出向元に戻ることを予定している一時出向と、一定期間の出向の後に転籍する出向の2つのタイプがある。

◆転籍とは、元の会社との雇用関係を終了させ、転籍先と新たに雇用関係を結ぶ異動である。

1 日本における人事異動の特徴

わが国の企業は「異動」の制度をどのように設計・運用しているのか。その特徴は、社員区分制度と対応していることである。

すなわち、異動が職場内に限られているパートタイマー等の非正社員から始まり、異動範囲が事業所内の一般職、特定エリア内の勤務地限定社員を経て勤務地を限定しない総合職まで一連の対応関係がつくられており、特に総合職については関連会社まで異動の範囲が拡大している。このように見てくると、異動の範囲が内部労働市場から準内部労働市場へと拡大し、それが総合職に典型的に現れている。

こうした現象は、日本の人事管理の基本的なしくみと密接に関連している。日本企業は、雇用保障の見返りとして配置と異動の柔軟性を本人に求める政策をとってきたので、長期雇用が期待されている総合職になるほど異動の範囲が広くならざるを得ない。しかも以前であれば、そこで想定されている異動範囲は企業内であったが、高学歴化・高齢化・ホ

117

ワイトカラー化が進展する中で、会社と社員の間の「異動範囲は企業内」という暗黙の契約を再編する必要が出てきた。それが出向という異動形態の一般化と、異動範囲の準内部労働市場への拡大なのである。

2 出向と転籍

それでは出向とは、どのような異動形態であるのか。「社員の身分を維持したままで、他社の指揮命令のもとで業務に従事する異動」が出向であり、それには、出向元に戻ることを予定している一時出向と、一定期間の出向の後に転籍する出向の２つのタイプがある。なお、転籍（いわゆる「転籍出向」）とは、元の会社との雇用関係を終了させ、転籍先（多くの場合には関係会社）と新たに雇用関係を結ぶ異動である（→図表２－４－１）。さらに、転籍は出向元企業と出向先企業が関与して企業間異動を決める点に特徴があり、社員が自主的に決める一般の転職とは異なるものである。

図表２－４－１●出向と転籍

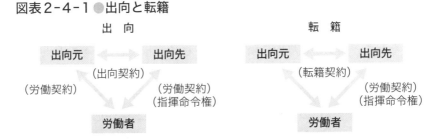

出向には重要な点が２つある。第１は、「社員の身分は元の企業にある」ことである。そのため多くの場合、給与等の雇用関係の基本的事項は元の企業の制度が適用される。第２は、「他社」の範囲であり、関連会社というのが一般的であるが、まったく関連のない会社に出向する例も存在する。

こうした出向には、3つのタイプがある。第1は、関連会社に対して技術や経営を指導するために出向する関連会社支援型である。第2は、社員の能力開発を目的に出向させる能力開発型である。大企業は業務が専門化しているので、関連会社に出向して広い範囲の業務を経験することは、能力開発の大変よい機会である。これら2つのタイプは、比較的若い層が対象になる。

最後のタイプは、ポスト不足や人事の停滞を避けたいという配慮が強く働いて、主に中高年層それも中高年ホワイトカラーを出向させる排出型出向である。年功的な慣行が根強く残っている大企業のホワイトカラーの場合には、出向政策が、雇用を守りながら後進に道を譲り、これまで蓄積した経験と能力を活かすための重要な異動政策になっている。

3　実施にあたっての留意点

出向や転籍は、企業が業績不振のため一部の事業部を子会社化したり、関連会社などに事業譲渡したりする際に、その事業部に属する人員を子会社や関連会社に出向させるなど、雇用調整における内部施策の一環として実施されることがある。雇用を維持する代わりに配置転換や出向に関する人事権を企業に広く認める日本型の雇用体制においては、こうした施策は雇用調整の有力な手段となりうる。ただし、こうした雇用調整の内部調整施策として行われる出向に限らず、会社の人事権行使の一環として出向を行う場合は、出向に関する会社の包括的な人事権を認めた就業規則上の規定が必要である。

また、包括的な人事権が企業側に認められているからといって、どのような配転や出向もまったくの制限なく許されているわけではない。

労働契約法では、「使用者が労働者に出向を命ずることができる場合において、当該出向の命令が、その必要性、対象労働者の選定に係る事情その他の事情に照らして、その権利を濫用したものと認められる場合には、当該命令は、無効とする」（第14条）と定めている。人事権の行使

が権利の濫用にあたる場合は、そのような出向命令は無効となるということである。

　また、ここでいう出向とは「在籍出向」のことであり、出向先への転籍を意味するいわゆる「転籍出向」の場合は、出向元の会社との雇用関係を終了させて、他の会社との間で雇用関係発生することになるため、実施に際しては、社員の個別同意が必要となる。

第 5 節　表彰・懲戒

◆表彰・懲戒は、企業にとって、組織運営上の基本である秩序維持を実現するための施策である。企業は、従業員に期待する行為を、従業員の個別な行為を表彰することで明確に示し、そのような行為の実行を従業員に奨励する一方で、企業秩序を維持し、企業の統一的利益の侵害からみずからを守るために、懲戒という罰則を伴う行為規律を明らかにして従業員の行為を具体的に規制している。

◆表彰・懲戒は、従業員による労働契約の履行・不履行に対する企業側の措置というより、企業と従業員の間の支配・被支配関係に基づく企業秩序を維持するための企業側の措置である。

◆表彰・制裁（懲戒）を定めた場合は、労働基準法第89条に基づく相対的必要記載事項として、その種類および程度を就業規則に記載しなければならない。

◆表彰制度の設計・運用にあたっては、制度目的をまず明確にし、制度およびその運用の透明性・公平性を確保しながら、制度の実効性を検証し続ける必要がある。

◆懲戒制度の設計・運用にあたっては、恣意性を排除し、罪刑法定主義、不遡及、個人責任、相当性、平等適用、一事不再理等、一般的な刑事処分に関する原則に従わなければならない。

1 表彰・懲戒の基本と課題

（1）表彰・懲戒の基本

① 表彰の基本

　企業における表彰とは、業績への顕著な貢献、模範的な勤務態度、社会的善行など、会社が従業員に期待する社内外における従業員の行為および行為の結果に対して、会社の称賛を明らかにし、金銭的または非金銭的に報いることをいう。また、表彰制度とはこれを実現するための客観的なしくみを指す。

　企業が、その表彰制度を通じてみずからの従業員を表彰する目的としては、以下のようなものが考えられる。

　①　従業員のモラールを高める

　②　従業員の労働意欲を高める

　③　従業員の会社への信頼感や組織への帰属意識を高める

　④　従業員に期待する行為・態度を表彰を通じて具体的に示す

　⑤　組織を統括するために、信賞必罰の一方を実現する

　⑥　従業員の行為を通じて、企業の社会的イメージを向上させる

　いずれにしよ企業は、企業秩序を維持するための禁止行為を「行わない」ことを従業員に科するにとどまらず、表彰（制度）を通して、企業に直接または間接の利益をもたらすような行為を積極的かつ主体的に「行う」ことを従業員に期待する姿勢を明らかにしているわけである。

② 懲戒の基本

　懲戒とは、企業秩序に違反した行為に対し、使用者（企業）の統一的利益を侵害したことを理由として、使用者（企業）から被使用者（従業員）に科せられる制裁罰をいう。

　企業はその本質から、利潤追求のための組織として効率性や効果性を追求するために、従業員が守るべき集団的規律（服務規律）を定めて企業秩序を確立し維持する。懲戒は、個別労働契約の違反すなわち契約不履行に対して科せられる損害賠償、契約解除などの契約罰とは異なり、

包括的な経営利益全般に対する侵害行為である企業秩序違反に対して加えられる秩序罰であるといえる。したがって、懲戒は、当事者が平等であることを前提とした契約概念を基礎とするものではなく、企業内秩序における支配と被支配の関係によって成立する。

【参考判例】
① 「（懲戒解雇は）企業秩序の違反に対し、使用者によって科せられる制裁罰である」（昭38.6.21最高裁判決　十和田観光電鉄事件）
② 「懲戒とは、企業の統一的利益の侵害という観点からなされる支配者から被支配者に対する組織上の責任追及の方法である」（昭40.12.8横浜地裁決定　二国機械地位保全等仮処分申請事件）

懲戒制度とは、懲戒を実現するための客観的なしくみを指す。

懲戒および懲戒制度の目的は、企業秩序の確立と維持である。懲戒は、従業員にとって処遇や社員身分にかかわるきわめて重要な事柄であるから、その目的は明瞭でなくてはならない。

（2）表彰・懲戒の今日的課題

近年、多くの日本企業において終身雇用や年功賃金といった従来型の雇用システムを変化させる動きが強まっている。また、労働者の間に個人のニーズに応じた多様な働き方を求める考え方が広まり、プライバシー保護に関する要求と関心も確実に高まってきている。結果的に、企業が、雇用契約に基づく行為を除いて社員の私生活に関与する機会は減少し、同時に労働者の会社に対する帰属意識はしだいに薄れつつある。その一方で、法律遵守（コンプライアンス）に対する社会的要求は確実に高まっており、社員が反社会的な行為を行った場合、その社員を雇用する企業のさまざまな責任が追及されることも少なくない。

このような状況の中で、社員の私的な時間に起こした問題に関して、企業はどの程度まで懲戒処分を付することができるかは、そもそも企業

に懲戒権があるか否かの議論にもつながる、懲戒に関する今日的課題である。さらに、服装や髪型など、個人の嗜好の領域に属する事柄と正常な業務活動との関連性についても、個人の嗜好を表現することに対する社会の意識が変化し、あるいは世代間の意識ギャップが拡大するにつれて、懲戒処分に関する新たな議論を呼ぶ結果となっている。

　組織秩序の維持を目的とした表彰・懲戒制度運用において、社員の行動や意識を同じ方向に向けるため、企業の従業員に対する支配性を重視することは自然ではある。しかし、社会や個人の意識変化に高い関心をもって制度運用にあたらなければ、表彰制度は陳腐化し、懲戒制度は場合によっては訴訟リスクを会社にもたらすことになる。特に、服務規律の解釈については注意を要する。

　なお、企業側のニーズによって懲戒制度の一部を見直す場合もある。兼業禁止を就業規則に定めて、これに違反した場合は懲戒するとしている企業は多い。これに対して、雇用政策としてのワーク・シェアリング制度の導入や、人材育成政策としての社員の能力開発手段の多様化を目的として、社員に兼業を認める企業も出始めている。政府もまた、2017（平成29）年の「働き方改革実行計画」による多様な働き方の一環として、「副業・兼業の促進に関するガイドライン」を公表し、兼業を推奨する方向でモデル就業規則を改定した。もし、兼業を認める企業が増加し、これに伴って社会の意識も兼業を当然であると受け止めるようになれば、兼業禁止規定そのものの合理性が問われる可能性を否定できない。少なくとも、副業・兼業することを無条件に就業規則違反として罰するのは、すでに現時点において法律的に認められないと考えるのが妥当である。

2　制度設計にあたっての留意点

（1）表彰制度の設計
① 　表彰制度設計に関する留意事項
　表彰は、労働基準法第89条に基づく就業規則への相対的必要記載事項

である。したがって、表彰制度が存在するのであれば、その種類・程度を就業規則に明記しなければならない。ただし、個別の表彰制度の具体的な中身は別途定めることができる。

　一般的に表彰と懲戒とは一対をなすものであり、懲戒のみを定めて表彰を設けないのは信賞必罰の均衡を欠くものといわざるを得ない。企業秩序を維持するために、禁止行為とそれに対応する懲戒のしくみを設けることは、企業にとって自然な要求だといえる。だとすれば、懲戒制度の対比としての表彰制度を設けることで、秩序維持機能そのものがより完成度の高いものとなるわけである。

　また、表彰が秩序維持の一機能であるとすれば、どのような行為によって表彰されるのか、言い換えれば、どのような行為を会社は望ましいと規定しているのかが、社員にとって明確になっている必要がある。解釈によっては百様の行為が想定できるようでは、行為規範の一部とはなり得ないことに留意すべきである。

　就業規則に記載する表彰に関する事項は、前述のとおり、その種類・程度を明らかにする必要がある。ただし、表彰に何らかの報奨が伴う場合であっても、その報奨の中身まで就業規則に記載する必要はない。

　もっとも、前述の表彰の目的を達成するためには、社員に個別な表彰制度（たとえば、永年勤続表彰制度、業務改善提案表彰制度など）の内容を周知徹底させる必要があるため、表彰の基準や報奨の説明、申請方法、審査方法などの手続を規程として社員に明示することが重要である。

　また、表彰制度を設計するにあたって、単に社会的善行や業績に対する顕著な貢献などを漠然と表彰することは、企業における表彰の正しいあり方ではない。企業理念やミッションの実現を可能とさせるような行為とは何かが十分に検討されたうえで、顕彰行為を規定することが大切である。表彰は秩序維持の一機能であり、社員がその示すところによって行為することが企業目的の達成に寄与することを、企業自体が確信していなければ表彰の意義は薄い。また、表彰制度に対する投資の戦略性をも喪失させることになるだろう。

② 表彰制度設計のステップ

前記①を踏まえて、個別な表彰制度を設計するためのステップを整理すると以下のとおりとなる。→図表2-5-1

図表2-5-1 ●表彰制度設計のステップ

ステップ1	表彰事項の決定と就業規則への記載
ステップ2	個別表彰制度の目的の明確化
ステップ3	個別表彰規程の策定
ステップ4	社員に対する表彰規程の明示と周知徹底
ステップ5	表彰制度の確実な実施と制度意義の再確認

○ステップ1：「どのような事柄を表彰するのか就業規則に定める」

企業理念、ミッションやビジョンを実現するために、社員にどのような行為または行為の結果を期待するのかを明らかにして、表彰の対象となる事柄を就業規則に項目別に記載する。実務的には、期待される社員のプロフィールや行動例を具体的に想定し、分類してみるとわかりやすい。

○ステップ2：「表彰制度の目的を明確にする」

個別の表彰制度を設計する場合は、就業規則に定めた表彰項目のうちどの項目に該当するものなのかを、まず明らかにしなくてはならない。どの項目にも該当しないような表彰制度を導入することは、表彰の正しい姿ではない。たとえば、永年にわたり勤務したことを表彰する項目がないにもかかわらず、競合他社の多くが導入していることのみを理由に、永年勤続表彰制度を設計することは避けなければならない。

○ステップ3：「個別の表彰規程を策定する」

何を表彰するのかが具体的に決まったら、次にどのように表彰するの

かを定めることになる。たとえば、業務上の改善提案を表彰しようとする場合は、下記のような事項を検討して具体的な内容を規定する必要がある。

① 具体的な表彰対象…誰からのどのような改善提案を対象にするのか。現在の職責と関係のない提案も対象とするのかなど

② 審査基準…実現できる可能性、いつごろまでに実現できるか、実現した場合の効果性など

③ 審査方法…審査委員会の構成、審査手順、審査期間、審査結果区分など

④ 申請方法…提出すべき書類、申請書類の提出先、提出期限など

⑤ 表彰内容…金銭的または非金銭的報奨の内容、表彰期日、表彰方法など

なお、報奨を伴う表彰の場合は、報奨にかかわる継続的コストとその表彰制度の効果性をバランスさせる必要がある。表彰が秩序維持を目的とする限り、いったん表彰制度を定めたら、ある程度長期にわたってその制度を維持することになる。その間に、会社の財務状況などを理由に、報奨の内容を安易に削減すれば、表彰に対する会社の考え方や表彰そのものに関する社員の信頼を失うおそれがある。

○ステップ4：「社員に表彰規程を明示して周知徹底を図る」

前記①の「表彰制度設計に関する留意事項」で述べたように、表彰の目的を実現するためには、社員に表彰制度の目的と内容を周知徹底させる必要がある。そのためには、ステップ3で策定した表彰規程を社員に示して、十分に説明することが重要である。社内報や全社会議、部門ミーティングなどできる限りのコミュニケーション手段を通じて積極的に表彰制度をアピールすることで、会社の考えを社員に明確に伝え、表彰を受けようという社員のモチベーションを喚起する。

○ステップ5：「表彰は定められたとおりに行い、そのつど改めて当該表彰の意義を全社で確認する」

表彰制度はひとたび定めたら、何らかの理由により会社が社員に対し

てその中断または廃止を宣言するまでは、確実に運用を継続しなければ
ならない。表彰制度は会社側が主導して導入するわけであるから、既存
の表彰制度が機能しないまま、表彰が行われなくなったり、表彰そのも
のがマンネリ化したりすれば、それはとりもなおさず、企業の秩序維持
機能に赤信号がともっていることになる。会社としては、制度導入時の
考え方を、どのように維持していくか工夫していく必要がある。最も望
ましいアプローチは、表彰制度を主催する経営陣および人事部などが、
１回の表彰が終了するごとに、当該表彰制度の運用に関する反省を行い、
その効果性を議論したうえで、表彰制度をその後も継続すべきか否か決
定していくことである。

（２）懲戒制度の設計

① 懲戒制度設計に関する留意事項

　懲戒は、いわば企業内における刑事処分であり、懲戒制度は、刑法な
いしは刑事手続的存在である。したがって、懲戒制度の設計にあたって
は、懲戒権者の恣意性が介入する余地を排するように、刑事法的原則に
則ってこれを行うことが大切である。

〈罪刑法定主義〉

　「法律がなければ刑罰はない。法律がなければ犯罪はない」という刑
法の基本原則（罪刑法定主義）は、企業の刑法ともいうべき懲戒規程や
懲戒制度にも適用される。懲戒処分が従業員にもたらす結果の重大性を
考えれば、当然のことといえるだろう。懲戒制度を設計するうえで罪刑
法定主義を制度上実現するためには、以下の２つの事柄を定めて、就業
規則や労働協約に記載する必要がある。

　○懲戒事由（どのような行為が懲戒処分の対象となるか）

　　懲戒事由はできる限り具体的なものとし、拡大解釈や類推適用は避
けなければならない。

　○懲戒の種類（懲戒処分の種類・態様とその程度）

　　懲戒の種類としては、軽いものから重いものへの順で、戒告・譴責、

出勤停止、減給、降格、諭旨解雇、懲戒解雇などが考えられるが、就業規則上は、懲戒処分の種類名を列記するだけでは不十分であり、各処分の具体的な内容や程度までを明確にしなければならない。

〈懲戒手続の策定と明文化〉

罪刑法定主義に基づき、懲戒事由と懲戒の種類・程度を定めて就業規則や労働協約に明記しても、実際にどのように懲戒処分が審議され、決定され、告知され、実行されるのか、そのプロセスが明らかにならない限り、結局は懲戒権者（使用者）の恣意性が介入する疑いを免れない。制度の設計段階で、具体的かつ妥当な懲戒手続を定めて、就業規則等に明記することは、懲戒制度における適正手続の確保という観点からのみならず、懲戒制度そのものが企業秩序を維持するための法規範的性格を有していることを徹底せしめるためにも、きわめて重要である。

② 懲戒制度設計のステップ →図表2-5-2

○ステップ1:「懲戒事由を策定する」

まず、社員を懲戒すべき事柄を検討、分類して懲戒事由を定め、就業規則に記載する。懲戒は、会社が組織や職場秩序の維持を目的として定めた行動基準である服務規律に違反したことをもって社員に科する制裁罰であるから、懲戒事由は服務規律違反に相当する各種行為であるとい

図表2-5-2 ●懲戒制度設計のステップ

ステップ1	懲戒事由の策定と就業規則への記載
ステップ2	懲戒処分の種類・程度の策定と就業規則への記載
ステップ3	懲戒手続の策定
ステップ4	社員に対する服務規律・懲戒規程の周知徹底
ステップ5	懲戒手続全体の適正管理

える。懲戒事由は例示的にではなく、限定的に列挙しなければならない。つまり、原則として、懲戒事由に該当しない行為を懲戒処分に処すことはできない。ただし、「明らかに企業秩序を乱し、企業目的遂行に害を及ぼす労働者の行為に対しては、使用者はたとえ準拠すべき明示の規範のない場合」であっても懲戒処分ができる（昭26.7.18東京地裁決定北辰精密工業事件）とする判例もある。

　懲戒事由としては、たとえば以下のようなものが挙げられる。

① 故意または過失により、重大な事故を発生させ、会社に損害を与えたとき
② 業務を遂行するため必要である場合を除いて、会社の営業もしくは顧客に関する情報その他の秘密を漏らしたり、話題としたとき
③ 会社の名誉もしくは信用を毀損したとき
④ 職務に関連して金銭、物品、その他の利益の供与を受けたり、要求したり、または約束したとき
⑤ 他の営業を営んだり、他の会社の営業に参加したとき
⑥ 刑法その他法令に定める罰則にふれる行為をし、起訴または送検されたとき
⑦ 正当な理由なく、かつ再三注意を与えたにもかかわらずなお無断で欠勤し、遅刻し、または早退をしたとき
⑧ 会社の業務を妨害したとき
⑨ 業務上必要である場合を除いて、会社名、役職名、地位を利用し、不当に私利を謀りまたは他人に利益を与えたとき
⑩ 職場の秩序または風紀を乱したとき
⑪ 重要な経歴を偽りまたは詐術を用いて採用されたとき
⑫ 数回懲戒を受けたにもかかわらず、なお改める見込みがないとき
⑬ 他の会社等に雇用されたとき
⑭ 会社または上司の業務上または人事上の命令に正当な理由なく従わなかったとき
⑮ 会社施設内で政治活動または宗教活動を行ったとき

⑯　就業規則、その他の会社の規則・規定等に違反したとき

　なお、「その他、前各号に準ずる行為があったとき」というような懲戒事由を掲げる企業は少なくはないが、罪刑法定主義の観点から類推適用や拡大解釈を避けるためには、好ましいものとはいえない。

○ステップ2：「懲戒処分の種類・程度を策定する」

　懲戒処分の種類は前述のとおりであるが、それぞれの具体的な内容を整理すると、図表2-5-3のとおりである。なお、減給処分または出勤停止や降格などの処分に減給を伴う場合は、法令や通達上の制限があるので注意されたい。懲戒処分の種類が決定されたら、それぞれの処分の程度を定める。たとえば、「減給：労働基準法の定める範囲内で、給与を減額する」「出勤停止：10労働日を超えない範囲で、期限を定め、出勤を停止する。出勤停止期間中は無給とする」などである。

○ステップ3：「懲戒手続を策定する」

　懲戒処分を実行する具体的な手続を定める。懲戒処分は社員に重大な不利益をもたらすものであるから、社員の立場からすれば懲戒手続の明確性や妥当性を求めるのは当然である。一方で、会社の側からも、懲戒手続を明示することは懲戒処分を決定するプロセスに透明性を保障する基礎になり、懲戒制度に対する社員の信頼や納得性を高めるという政策的見地から重要であるといえる。懲戒すべき行為や事実に関して、社員に弁明の機会を与えることも忘れてはならない。

○ステップ4：「社員に服務規律および懲戒規程を明示して周知徹底を図る」

　懲戒は、服務規律に違反した行為を罰することを社員に明らかにすることで、服務規律が遵守され職場秩序が確保されている状態をめざすものである。社員が服務規律と懲戒規程を十分に理解していなければ、罰則の存在により違反行為を抑制しようとする会社側の政策的意図は実現しない。したがって、会社および人事担当者は、服務規律と懲戒規程についての社員の理解レベルを向上させるために、社員教育の場を設けるなどの努力をする必要がある。

図表2-5-3 ● 懲戒処分の種類とその内容

戒告・譴責	単に将来を戒めるのが戒告で、始末書を提出させて将来を戒める譴責に分かれる。懲戒処分中、最も軽いもので、軽微な秩序違反行為に対して科せられるものである。
出勤停止	一定期間、出勤を停止させ、就労を禁止する処分。通常、出勤停止期間中は、就業規則の定めに基づき賃金は支払われない。また、退職金算定の基礎になる勤続年数への通算もなされない。停止期間に関する法律の定めはないが、あまりに長い場合は、民法第90条に抵触する可能性がある。労働基準局長の通達においても、「出勤停止の期間については、公序良俗の見地より、当該の情状の程度などにより制限のあるべきは当然である」とされている。
減 給	本来支払われるべき賃金の一部を、一定期間支払わないとする処分。なお、減給処分に関しては労働基準法第91条によって制限されており、「1回の額が平均賃金の1日分の半額を超え、総額が1賃金支払期における賃金の総額の10分の1を超えてはならない」と定められている。
降 格	職能資格、職務等級や役職などを引き下げる処分。制裁としての降格であるため、職務能力の再評価に伴う降格と異なり、職能資格基準との照らし合わせはもちろん必要ない。降格に伴って賃金が引き下げられる場合があるが、同時に職責変更が行われるのであれば、減給に該当しないため、労働基準法第91条の適用を受けることはない。ただし、資格や等級、役職を形式的に下げるだけで、実際には職責変更が行われず、同一職務に従事させ続ける場合は、労働基準法第91条が適用される。
諭旨解雇	退職勧告を行い、退職届を提出させて、退職させる処分。形式的に自己都合退職と変わらないが、退職届を提出しない場合には、懲戒解雇に切り替えるという含みを持っている意味で非常に重い制裁処分といえる。形式的側面から諭旨退職という場合もある。
懲戒解雇	退職届を提出させずに、一方的に解雇する最も重い懲戒処分。通常は、就業規則の定めに基づき、退職金の全部または一部が支払われない。また、所轄労働基準監督署長の解雇予告除外認定を受ければ、解雇予告をせずに即時解雇することも可能である（労働基準法第20条）。

○ステップ5：「懲戒手続全体を常時適正に管理する」

　懲戒制度を正しく機能させるためには、常に懲戒制度全体を運営している事務機関が必要である。懲戒委員会などの臨時機関ではなく、通常は人事部がこの任にあたることになるだろう。

この機関の役割は、以下のとおりである。

① 懲戒処分を検討すべき行為に関する情報が遅滞なく報告されるような工夫をする。

② 報告があった場合は、規程に従って懲戒委員会を招集するなど適切に懲戒処分の審査手続を進行させる。

③ 懲戒処分相当と認められた場合は、現場の管理者と協力して、懲戒処分を実行する。

④ 懲戒処分にかかわるすべての事項を経営トップや役員に正しく報告し、経営側の認識を統一させる。

3 運用にあたっての留意点

(1) 表彰制度の運用に関する留意事項

表彰は、懲戒のように社員に深刻な不利益を科するものではない。しかし、組織秩序および職場秩序維持という表彰の政策目的を実現するためには、その運用にはいくつか留意すべきことがある。

〈公平性〉

表彰は公平に行われなければならない。表彰制度の趣旨に照らして、社員の誰もが納得できる行為と行為者が表彰される必要がある。恣意性を排して審査基準を厳格に適用することが重要である。

〈透明性〉

制度としての透明性を確保するのみならず、運用上の透明性を確保することも必要である。そのためには、表彰審査の実際の過程を社員に報告する、審査理由を明らかにするなどのコミュニケーションが有効である。

〈継続性〉

表彰制度設計のステップ5で述べたとおり、表彰制度はいったん導入したら、明確な理由のないまま簡単に内容を変更したり廃止したりすべきものではない。制度を変更、中断または廃止する場合は、社員に対してその理由を明らかにして説明を行うことが大切である。

〈投資効果の最大化〉

　表彰制度は、会社にとって政策的投資の１つであることを認識すべきである。投資効果を向上させるために、会社は社員の表彰制度に対する関心を深める努力を続けて、制度のマンネリ化を防止することが重要である。

（２）懲戒制度の運用に関する留意事項

　懲戒制度の運用は、懲戒権者の恣意性が現れやすい、または疑われやすいプロセスである。

　この点について労働契約法では、その処分が、対象となる労働者の行為の性質および態様、その他の事情に照らして、客観的に合理的な理由を欠き、社会通念上相当であると認められない場合は、その権利を濫用したものとして無効とされるとしている（第15条）。したがって、懲戒制度の運用にあたっては、制度設計と同様に、刑事法的原則に従ってこれを行う必要がある。運用に関して遵守すべき原則としては、以下のものが考えられる。

〈不遡及の原則〉

　懲戒事由等の規程は懲戒処分の対象となる行為の前に定められていなければならない。行為の後に懲戒規程が設けられたり変更されたりしても、その行為に対して新しい懲戒規程を適用することはできない。

〈個人処分の原則〉

　懲戒処分は、懲戒行為をした社員本人のみに科せられるのが原則である。一律に連帯責任を問うような懲戒処分はできない。また、懲戒行為をした部下の上司であることのみを理由として、その上司に懲戒処分を科すことはできない。

〈相当性（罪刑均衡）の原則〉

　懲戒処分と懲戒事由とはバランスがとれている必要がある。実際の懲戒行為に対してどの懲戒処分を適用するかは、懲戒行為ごとに決められるわけだが、違反性の軽い行為に対して、過度の懲戒処分を行うことは

許されない。

〈平等適用の原則〉

　類似の行為に対しては、類似の種類・程度の処分を科すべきである。処分者に対する思い入れや風評などを背景にして、異なる懲戒処分を科することができない。

〈一事不再理（二重処分禁止）の原則〉

　1つの行為に対して2回の懲戒処分を科することはできない。つまり、ある行為を違反行為として懲戒処分を科した場合は、その行為に関して、別の理由をもって再び懲戒処分を科することはできない。

〈手続適正〉

　懲戒手続の適正さが重要であることは、懲戒制度設計のステップ3およびステップ5ですでに述べたが、規程としての手続が適正なものであることはもちろん、その運用においても適正であることが求められるのは当然である。労働協約や就業規則において、懲戒手続が定められている場合は、必ずその手続に則って懲戒処分が行われなければならない。たとえば、懲戒委員会を設置し、委員会において懲戒処分を検討し決定すると定められている場合は、すべての懲戒処分に関して懲戒委員会の議事を経なければならない。懲戒委員会の手続を経ないで懲戒処分が行われても、その処分は無効となる。

（3）表彰・懲戒制度の検証

　表彰・懲戒制度は、企業にとって、法律上必ず設けなくてはならない制度ではない。しかしながら、ほとんどの企業が表彰・懲戒の両制度を導入し、労働基準法に基づいて就業規則にその種類・程度を記載している。それは、職場秩序を維持することが正常な業務活動を遂行していくために必要不可欠であり、表彰・懲戒は職場秩序を維持するための基本政策であるという企業側の考えによる。だとすれば、表彰・懲戒制度が有効に機能しているか否か、言い換えれば秩序維持のために表彰・懲戒制度が役立てられているかどうかを検証する必要がある。

　もっとも、表彰制度も懲戒制度も相対的必要記載事項として就業規則に収まった段階で、職場秩序維持のための政策であるという側面が忘れ去られてしまう傾向はないだろうか。政策である以上、企業はそれを積極的に活用して政策目的の実現に努力すべきであろう。社員は、表彰制度をどのように受け止めているのか、社員が会社の期待する行動をとる動機づけになっているだろうか。社員は、服務規律を正しく認識しているだろうか。服務規律に対する違反行為が会社にどのような影響を及ぼし、同時にもし自分が懲戒事由に該当する行為をしてしまった場合はどのような不利益が自分に科せられる可能性があるか理解しているだろうか。そのような点を議論し、検証しながら、不十分であれば必要に応じた対策を講じていく必要がある。

第 6 節 退職・解雇

学習のポイント

◆退職と解雇とは、ともに雇用関係終了の原因または形態である。解雇とは、使用者が一方的に労働契約を解除するものであり、退職とは解雇以外の原因で雇用関係が終了することを指す。解雇には、普通解雇、懲戒解雇、整理解雇がある。退職には、任意退職と当然退職があり、さらに当然退職は、定年退職、労働者の死亡、行方不明期間経過による退職、契約期間満了による退職などに分かれる。

◆雇用契約の終了が、退職に当たるかそれとも解雇に当たるかによって、法律上の取り扱いは著しく異なる。解雇は、使用者が一方的に労働契約を解除するものであるから、労働者の生活に深刻な影響を与える度合いは退職に比べて格段に大きい。労働基準法および他の労働関連法規は、具体的な解雇制限や解雇禁止を示しているのみならず、2003（平成15）年改正後の労働基準法第18条の2において、いわゆる解雇権濫用法理（解雇ルール）を明文化し、さらに2007（平成19）年制定の労働契約法に同条文を移行して、使用者の解雇の自由を広く厳しく制限している。

◆2004（平成16）年、65歳までの雇用機会を確保し高年齢者の職業生活の安定と福祉の増進を図る目的で、高年齢者雇用安定法が大幅に改正された。これにより、事業主には、定年年齢の引き上げ、定年制度の廃止、継続雇用制度の導入のうちいずれかを実施することが義務づけられた。また、2013（平成25）年のさらなる改正内容にも留意しなければならない。

1　退職・解雇の基本と課題

　雇用の終了原因が解雇であるかそれとも退職であるかによって、法律的な取り扱いに大きな違いがある。人事担当者としては、退職と解雇の定義や要件を十分に理解しておくことが必要である。

（１）退職・解雇の基本

① 　退職の基本

　退職とは、解雇以外の原因で雇用関係が終了することをいう。退職には、労働者の都合や労働組合との協議の結果による任意退職（自己都合退職）と、契約期間の満了や労働者の死亡、定年退職などの当然退職がある。

　任意退職は、一般的には、労働者からの退職の申し入れに対して、使用者がこれを承認し労働契約を合意解除することで、雇用関係を終了させることをいうが、労働者が使用者に対して一方的に退職を通知し、使用者の同意を得ぬまま無断で退職した場合でも、労働者の退職を規制する法律は存在しないため、通知から２週間を経過すれば民法第627条の定め（「雇用は、解約の申入れの日から２週間を経過することによって終了する」）に従い、退職は有効になる。

　定年制を導入している企業では、社員が定年に達した場合、社員の意思にかかわりなく、定年に達したことを理由に雇用関係を終了させる。それでは、定年に達したことを理由とする雇用関係の終了は、当然退職であろうか、それとも解雇の一形態であろうか。定年を60歳として、社員は年齢が満60歳に達した月の末日をもって退職する旨を就業規則に定めたような場合（定年退職制）は、定年に達したことを理由に労働契約が自動的に解除されることを労使双方があらかじめ合意したものとみなされるため、解雇とされる余地はない。一方で、定年に達したときに解雇の意思表示をし、それによって契約を終了させる場合（解雇定年制）もある。これは解雇であるから、労働基準法および労働契約法の解雇規

制（解雇制限、解雇予告、合理的理由・社会的相当性）が適用となる（昭43.12.25最高裁判決　秋北バス事件）。

　有期雇用契約者の契約期間満了に伴う退職については、期限の到来に基づく労働契約の解除であり、原則的には当然退職の一形態であるといえる。ただし、契約時に次回更新の可能性や基準に関することを明らかにせず、長期にわたって継続または反復して雇用している有期雇用契約労働者に対して、契約の更新を拒否する場合（いわゆる、雇止め）はこれを解雇とみなされ、期限の定めのない労働者を解雇する場合と同様に、解雇ルールが適用される可能性が高いので十分注意しなければならない。退職を分類すると図表2-6-1のようになる。

図表2-6-1 ●退職分類表

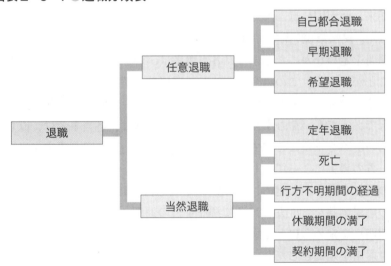

② 　解雇の基本

　解雇とは、使用者が、一方的に労働契約を解除し雇用を終了させることをいう。解雇には、普通解雇および整理解雇（→本章第7節「雇用調整」）と、重大な規律違反を犯したことへの制裁として労働者に課される

図表２-６-２ ● 解雇の分類

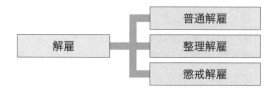

懲戒解雇とがある。解雇を分類すると図表２-６-２のようになる。

　解雇は、使用者が、労働者の同意を得ることなく一方的に雇用を終了させるわけであるから、退職とは異なり、労働者の生活にきわめて深刻な影響を与えることになる。したがって、解雇が使用者による権利の濫用にならないように、法律や判例は解雇のルールを適用することで、使用者に対して解雇の行使を厳しく制限している。

　従来、わが国には、解雇の自由そのものを一般的に制限する法律はなかった。民法第627条第１項および第628条は、それぞれ「当事者が雇用の期間を定めなかったときは、各当事者は、いつでも解約の申入れをすることができる。この場合において、雇用は、解約の申入れの日から２週間を経過することによって終了する」「当事者が雇用の期間を定めた場合であっても、やむを得ない事由があるときは、各当事者は、直ちに契約の解除をすることができる。この場合において、その事由が当事者の一方の過失によって生じたものであるときは、相手方に対して損害賠償の責任を負う」と定め、労働基準法も、同法第19条において一定の場合の解雇制限を、同法第20条で解雇予告の期間（労働契約解除の申し入れ期間）を定めるにとどまっていた。しかしながら、長期雇用ないしは終身雇用を基礎としたわが国労働市場の実態からすると、労働者が解雇された場合、労働者にもたらされる不利益は甚大である。そこで従来、判例は契約自由の原則を踏まえつつも、解雇権という私権の行使が権利の濫用に当たらないように、権利行使そのものを厳しく制限してきた。これを解雇権濫用法理という。

【参考判例】
① 「使用者の解雇権の行使も、それが客観的に合理的な理由を欠き社会通念上相当として是認することができない場合には、権利の濫用として無効となる」（昭50.4.25最高裁判決　日本食塩製造事件）
② 「普通解雇事由がある場合においても、使用者は常に解雇しうるものではなく、当該具体的な状況のもとにおいて、解雇に処することが著しく不合理であり、社会通念上相当なものとして是認することができないときには、当該解雇の意思表示は、解雇権の濫用として無効になるものというべきである」（昭52.1.31最高裁判決　高知放送事件）

　これら判例によって確立した解雇権濫用の法理は、各裁判における個別事案の解雇相当性を判断する過程で適用されてきたが、2003（平成15）年の労働基準法改正において、新たに「解雇は、客観的に合理な理由を欠き、社会通念上相当であると認められない場合は、その権利を濫用したものとして、無効とする」（労働基準法第18条の2）と条文上明記されることになった。条文の文言は解雇権濫用の法理そのものであり、解雇事由の原則に関する一般的な制限が、法律上明文化されたわけである（その後、2008（平成20）年施行の労働契約法第16条に同条文を移行）。
　なお、退職の基本で述べたように、有期雇用契約者の契約期間満了に伴う退職は、原則的には当然退職の一形態であるが、契約時に次回更新の可能性や基準に関することを明らかにせず、長期にわたって継続または反復して雇用している有期雇用契約労働者に対して、契約の更新を拒否する場合（いわゆる、雇止め）は解雇とみなされる可能性が高く、解雇とみなされた場合は当然解雇ルールが適用されることになる。

（2）退職・解雇の今日的課題
① 退職の今日的課題

　退職についての今日的課題のうちの1つは、高齢者雇用に関する事柄である。

　わが国では、多くの企業が定年制を採用している。定年制とは、労働者が一定の年齢に達したときに労働契約を自動的に解除し、雇用関係を終了させる制度をいう。高年齢者雇用安定法は、高齢者の雇用を確保し福祉の増進を図る目的で、1994（平成6）年の改正により、定年を60歳以上とすることを使用者に義務づけた。その後、財政的理由による公的年金支給開始年齢の段階的引き上げが決定され、それに伴い、2004（平成16）年に高年齢者雇用安定法は再び大きく改正された。改正の要点は以下のとおりである。

①　65歳までの定年の引き上げ、継続雇用制度の導入等の義務化

②　解雇等による高年齢離職予定者に対する求職活動支援書の作成・交付の義務化

③　労働者の募集および採用の際、年齢制限をする場合の理由の提示の義務化

④　シルバー人材センター等が行う一般労働者派遣事業の手続の特例

　特に、2006（平成18）年4月1日から施行されている定年の引き上げ等の義務化というポイントは、企業の定年制に大きな変更を求めたものであり、企業の雇用政策の根幹に重要な影響を及ぼした。労働者の65歳までの雇用を確保するということは、企業に重い負担を強いることにもなっている。また、後述するように、2013（平成25）年4月1日に施行されたさらなる改正内容にも留意しなければならない。

　一方で、団塊世代の大量定年退職や少子化といった問題は、日本経済が不況を脱し好況感が広まるにつれ、企業間の人材確保競争を熾烈なものにしてきた。長期的な人材戦略を考えるうえでは、新卒・既卒を含めて外部からの採用に頼るだけではなく、既存の人材をいかに活用していくかを考えていく必要がある。そのためには、高齢者を再雇用することや、定年を引き上げて人材の流出を防ぐことで、変化する社会環境に対応した人事政策を実現していくことも重要である。

　また、雇用の流動化が進み転職が増加したことで、退職にまつわるトラブルも増加する傾向にある。わが国経済の景気回復を背景に、企業の採用意欲が急速に膨らんで市場の雇用需要が一気に高まり、人材獲得競争が激化している。その結果、有能な人材が他社に引き抜かれたり、競合他社に転職するケースも珍しくなくなっている。企業は、市場から有能な人材を獲得する努力をする一方で、自社の有能な人材や戦略上の営業機密に触れている人材の流出を防止するために腐心している状態である。企業にとっては、退職の管理がますます重要なものとなってきている。

②　解雇に関する今日的課題

　解雇をめぐる課題のうち、解雇の自由（解雇権）に対する制限に関する法的根拠をめぐる議論については、前述のとおり判例によって確立されてきた解雇権濫用法理が、2003（平成15）年の労働基準法改正によって条文として明記され、解雇権の一般的な制限に法的根拠が与えられたことになり、一応の終止符が打たれた。しかしながら、これによって、解雇に関する個別的労使紛争が減少することはない。なぜなら、2003（平成15）年の労働基準法改正は、判例法理としてすでに確立されていた解雇権濫用法理を明文化しただけであって、そこには具体的な解雇に関する基準も労使紛争が起きた場合の解決手続も定められていないからである。景気回復を背景にした企業業績の好調さは、企業を取り巻く環境がバブル経済期以前の状態に戻ったことを意味しているわけではない。むしろ各企業は、設備や人材に対する投資を拡大しながらも、景気低迷期にとってきた経営合理化政策を基本的には維持することで、グローバル化が一層進む経済環境下でも生き残ることのできる強固な財務基盤を確立しようとしている。この動きは、人材選別の結果としての人員排出や事業再編の結果としての人員整理・再配置という人事・雇用政策上の選択につながるものである。よって、人員整理や解雇に関する企業の需要が減少することを期待することは現実的でなく、労使間の解雇をめぐる議論は激しくなっている。

　そこで、具体的な解雇基準や解雇ルール、解雇無効と判示された後の

金銭的解決手続などを規定する労働契約法の制定が検討された。しかし、実際に2007（平成19）年に制定された労働契約法の内容は、解雇については、労働基準法において2003（平成15）年に条文化されたものをそのまま労働契約法の条文として移行するにとどまった。

　また、増加する個別労使紛争を迅速に解決するために、裁判外の紛争解決手段（ADR）や労働審判制度が導入されている。いずれも、労使紛争回避や解決のための手段であるが、法的根拠やルール、手続といったものを明確にし、妥当性が高くしかも現実的な判断を迅速に行うことをめざしている。

2　退職・解雇制度の設計

（1）退職制度の設計

① 退職制度設計に関する留意事項

　退職制度を設計する場合、当然のことながら、退職の種類によって留意する点が異なる。

1）定年退職制度

　定年退職に関しては、すでに説明したとおり、高年齢者雇用安定法の定めるところや、自社の人事政策、人材戦略を踏まえながら制度設計を行う必要がある。長期的な視野に立って人材の安定確保をめざすことは、日本型雇用システムの根幹である。定年は、法律的に見れば労働契約解除による雇用関係終了の一形態にすぎないが、企業内の若年労働者はうまでもなく、その企業への就職を希望する者にとっても、何歳までその会社で働くことができ、どのように定年退職を迎えることができるのかということは、みずからのライフプランを考えるうえでとても重要な要素である。すなわち、定年退職制度は、社員のモチベーションや会社に対する帰属意識の向上、自立した社員の育成、効果的な人材採用といった企業の主要な戦略的人事政策にかかわるものであることを十分に意識すべきである。

　高年齢者雇用安定法からの要請という点でいえば、特に60歳から65歳までの高年齢者雇用確保措置として、以下のうちいずれかの措置を講じなければならない。

①　定年を65歳に引き上げる

②　継続雇用制度を導入する

③　定年の定めを廃止する

　いずれの選択をするかは、前述のとおり、各企業の人事政策から判断されるべきであるが、厚生労働省の資料によると、企業規模31人以上の企業161,378社における各雇用確保措置の導入状況は、2019（令和元）年６月時点で、雇用確保措置の導入済み企業が99.8％、未導入企業が0.2％となっている。さらに、導入企業のうち雇用確保措置の内訳は、図表２－６－３のとおり継続雇用制度の導入を選択した企業が全体の77.9％と圧倒的に多数であり、定年の引き上げや定年の定めの廃止を選択した企業は、それぞれ19.4％、2.7％ときわめて少数であった。雇用と人件費の固定化に直接つながる可能性がある定年そのものに手をつけずに、労働条件の変更を伴う再雇用制度などの継続雇用制度をもって雇用確保措置とすることで、人件費の増大を抑制しながら人材の確保と法律上の要求とを同時に満たそうとする企業のねらいがうかがえる。

　継続雇用制度については、「現に雇用している高年齢者が希望しているときは、当該高年齢者をその定年後も引き続いて雇用する制度」とさ

図表２－６－３ ●雇用確保措置の導入状況（企業規模31人以上）

	(1) 定年の定めの廃止	(2) 定年の引上げ	(3) 継続雇用制度の導入	(1)＋(2)＋(3)合　計
企業数	4,297社	31,319社	125,501社	161,117社
比　率	2.7%	19.4%	77.9%	100%

〈集計対象〉31人以上規模の企業：161,378社
うち中小企業（31〜300人規模）：144,571社（31〜50人規模：55,404社、51〜300人規模：89,167社）、大企業（301人以上規模）：16,807社

出所：厚生労働省「令和元年高年齢者の雇用状況」

れている。つまり、対象である高齢者が希望すれば、原則的に希望者全員を引き続き雇用することが必要である。ただし、制度移行時の企業負担を考慮して、当面は、「労使協定により対象となる高年齢者に係る基準を定め、当該基準に基づく制度を導入したときは、継続雇用制度導入の措置を講じたものとみなす」とされていた。しかし、2013（平成25）年度施行の改正高年齢者雇用安定法においては、こうした継続雇用の対象者を労使協定で限定できるしくみは廃止されている。

　なお、定年退職制度の設計にあたっては、定年退職者の退職後のライフプランをサポートする立場から、再就職や事業の立ち上げを支援するプログラムを導入することも、人事政策上、雇用関係を円満に終了させ、社員に退職後も会社を支援する姿勢を継続してもらうためには、有効な手段である。

2）任意退職制度（自己都合退職）

　労働者が、自己都合を理由に会社に退職を申し入れ、これを会社が承認した場合は、労働契約の合意解除による雇用関係の終了ということになる。いわゆる自己都合退職といわれるものであるが、この退職に関して制度設計上留意すべき点は、下記のように、社員の退職を会社がどこまで、どのような理由でコントロールできるかという事柄に関連している。

○社員の退職を禁止または制限する規定は有効か

　労働者には、憲法第22条第1項によって職業選択の自由が保障されている。よって、労働者は当然退職の自由を持っていることになる。したがって、高業績者の引き抜き行為などを防止する目的で、一般的に退職を禁止したり制限したりすることはできないし、そのような規定は無効である。ただし、企業防衛の観点から、労働者が同業他社に転職することが、競業避止義務に違反する場合、業務に著しい障害が生じる場合、重要な企業秘密の漏洩につながる場合は、退職の制限や退職金を支給しないなどの措置をとる旨の規定は有効である。また、退職後も競業を禁止することができるかについて判例は、フォセコ・ジャパン事件の判決（昭45. 10. 23奈良地裁）において、まず退職後の

競業禁止を有効なものとするための要件を掲げた。すなわち、

① 製造や営業等秘密の中枢に携わっている者について
② その秘密が保護に値する適法なものであって
③ 特約を持つ

場合は、退職後の競業禁止を定めても有効であるとした。そのうえで、特約の内容については、

① 制限時間を限定し
② 対象地域について定め
③ 対象職種や業務を限定し
④ かかる制限の何らかの代償が支払われている

ことを要件とした。退職に関する競業避止義務や競業禁止についての制度設計にあたっては、十分注意すべき点である。

　参考：安西愈『管理監督者のための採用から退職までの法律実務』
　　　　（埼玉県経営者協会）

【参考判例】

　「〔退職金不支給規定は〕文理上必ずしも、明確に競業避止義務をうたったものではないが、原告の企業防衛のための規定であって、従業員が同業他社に就職することによって、業務に著しい障害を与えるような場合をも想定した規定であり、有効」（昭62.4.19福井地裁判決　福井新聞社事件）

○退職の申し入れをした後、会社の承認がないまま一方的に退職した社員（いわゆる無断退職）に対して退職金を支払わないとする規程は有効か

　労働者が使用者に対して一方的に退職を予告し、使用者の同意を得ぬまま無断で退職した場合でも、予告から2週間を経過すれば民法第627条の定めにより退職は有効になることは、すでに述べた。それでは、2週間の予告期間が経過する前に無断で就労を停止し、そのまま

退職した場合に退職金を支給しないとすることは可能であろうか。この点に関して判例は、円満退職以外の退職者には退職金を支払わないという定めは退職金を労働契約の債務不履行に対する損害賠償にあてることであるから、労働基準法第24条（損害賠償予定の禁止）および第16条（賃金支払の原則）に違反し無効であるとするものと、退職願提出後においても一定期間（14日間）の勤務をしなかった場合は退職金を支払わない旨の退職金支給規程に関する労使協定を有効としたものとがある。制度設計をする場合は、退職に関して「円満退職でなければ」あるいは「会社の許可がなければ」退職金を支給しないというような一般的な規程は、無効とみなされることに注意すべきである。また信義則上、労働者の側にも退職時の引き継ぎ義務があるわけであるから、就業規則にこれを明記したい。

【参考判例】

① 「会社の都合も考えずにやめるときは、仕事に支障をきたすことになることが認められ、これを有効と認めることはすなわち退職金をもって労働契約の債務不履行について損害賠償にあてることに帰着し、これは労働基準法16条、24条に違反することを是認することになるから、かりに右定め（円満退職者以外には退職金を支払わない旨の就業規則）があったとしても右の法律に反するものとして無効」（昭44.9.26岡山地裁玉島支部判決　栗山製麦事件）

② 「右覚書の規定は、前記2の就業規則の規定とあいまって、労働者の年次有給休暇の時季の指定の自由を制約し」ているものの「退職日から遡って所定労働日の14日間に限って年次有給休暇の取得を制約されるにすぎず（中略）労働基準法第39条第3項但書の趣旨及び前記3の事実に鑑み、そのような制約を労使間で合意することが、同条第3項の趣旨を没却することになるものとは断じ難い」（昭57.1.29大阪地裁判決　大宝タクシー事件）

3）任意退職制度（早期退職制度）

　早期退職制度とは、中高年齢にある社員のセカンドキャリアの開発を支援する、あるいは、恒常的に定年前の退職を誘引することで新たな雇用機会を設け新規の人材を獲得する可能性を拡大するなど、主として雇用政策上の目的のために、一定の年齢に達した社員が定年前に退職する場合、退職金の上積みや退職加算金の給付などの優遇条件を与える制度を指す。早期退職制度は、後述する希望退職制度とは異なり、長期的な雇用政策を念頭に置いた制度であるから、期限を設けて設置されるというよりは恒常的な人事制度の一環として社員に示されている場合が多い。つまり、制度の効果性が持続することが期待されることになるわけだから、制度設計にあたっては、環境変化にある程度長期間にわたって対応できるしくみづくりを心がける必要がある。同時に、キャリアカウンセリングやスキル開発プログラム、独立支援プログラム、あるいは退職後のライフプラン作成支援など、他の多様なセカンドキャリア支援プログラムとともに、早期退職制度を全体的なセカンドキャリア開発支援プランの中に位置づけていくことが大切である。

4）任意退職制度（希望退職制度）

　希望退職制度とは、時限的に自発的退職者を募集する雇用調整策である。年齢などの一定の応募条件のもとに、退職優遇条件を提示して応募者を集める。→本章第7節**2**（2）④「5）希望退職（出口政策）」

　希望退職は、あくまで労使合意による契約解除であり、募集段階で制度の詳細が社員に明示されているため条件内容に関する誤解を生じる可能性が低く、訴訟リスクは小さい。したがって、急迫性の高い雇用調整には有効である。ただし、制度設計を行ううえでは、優秀な人材の流出を防止するため、応募条件の設定を慎重に行う必要がある。

【参考判例】

　「希望退職とは、労働契約を当該労働者と使用者との双方の合意に基づいて解約するものであって、使用者の一方的な意思表示による解雇

とは、その本質を全く異にするものである」（昭54.11.7松山地裁西条
支部決定　住友重機愛媛製造所事件）

② 退職制度設計のステップ

退職に関する事項は、就業規則の絶対的記載事項である。

退職制度設計のステップを整理すると図表２-６-４のとおりとなる。
なお、前述の退職制度のうち、希望退職制度は他の退職制度と違って通
常は雇用調整政策の一環として時限的に実施されるため、制度そのもの
も就業規則本体とは別に、別立てのプログラムとして用意されることが
一般的である。その設計ステップについては、本章第７節**3**(3)「雇用
調整計画策定のステップ」を参照されたい。

○ステップ１：「雇用の終了原因のうち退職事由を定める」

退職事由としては、通常次のようなものが考えられる。

①　死亡したとき

②　行方不明となってから６カ月間経過しても所在が不明なとき

③　療養休職期間が経過しても病状からして復職できなかったとき

④　定年に達したとき

⑤　早期退職制度に応募して会社がこれを受理したとき

図表２-６-４●退職制度設計のステップ

ステップ１	雇用の終了原因のうち退職事由を定める
ステップ２	定年退職および高年齢者雇用確保措置に関する定めを策定する
ステップ３	継続雇用制度の導入を選択した場合は、再雇用制度など具体的な制度を設計する
ステップ４	早期退職制度の導入を検討し、導入を決定したら制度化する
ステップ５	退職の手続を定めて、退職事由等とともに就業規則に明示し周知徹底を図る

⑥　自己の都合により退職を申し出て会社がこれを受理したとき

　なお、有期雇用契約労働者については、契約期間の満了も退職事由となる。

○ステップ２：「定年退職および高年齢者雇用確保措置に関する定めを策定する」

　定年制の導入に関しては、自社の人事・雇用政策を十分に考慮するとともに、高年齢者雇用安定法に定められた高年齢者雇用確保措置のうち、どの措置を選択するかをあわせて決定する必要がある。

①　高年齢者雇用安定法の高年齢者雇用確保措置に関する選択をする（定年の引き上げ、継続雇用制度の導入、定年制の廃止のうち、いずれかを選択する）。

②　定年と定年退職日（満65歳に達した日を含む月の末日など）を決める。

○ステップ３：「継続雇用制度の導入を選択した場合は、再雇用制度など具体的な制度を設計する」

　継続雇用制度そのものは退職制度ではないが、定年退職制度に付随する制度として退職制度設計のステップに組み入れるべきである。継続雇用制度には勤務延長制度と再雇用制度とが考えられるが、前述のとおり、企業の選択の中心は再雇用制度である。

①　経過措置対象者の実情を把握する。

　高年齢者雇用安定法には、企業側は継続雇用の対象となる従業員を再雇用するに際し、労使協定によって一定の基準を定め、この基準に適合した者だけを再雇用することができるという緩和規定があったが、2012（平成24）年の改正でこの緩和規定は廃止された。これにより、企業は2013（平成25）年４月１日から継続雇用の対象となる従業員が希望すれば、その全員を再雇用しなければならないこととされている。ただし、これには経過措置が設けられ、継続雇用の対象となる従業員の再雇用について何らかの基準を定めていた場合は、以下の期間に応じて、指定された年齢以上の労働者については、引き続きその基準を

有効とするものとされている。

　　・2019（平成31）年4月1日～2022（令和4）年3月31日…63歳以
　　　上の者

　　・2022（令和3）年4月1日～2025（令和7）年3月31日…64歳以
　　　上の者

②　再雇用制度または勤務延長制度の具体的な内容を決定する。社員
　　区分、賃金水準、賃金決定の方法、労働日数・時間、再雇用後の職
　　務内容などを具体的に定める。

　　高年齢者雇用安定法は、あくまで65歳までの雇用の場を提供する
　ことを求めており（定年を迎えた自社従業員を関係グループ企業など
　で引き続き雇用する契約を結ぶ措置も認められる）、新たな労働条件
　が従業員の希望に合わず、結果的にその従業員が再雇用を拒んだとし
　ても直ちに法違反とはならない。ただし、仕事に見合った適正な条件
　を提示すべきであることはいうまでもない。

○ステップ4：「早期退職制度の導入を検討し、導入を決定したら制度
　化する」

　早期退職制度を導入するか否かを、長期的な雇用政策の観点から検討
する。　定の年齢に達した社員でさらに別な基準を満たした者が応募で
きるとする方法や、年齢55歳を選択定年として誰でも応募できるとする
方法などが考えられる。なお、早期退職制度導入の動機が、特に高齢者
のセカンドキャリア開発支援にある場合は、他のプログラムとともに全
体的なセカンドキャリア開発支援体系の中に早期退職制度を位置づけて
いく必要がある。

○ステップ5：「退職の手続を定めて、退職事由等とともに就業規則に
　明示し周知徹底を図る」

　退職に関する事項は、就業規則の絶対的記載事項である。退職に関す
る事項とは、退職事由にとどまらず、退職手続も含まれる。退職時および
び退職後の社員の手続や義務（事務の引き継ぎ、貸与物の返還、退職後
の秘密保持など）についても、就業規則に記載しておくことが大切であ

る。なお、転職が増加する中で、退職に絡むトラブルも増加する可能性がある。管理職研修などを通じて、現場管理者の退職に関する知識と理解を高めておくことは、企業にとって訴訟リスクを含む労務管理上のリスクを管理するうえで、重要なことだといえる。

（2）解雇制度の設計

① 解雇制度設計に関する留意事項

解雇には、普通解雇、懲戒解雇、整理解雇があるが、懲戒解雇については本章第5節「表彰・懲戒」においてすでに解説し、また整理解雇については本章第7節「雇用調整」において解説するので、本節においては主に普通解雇および解雇全般にかかわる部分に焦点を当てる。使用者の解雇の自由（解雇権）が法律によって厳しく制限されていることと、その経緯についてはいままで述べてきたとおりである。特に2003（平成15）年の改正により、解雇権濫用法理が労働基準法（その後、労働契約法）に明記されたことで、解雇権を一般的に制限する法律的根拠ができ上がったわけである。解雇制度を設計するにあたっては、使用者にとって解雇権がどのように制限されるのか、具体的に検討してみる必要がある。

1）解雇制限

以下の場合は、法律上、解雇が禁止されている（この項において、労働基準法＝労基法、労働組合法＝労組法、労働安全衛生法＝安衛法、男女雇用機会均等法＝均等法とする）。

① 業務上負傷、疾病による療養のための休業期間とその後の30日間（労基法第19条）
② 産前産後の労働基準法の休暇期間とその後30日間（労基法第19条）
③ 不当労働行為にあたる解雇事由（労組法第7条）
④ 労働者の国籍、信条、社会的身分を理由とする場合（労基法第3条）
⑤ 裁量労働制の適用について労働者が同意しなかったことを理由とする場合（労基法第38条の4第1項第6号）

⑥　労働基準監督機関への申告を理由とする場合（労基法第104条第
　　2項、安衛法第97条第2項）

⑦　解雇予告制度に従わない場合（労基法第20条）

⑧　女性であることを理由とする差別的取り扱いとなる場合（均等法
　　第6条）

⑨　女性の婚姻、妊娠、出産を退職理由とする定めによる場合（均等
　　法第9条第1項）

⑩　女性の婚姻、妊娠、出産、産前産後休業を理由とする場合（均等
　　法第9条第3項）

⑪　労働者が育児・介護の申出をし、育児・介護休業をしたことを理
　　由とする場合（育児・介護休業法第10条・第16条）

⑫　個別労働関係紛争に関し、あっせんを申請したこと等を理由とす
　　る場合（個別労働関係紛争解決促進法第4条、第5条）

⑬　公益通報を行ったことを理由とする場合（公益通報者保護法第3
　　条）

2）解雇予告

　労働基準法第20条は、労働者を解雇しようとする場合、少なくとも30日前に予告するか、解雇予告手当を支払わなければならないと定めている。解雇予告手当として1日当たりの平均賃金を支払った日数だけ、予告日数を短縮することができる。つまり、30日以上の解雇予告手当を支払えば予告なしに即時解雇できる。また、天災などやむを得ない事情によって事業継続が困難になった場合や懲戒解雇において労働基準監督署長の認定があれば、解雇予告手当を支払わずに即時解雇できる。

　さらに、労働基準法第21条は解雇予告が適用除外となる労働者について下記のとおり定めている。ただし、カッコ内の場合は適用除外されない。

①　日日雇い入れられる者（1カ月を超えて引き続き使用されるに至
　　った場合）

②　2カ月以内の期間を定めて使用される者（所定の期間を超えて引
　　き続き使用されるに至った場合）

③　季節的業務に4カ月以内の期間を定めて使用される者（所定の期間を超えて引き続き使用されるに至った場合）

④　試用期間中の者（14日を超えて引き続き使用されるに至った場合）

3）一般的解雇要件

解雇権濫用法理は判例法理として確立した後、2003（平成15）年労働基準法に明文化された。すなわち労働基準法第18条の2（その後、労働契約法第18条）において、「解雇は、客観的に合理的な理由を欠き、社会通念上相当であると認められない場合は、その権利を濫用したものとして、無効とする」と定められた。

それでは、合理的理由とは何かというと、労働者側の理由と使用者側の理由に分類される。労働者側の理由とは、まず職務遂行能力の不足または欠如、職務に対する適格性や職場における協調性の不足または欠如が挙げられる。さらに、労働者の規律違反も解雇の合理的理由となりうる。解雇事由の策定にあたって参考にすべき点である。ただし、それぞれの不足や欠如、規律違反の程度に関係なく解雇が許されるわけではない。解雇が許される具体的な基準は、実際には多くの裁判例の積み重ねの中にある。自社が行おうとしている解雇が有効であるためには、解雇に関する事案と解雇事由が種類と程度の両方において相当性を有している必要があるわけだから、解雇を決断する場合は、さまざまな判例に示された具体的な基準を探りながら慎重に行わなければならない。これは、解雇制度設計上の留意点というより、運用上の留意点というべきであろう。

使用者側に起因する合理的理由とは、経営合理化に伴う余剰人員の解雇が代表的なものである。いわゆる整理解雇と呼ばれるものであるが、これについての解雇基準は、整理解雇の4要件というものが判例として確立している。本章第7節 **2**（2）⑤「整理解雇の4要件」を参照されたい。

4）解雇事由の明示

労働基準法第89条第3号は、解雇事由を事前に明らかにして労使間の紛争を防止するため、就業規則に解雇事由を列挙することを求めている。解雇事由は限定列挙か例示列挙かについて学説上の争いがあり、限定列

挙説が優勢であるが、実務的には「その他前各号に準ずるやむを得ない事情があったとき」というような包括条項が含まれているため、問題の生じる余地は少ない。解雇事由の例は下記の制度設計のステップ1を参照されたい。

5）解雇理由の明示

労働者は、労働基準法第22条第1項により、解雇理由を明らかにすることを求めて、退職後に使用者に対し退職証明書の交付を請求できる。これに加えて、2003（平成15）年の労働基準法改正により、労働者は、解雇の予告をされた日から退職の日までの間においても、解雇理由証明書を請求できるようになった（同法第22条第2項）。使用者はこの請求を拒絶できない。解雇理由を明らかにした証明書を請求により交付する旨、解雇事由とあわせて就業規則上に明記する。

② 解雇制度設計のステップ

解雇に関する事項は就業規則の絶対的記載事項である。解雇制度の設計は下記のステップで行うとよい。→図表2-6-5

図表2-6-5 ● 解雇制度設計のステップ

ステップ1	雇用の終了原因のうち解雇事由を定める
ステップ2	解雇手続を具体的に定める
ステップ3	解雇事由および解雇手続を就業規則に明示し周知徹底を図る

○ステップ1：「雇用の終了原因のうち解雇事由を定める」

解雇事由は解雇制度の根幹を成すものである。よって、弁護士等の専門家の意見を取り入れながら慎重に定めていく必要がある。解雇にあたって労使間の争いを避けるためには、事由ごとにできるだけ具体的に、解雇に相当する事由の程度にまで踏み入って定められていることが望ましい。

【解雇事由の例】（東京労働局ホームページ就業規則例より抜粋）
①　勤務成績または業務能率が著しく不良で、向上の見込みがなく、他の職務にも転換できない等、就業に適さないと認められたとき
②　勤務状況が著しく不良で、改善の見込みがなく、従業員としての職責を果たし得ないと認められたとき
③　業務上の負傷または疾病による療養の開始後3年を経過しても当該負傷または疾病が治らない場合であって、従業員が傷病補償年金を受けているときまたは受けることとなったとき（会社が打ち切り補償を支払ったときを含む）。
④　精神または身体の障害については、適正な雇用管理を行い、雇用の継続に配慮してもなおその障害により業務に耐えられないと認められたとき
⑤　試用期間中または試用期間満了時までに従業員として不適格であると認められたとき
⑥　就業規則第XX条に定める懲戒解雇事由に該当する事案があると認められたとき
⑦　事業の運営上のやむを得ない事情または天災事変その他これに準ずるやむを得ない事情により、事業の継続が困難となったとき
⑧　事業の運営上のやむを得ない事情または天災事変その他これに準ずるやむを得ない事情により、事業の縮小・転換または部門の閉鎖等を行う必要が生じ、他の職務に転換させることが困難なとき
⑨　その他前各号に準ずるやむを得ない事情があったとき

○ステップ2：「解雇手続を具体的に定める」
　解雇は、労働者にとって、みずからの意思とは別に労働契約が一方的に解除され雇用関係が終了することを意味する。すなわち解雇は、彼ら（彼女ら）に生計を失わせるという重大かつ深刻な不利益をもたらす。その意味では、どのような場合に解雇されるかという解雇事由だけではなく、解雇されるとすればどのように解雇されるのかという解雇の手続

に関しても明確にされていなければならない。特に、解雇予告に関しては、その手続が就業規則を通じて明らかにされていることが肝要である。

懲戒解雇や整理解雇については、より詳細な手続を定める必要がある。なぜなら、両者は普通解雇に比べて、解雇の特殊性と労働者に与える不利益がより深刻であり、解雇処分としての手続はより厳格に進められるべきだからである。

○ステップ3：「解雇事由および解雇手続を就業規則に明示し周知徹底を図る」

解雇が、社員にとって最も厳しい雇用関係上の措置であることは論をまたないが、会社にとっても、労使関係を管理するうえで最後の手段であるといえる。正常な労使関係は、労働契約の当事者たる労働者と使用者双方が、合意を基本にしてお互い誠実に契約を履行していく姿を指す。労働者の意思にかかわりなく一方的に労働契約を解除して雇用関係を終了させることは、使用者としても、できうるならば避けたい選択肢である。だとすれば、労働者側に起因するものであれ使用者側に起因するものであれ、解雇事由が現実のものとなることを、労使双方ができる限り避ける努力をしなくてはならない。解雇事由および解雇手続を労使双方が十分に理解したうえで、解雇という事態を回避するべく協力し合うことが最も望ましい姿である。

3　運用と検証

（1）退職制度の運用に関する留意事項

退職制度の運用にあたっては、退職手続の厳格な適用が特に重要である。たとえば、就業規則上は定年に達すると自動的に雇用関係が終了する定年退職制を採用しているにもかかわらず、業務上の都合から、定年に達しても明確な退職手続をとることなく、一部の社員を引き続き雇用しているというような状態は避けなくてはならない。このような状態が実態として続けば、定年退職制を採用している意味がなくなり、労務管

理上多くの問題を生む原因になるだろう。しかも、法律的には定年退職制ではなく、定年解雇制とみなされ、労働基準法第20条の「解雇の予告」の適用を受けることになりかねない。

　また、経営上の必要から希望退職または退職勧奨を実施する場合、退職に応じるか否かは、あくまで労働者の自由意思にゆだねられるものでなくてはならない。上司や人事部からの退職の誘引行為や申し入れ行為の範囲を超えた事実的強制があれば、任意退職とはみなされず解雇または不法行為とみなされることになる。希望退職や退職勧奨を行わなければならない状況は、企業にとって非常の事態であることが多いため、人事管理者や人事部はその成果に対する大きなプレッシャーを受けやすいが、この点は十分注意しなくてはならない。

　【参考判例】

　「そのような職務命令〔退職勧奨を行うために出頭させる職務命令〕が繰り返し為されるときには、かかる職務命令を発すること自体、職務関係を利用した不当な退職勧奨として違法性を帯びるものというべきである。そして、被勧奨者の意思が二義を許さぬ程にはっきりと退職する意思のないことを表明した場合には、新たな退職条件を呈示するなどの特段の事情でもない限り、一旦勧奨を中断して時期をあらためるべきであろう（中略）被勧奨者に心理的圧迫を加えて強要したものと認められる」（昭55.7.10最高裁判決　下関商業高校事件）

（2）解雇制度の運用に関する留意事項

　解雇制度を運用するうえでも、定められた手続を遵守しながら進めることが最も重要である。

　まず、これから行おうとする解雇が労働基準法上の解雇制限や解雇規制に該当しないかどうか、あるいはそれらの適用除外となるか否かを厳しくチェックする必要がある。希望退職制度や早期退職制度においても、制度に書かれている形式的基準だけではなく基準の適用において、解雇

制限に該当する可能性がないかどうかに目を配る必要がある。誤った制度運用が労使双方にもたらす深刻なダメージを考慮すると、解雇制度の運用は、現場の管理者に一任されるべきものではなく、人事部などの機関によりそのプロセス全体が統括されることが望ましい。

次に、解雇に合理的理由や社会的相当性があるかどうかを精査する必要がある。労働契約法第16条に定められた解雇権濫用法理に照らして、その解雇が有効と認められるかどうかを判断するわけである。ただし、前述のとおり、解雇が許される具体的な基準は、実際には多くの裁判例の積み重ねによって形成されてきたので、有効性の判断は、さまざまな判例に示された具体的な基準を探りながら慎重に行なわなければならない。ここでは、弁護士等専門家の助言を得るなど判断の妥当性を高める工夫が必要である。

さらに、職務能力の欠如や勤務状況不良など社員の責に帰すべき解雇事由を適用して普通解雇を検討する場合は、解雇事案に関する事実認定を特に重視すべきである。判例は、この種の事案において、上司や管理者が、どの程度社員の職務能力や勤務状況の改善に努力したかを厳しく問うている。会社が事実を確認する段階で、社員の言動に焦点を当てるだけでは不十分である。上司や管理者の言動として行われた、会社としての社員に対する働きかけがどのようなものであったかにも、焦点を当てることが重要である。

第 7 節 雇用調整

◆雇用調整とは、理論的には事業活動に要する適正な雇用量を確保するために既存の雇用量を調整すること、つまり雇用量を増加または減少させることを指すが、現実には適正な雇用量の減少に合わせて既存の雇用量を減らすことを雇用調整と呼んでいる。

◆雇用調整にはさまざまな政策が考えられる。大別すれば、労働投入量調整と賃金調整があり、労働投入量調整は労働時間調整と労働人数調整に区分できる。それぞれの施策の特徴、メリット・デメリットを十分に理解しておくことが必要である。特に、最も厳しい雇用調整政策である整理解雇については、立法や判例の動向も踏まえて理解を深めておくことが望ましい。

◆雇用調整が必要となった場合、企業は、多様な方法の中から状況に応じて雇用調整策を選択する。通常は労働者にとって温和な政策から厳しい政策へと段階的に進めていくことが一般的である。

◆雇用調整計画を策定するにあたっては、雇用調整の目的を明確にし、達成目標を具体的に設定し、計画実施後の検証を行う必要がある。

1　雇用調整の基本と課題

（1）雇用調整の基本

　企業は、正常な企業活動を維持していくために、適正な人員を確保する必要がある。適正な人員は、経営ニーズに対応する業務の状況に応じて変化していく。したがって、適正人員の変化に応じて、企業は雇用管理政策の一環として雇用調整を図っていく必要がある。

　雇用調整の目的と定義に関しては、『人事・人材開発３級』第２章第４節■「雇用調整と退職・解雇の役割」で詳述している。すなわち、理論的には事業活動に要する適正な雇用量を確保するために既存の雇用量を調整すること、つまり雇用量を増加または減少させることを指すが、現実には適正な雇用量の減少に合わせて既存の雇用量を減らすことを雇用調整と呼ぶ。

（2）雇用調整の今日的課題

　雇用管理を取り巻く環境は、特に近年めまぐるしい変化を遂げている。従来主流であった、終身雇用、年功賃金、企業内組合に特徴づけられた日本型雇用システムは、急速な情報化・経済のグローバル化という嵐の中で、日本企業が国際競争力を維持していくために必要な変化を遂げることを迫られてきた。また、将来の予測や保障の難しい世の中になり、人々が持つ価値観の多様化が進み、労働者の職業意識や労働意識も画一的なものではなくなった。企業に依存しすぎれば、自分の人生のリスクを自己管理できないと悟った労働者は少なくないだろう。さらに、団塊世代の高齢化と少子化の波は、今後の社会を支えていく労働力の構造に大きな変革を迫っている。そのような動きを追うと、日本型雇用システムを基盤とする雇用調整のあり方と雇用調整政策そのものに関するいくつかの今日的課題が見えてくる。

　第1は、少子化と高齢労働者、女性労働者に関する課題である。

　第2は、正社員と非正社員に関する課題である。

第3は、解雇権のあり方を含む雇用契約ルールに関する課題である。

第4は、労働時間管理に関する課題である。

いずれも、毎日のようにニュースとなってわれわれの目に飛び込んでくるものばかりである。企業の人事担当者として、雇用調整政策を立案するにあたっては、上記のような今日的課題の行方を十分に検討し、時代的方向性を見誤らないことが重要である。

2 雇用調整の方法

(1) 雇用調整の区分

雇用調整を行ううえではさまざまな施策が考えられるが、主要なものは雇用量調整である。雇用量調整には、労働投入量調整と賃金調整があり、労働投入量調整は人数調整と労働時間調整に区分される。それぞれの方法に合わせた具体的な雇用調整策としては、時間外労働の削減から、新規採用の抑制、欠員の不補充といった人員の自然減、配置転換やグループ会社への出向、さらには契約社員など非正社員の雇止め、一時帰休、希望退職、整理解雇などが考えられる。→図表2-7-1

(2) 雇用調整の方法と手続の設計

① 賃金調整

業務量や業績に比べて人件費が膨らみすぎている場合は、賃金調整を行うことが有効である。雇用量調整としての賃金調整とは、業務量の削減に応じて人件費を調整する政策をいう。人件費のうち、基本給与に当たる部分は所定労働時間の労働に対する対価として支給されている性格が強いため、企業側の一存で調整するには限界がある。せいぜい、昇給を抑制するかストップすることぐらいしか現実的にはできない。雇用調整が必要とされる局面では、そもそもベースアップも定期昇給も低いレベルに設定されるのが通常であるから、調整効果は期待できない。しかしながら、人数調整（いわゆるリストラ）を回避するためには、基本給

163

図表2-7-1 ●雇用調整策の体系

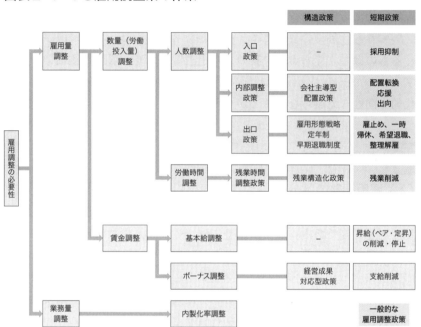

　与に手を つける賃金調整も今後は検討されるべきである。

　そこで、賃金調整は、企業業績と連動して柔軟に決められるボーナスの額を調整するのが一般的である。年間賃金に占めるボーナスの割合が諸外国に比べて高いのは、日本型賃金制度の特徴の1つであるが、ボーナスは総賃金原資管理政策上の調整池としての役目とともに、雇用調整上の賃金調整策における調整池の役目も果たしているわけである。

　なお、ここでいうボーナスとは、企業業績とは必ずしも厳密に連動していない日本型賃金制度におけるボーナスの形態を指している。従業員個人の業績に対する報奨という意味合いの強いインセンティブなどの欧米型ボーナスとは異なる。

② 労働投入量調整

　前段のように業務と賃金のバランス（あるいは業務の価格）の問題で

はなく、雇用量そのものが業務ニーズに照らして過多である場合は、賃金調整策よりも、雇用量を直接調整する労働投入量調整策が用いられ、雇用調整策というと通常は労働投入量調整策を指す。『人事・人材開発3級』にあるように、雇用量とはそもそも労働投入量であるから、労働投入量の要素である従業員の人数と労働時間という2つの側面から、労働投入量調整策を考えることができる。すなわち、人数調整策と労働時間調整策である。

③ 労働投入量調整における諸政策─労働時間調整策

　残業時間を削減する政策である。雇用調整策の中では、一般的に最も従業員に与える影響が少ないものと考えられる。したがって、雇用調整を実施するにあたり、企業はまずこの政策をとることが多い。雇用維持（解雇回避）を最優先する日本型雇用システムのもとでは、労働時間調整策が有力な雇用調整の役目を果たしてきた。つまり、恒常的な残業体制を維持することで、残業時間を雇用調整用の調整池として構造化したわけである。

　しかし、いわゆる残業時間の総労働時間に占める割合は約7％であり、調整できる労働投入量は1割に満たない。また、労働投入量を調整しても、福利厚生費等の固定費部分がそのまま残るので、結果的に労働コストはさほど減少しない。つまり、残業時間削減による調整には限界がある。そういったことから、今後はワーク・シェアリングのように年間の法定労働時間を削減する政策も必要になってくるであろう。

④ 労働投入量調整における諸政策─人数調整策

　人数調整策には人員を入口（採用）で規制する入口政策、既存組織内部で人員調整を行う内部調整政策、人員を組織の外に排出する出口政策がある。実際に雇用調整策を行ううえでは、状況の急迫性や必要性に応じて、入口政策から内部調整政策、そして出口政策へと、労働者にとっては、温和な政策からより厳しい政策へと移っていくことになる。それぞれの局面における具体的な政策は以下のとおりである。

1）採用抑制（入口政策）

　新規採用を抑制し、欠員の補充も行わないで、退職による総人員の自然減を期待する政策である。総人員削減後の配置転換政策を伴う場合も多い。既存従業員の雇用に直接の影響はなく、労働組合の理解も得られやすい。ただし、抑制規模や人員削減率があまりに大きくなると、個別労働者の労働負担が増加して、過重労働問題につながる可能性もある。

２）配置転換・出向（内部調整政策）

　業績不振や経営資源投資のポートフォリオを変更するために、一部の事業部を閉鎖し、その事業部に属する人員を他の事業部に配置換えしたり、グループ会社などに出向させるなど、配置転換（配転）や出向は、雇用調整の有力な手段である。雇用を維持する代わりに配置転換に関する人事権を企業に広く認める日本型の雇用体制がこの政策を支えている。ただし、会社の人事権行使の一環として配転や出向を行う場合、勤務地や職種を限定しない雇用であることを前提にして、配転や出向に関する会社の包括的な人事権を認めた就業規則上の規定が必要である。もっとも、包括的な人事権が企業側に認められているからといって、どのような配転や出向もまったくの制限なく許されているわけではない。人事権の行使が権利の濫用にあたる場合は、そのような配転・出向命令は無効となる。

　また、ここでいう出向とは「在籍出向」のことであり、出向先への転籍を意味するいわゆる「転籍出向」は、出向元の会社との雇用関係を終了させることになり法律上は退職の一形態であるため、従業員との個別同意なくしては成立しない。

３）雇止め（出口政策）

　雇止めとは、有期契約社員（非正社員）の契約更新を停止すること、すなわち、契約更新を雇用主が拒否して契約を終了させることである。雇用調整策の立案や実施において、正社員の退職や解雇にかかわる政策に先立って、雇止めが行われることは多い。これは期限の定めのない正社員に比べ、契約を終了させやすい契約形態であることと、労働判例（→後記【主要な判例】）上も、非正社員（有期契約社員）を正社員より

も先に人数調整策の対象とすることをある程度認めていると解されているからである。

【主要な判例】

① 「使用者が企業の必要から労働者の整理を行おうとする場合には、まずパートタイムの労働者を先にして、その後フルタイムの労働者に及ぼすべきであって、パートタイムの労働者を解雇する場合の理由は、フルタイムの労働者を解雇する場合に比較して相当軽減されるものである」（昭42. 12. 19東京地裁判決　春風堂事件）

② 「臨時員の雇用関係は比較的簡易な採用手続で締結された短期的有期契約を前提とするものである以上、雇止めの効力を判断すべき基準は、いわゆる終身雇用の期待の下に期間の定めのない　労働契約を締結しているいわゆる本工を解雇する場合とはおのずから合理的な差異があるべきである」（昭61. 12. 4最高裁第一小判決　日立メディコ事件）

4）一時帰休（出口政策）

企業業績の悪化などが原因で労働需要が減少し、企業が配置した人員に適した量の業務を従業員に提供できない場合（操業短縮など）に、雇用関係を継続したままで就業を一時停止させ、休業させることをいう。人数調整策の1つとしては、正社員にとって希望退職や整理解雇に次ぐ厳しい政策であるといえる。なぜなら、就業停止はそのまま賃金に影響し、雇用が継続されていても生活に深刻な打撃を与えることになるからである。

ただし、労働基準法第26条により、使用者の責に帰すべき事由による休業の場合は、休業期間中の労働者に、平均賃金の6割以上の休業手当を支払わなければならないと定められている。したがって、1人分の労働力を失うことと引き換えに1人分の賃金支払い義務から免れるわけではないから、人数調整策上の効果は必ずしも高いとはいえない。そこで、

休業手当の高負担に企業側が耐えかねて、従業員に対する解雇圧力を強めることを抑制するために、政府は企業に対して休業手当の一部を援助する雇用調整給付金制度を導入している。

5）希望退職（出口政策）

　任意退職の1つである合意退職の一形態で、時限的に自発的退職者を募集する雇用調整策である。年齢などの一定の応募条件のもとに、退職優遇条件を提示して、応募者を集める。労使双方の合意による退職であるため、既存の正社員との雇用契約を円満に終了させることができ、しかも、即日でも雇用契約解除の効力を生じさせることが認められている。

　そういう意味では、企業にとって急迫性の高い雇用調整を、解雇による訴訟リスクを回避しながら行わなければならない場合に有効な雇用調整策だといえる。ただし、指名解雇（整理解雇）と異なり、一定の従業員層に向けて募集をかけるわけであるから、応募条件の設定を誤ると、優秀な人材の流出を招きかねないリスクが生じる。応募条件の設定は、希望退職プログラム実施後の人材ポートフォリオを予測して、慎重に行う必要がある。

6）整理解雇（出口政策）

　整理解雇とは、事業経営上の事由により余剰人員が生じ、事業所の閉鎖や事業部の縮小などにより人員削減を図る必要が生じた場合に、企業が特定の従業員との雇用契約を一方的に終了させる解雇の一形態である。

　企業側は、民法第627条に基づいて、期限の定めのない雇用契約は2週間の予告期間をおけばいつでも終了させることができるにもかかわらず、解雇について多くの規制を受けている。労働基準法には、施行以来、予告期間や解雇制限事由を除くほか、一般的な解雇ルールに関する規定はなかった。しかし、2003（平成15）年の労働基準法改正により、「解雇は、客観的に合理的な理由を欠き、社会通念上相当であると認められない場合は、その権利を濫用したものとして無効とする」という解雇ルールが法制化された。この解雇ルールは、従来判例により確立されてきた、解雇の法理を明文化したものである。

　整理解雇は解雇の一種であるから、前節の「退職・解雇」で説明する
のが筋であろうが、整理解雇は労働者にとって最も厳しい雇用調整策で
あるとともに、日本型雇用調整策の1つの典型ともいえるものであるた
め本節で説明することとした。整理解雇は、前節に述べた普通解雇（ま
たは、通常解雇、一般解雇）や懲戒解雇と異なり、本人の責に帰すべき
事由による解雇ではなく、もっぱら雇用主側の事業経営上の都合による
ものであるから、他の解雇に比べてより厳しく規制されている。具体的
には、前記の一般的な解雇ルールや労働基準法上の解雇予告、解雇制限
（→下記【解雇制限】）の規定に則るのみならず、整理解雇に求められ
る特別な条件を満たしていなければ、その整理解雇は解雇権の濫用とし
て無効とされる。

　【解雇制限】以下の場合は、解雇が禁止されている。

　　ア　業務上負傷、疾病による療養のための休業期間とその後の30日
　　　　間
　　イ　産前産後の労働基準法の休暇期間とその後30日間
　　ウ　不当労働行為にあたる場合
　　エ　労働者の国籍、信条、社会的身分を理由とする場合
　　オ　裁量労働制の適用について労働者が同意しなかったことを理由
　　　　とする場合
　　カ　労働基準監督機関への申告を理由とする場合
　　キ　解雇予告制度に従わない場合
　　ク　女性であることを理由とする差別的取り扱いとなる場合
　　ケ　女性の婚姻、妊娠、出産を退職理由とする定めによる場合
　　コ　女性の婚姻、妊娠、出産、産前産後休業を理由とする場合
　　サ　労働者が育児・介護の申し出をし、育児・介護休業をしたこと
　　　　を理由とする場合

⑤　整理解雇の4要件

　整理解雇に求められる条件は以下の4つである。

1）整理解雇の必要性

　整理解雇が、企業の合理的運営上、やむを得ない必要に基づくものと認められることである。なお、経営上の必要性については、企業の合理的運営上やむを得ない必要に基づく限り、必ずしも倒産等の経営危機が具体的に急迫して存在することを必要とせず、将来の経営リスクを回避するためであっても、経営上の必要性があると判例は認めている。

【主要な判例】
　① 「倒産必至の場合に限局することは、経営権ないし経営の自由を制約することやや大幅に過ぎる」（昭54. 7. 31岡山地裁決定　住友重機玉島製造所事件）
　② 「使用者は単なる自己都合で解雇する自由を有しないが、資本主義経済社会においては、一般に、私企業は、採算を無視して事業活動及び雇用を継続すべき義務を負わないし、労働者の生活保障、失業者の発生防止等の観点から、私企業に対し需要供給の関係を全く無視した特別な法的負担を課する根拠は現在の法制にないからである」（昭54. 10. 29東京高裁判決　東洋酸素事件）

2）解雇回避努力措置

　整理解雇は、もっぱら経営上の必要性から行われる解雇であり、しかも、従業員にとって経済生活上最も深刻な事態をもたらすものであるから、整理解雇が認められるには、それに先立って解雇を回避する努力が十分になされなくてはならない。具体的には、前述した他のあらゆる雇用調整策や賃金調整策などをいう。整理解雇をあくまで合理化の最終手段として、それが最終であることを他の手段を尽くしたことをもって明らかにすることを求める判例の姿勢は明確である。

【主要な判例】
　① 「合理化の目的に反しない限り、解雇を避けるためできるだけの努力を払うべきであって、そのためには下請けの解約、希望退職

の募集、余裕ある職場から労働力の不足している職場への配置転換等解雇以外に人員整理の目的を達しうる方法があって、しかもそれが容易である場合には、そのような手段を講ずべき信義則上の義務がある」(昭50.3.25東京地裁判決　川崎化成工業事件)

② 「企業が従業員を一方的意思に基づいて解雇しようとする場合には、解雇するについてやむを得ない事由がなければならず、解雇を回避するために、労務管理を含め経営上あらゆる面で真摯な努力をすることが前提とされなければならない」(昭54.2.28広島地裁福山支部判決　宝運輸事件)

3) 解雇対象者選定の合理性

　整理解雇対象者を選定するには、まず選定基準を明確にしなければならない。また、選定基準は合理的なものでなくてはならず、基準の適用も合理的でなくてはならない。全従業員の中から解雇する従業員を選定することは、従業員側にとってきわめて重要な問題であることはいうまでもない。選定基準は客観的かつ合理的であることが求められる。「会社にとって役に立たない人」とか「能力のない人」といったような、使用者側の恣意的な判断が入る余地の大きい抽象的な基準は、合理的なものとはいえない。選定基準が合理的であるためには、選定されない従業員と選定される従業員との間に、客観的で妥当性の高い差異が認められるものでなくてはならない。

　解雇対象者の選定基準としては、一般的に

・解雇しても経済的打撃の小さいこと
・企業再建に貢献できる可能性が小さいこと
・雇用契約上企業への帰属性の薄いこと

などが考えられる。

　さらに、選定基準そのものが合理的であったとしても、その適用にあたって曖昧で恣意的であったと判断される場合にも、選定の合理性は認められない。たとえば、「過去の業績評価および能力評価の結果」が選定

基準であったとしても、評価結果が具体的に示されなかった場合などが
これに当たる。以下が、解雇対象者選定の合理性にかかわる主要な判例
である。

【主要な判例】

① 「その対象選定にあたっては主観的恣意的な選定に陥らない様に、
客観的合理的な選定をなすべき信義則上の義務がある」(昭51. 5. 26
大阪地裁決定　平野金属事件)

② 「解雇基準を定立し、これに基づき被解雇者を選定するという配慮
をしなかったことは、著しく信義に欠けるものであって、右解雇権の
行使は権利の濫用として無効である」(昭46. 12. 21津地裁決定　タ
チカワ事件)

③ 「人選には多分に恣意的になされた疑いがあり、かつ、現実の人選
も疑問なしとしないもので、客観的で合理的な基準に基づいて被解
雇者の人選を行ったとは到底みとめられない」(平11. 3. 31大阪地裁
判決　日証事件)

4) 手続の妥当性

　整理解雇の必要性、被解雇者の選定基準、解雇手続の日程や手順など
を従業員や労働組合に事前に十分説明し、誠意を尽くして協議し、彼ら
(彼女ら) の納得を得る努力をすることが必要であり、この点に関する主
要な判例を以下に示しておくので参照してほしい。整理解雇は、使用者
側の事由により従業員に従業員たる地位を失わさせ、その生活にきわめ
て重大な影響を与えるものであるから、整理解雇に対する従業員の理解
と納得をえるための最大限の努力を使用者側に求めたものである。

【主要な判例】

　「上告人の職員に対し、人員整理がやむを得ない事情などを説明して
協力を求める努力を一切せず、かつ希望退職者募集の措置を採ること

もなく、解雇日の6日前になって突如通告した本件解雇は、労使間の信義則に反し解雇権の濫用として無効」（昭58. 10. 27最高裁一小判決 あさひ保育園事件）

　以上がいわゆる整理解雇の4要件であるが、以前はこれらの要件のうち1つでも欠けると解雇は無効とされてきた。しかしながら、最近の下級審判例においては、整理解雇の適否を判断する際に4要件は重要な考慮要素にはなるが、整理解雇も普通解雇の一類型であり、4要件がすべて満たされなければ、整理解雇が解雇権の濫用になると解すべき根拠はないとするものも出ている。しかし、企業の人事担当者としては、整理解雇が従業員に与える深刻な影響を十分考慮し、プランの策定や実施にあたって、4要件を具備しているかを検証しながら進めるべきであろう。

3　雇用調整計画の策定

（1）雇用調整計画の必要性
　経営の合理化ニーズが高まり雇用調整の必要性が生じた場合は、きちんとした計画に基づいてこれを行わなくてはならない。雇用調整策は、先に述べたどのようなものであっても、従業員の労働環境や生活に大きくかかわってくるために、従業員のモチベーションや労使間の信頼関係にきわめて重大な影響を与える。したがって、不適切な方法で雇用調整を行おうとすれば、労働争議や訴訟リスクのみならず、雇用調整後の新組織の生産性や業務効率が既存組織よりも悪化することもありうる。多大なコストをかけながら、めざしたはずの経営の合理化と反対の結果を生じさせないために、万全の計画を心がけるべきである。

（2）雇用調整計画策定のための留意事項
　企業の人事担当者として、雇用調整計画を策定する際に特に留意すべき点は以下のとおりである。

1）「雇用調整ニーズと経営合理化目標の関係が確認できていること」

　経営にとっていま何が課題なのか、その課題が企業の適正人員とどのようにかかわっているのか、雇用調整によってどのような合理化の実現をめざすのかなど、雇用調整の必然性とめざすべき雇用調整後の組織の姿を明確にしておけば、雇用調整策の選択が可能になり、政策効果の検証にも使うことができる。

2）「リスクの試算をできる限り詳細に行うこと」

　雇用調整は、前述したように多大なリスクを伴う。個々の雇用調整策に関するメリットとデメリット、政策をいくつかの組み合わせで採用した場合のメリット・デメリットなどからリスクを考えてみる必要がある。また、労使間の緊張度合いや判例動向、法制化の動きなどから、訴訟リスクや法的リスクを予測することも重要である。特に、本節■（2）「雇用調整の今日的課題」の中で述べた諸課題に関しては、今後の労働行政や労働法制および判例動向に直接連動していく可能性がある。弁護士や労務コンサルタントなどの専門家に相談しながら、リスク判断に活かしていくことが必要である。

3）「従業員や労働組合に対する協議・説明プロセスを重視すること」

　雇用調整の実質的な成否は、従業員や労働組合がいかに納得して政策の実行に協力してくれるかにかかっている。計画を実施する段階で、協議・説明プロセスを重視するのは当然であるが、雇用調整計画の骨格の中に、従業員にどのようにして納得してもらうのか、あるいは納得してもらうための努力をするのか、といった事柄を組み込む必要がある。

4）「検証の方法とステップをあらかじめ計画に組み入れること」

　雇用調整の実施には、多くの困難がつきまとうために、当初の計画どおりに事が運ばなかったり、計画の遂行が停滞してしまったりすることは珍しいことではない。計画の進捗状況と当初の目標に対する達成度合いを客観的に判断できる基準をあらかじめ設け、ステップごとに検証していくことが大切である。ことに、経営再建にかかわるような大規模な雇用調整を行う場合に、株主などの投資家に対する説明を明確に行い、

投資家の信頼を確保しておくためにも、検証の方法とステップは経営と人事等の関連部署が合意して共有しておくべき事柄である。

（3）雇用調整計画策定のステップ

　雇用調整策を実施するための計画策定は、以下のステップで行うとよい（→図表2-7-2）。なお計画策定は、人事担当者を含めたプロジェクト・チームで行うことが望ましい。

図表2-7-2●雇用調整計画の策定ステップ

ステップ1	雇用調整ニーズの確認と目標設定
ステップ2	適正人数の算出と検証
ステップ3	雇用調整策の選択とコスト算定
ステップ4	実施スケジュールと役割決定
ステップ5	従業員・労組への説明・協議方法の決定
ステップ6	検証の方法と基準設定
ステップ7	専門家によるレビューと共通の理解レベルの確保

○ステップ1：「雇用調整ニーズを確認し、具体的な目標を設定する」

　具体的な目標とは、たとえば、単に人員削減に関する数値目標や合理化対象部門のみを定めるのではなく、雇用調整後の組織の全体像やその組織が実現すべき生産性や成果など、具体性を持ったビジョンのことをいう。「A事業所を閉鎖して、現有社員の20％を削減する」という目標を掲げても、それだけでは、雇用量を減らすことそのものが目標になって

しまう。雇用量を減少させることによって何をめざすのか、財務指標の改善のみならず、具体的な組織の姿を掲げることが大切である。

○ステップ２：「雇用調整後の適正人員を算出または検証する」

　ステップ１で定めた具体的な目標を実現するための適正人員は、どの部署にどの程度であろうか。根拠を挙げながら、算出していく必要がある。その結果、ステップ１でもくろんだ財務目標の実現が困難であるという結論に達したならば、実現可能な範囲で、財務目標または雇用調整後の組織および組織に対する期待成果を修正する必要がある。つまり、ステップ１とステップ２の間は何度か行ったり来たりしながら、計画の基礎を固めていく。

○ステップ３：「目標を実現するために最も適した雇用調整策を選択し、コストを算定する」

　各雇用調整策の特徴を踏まえながら、ステップ１とステップ２で定めた目標や適正人員を実現するために、最適な方法を選ぶことになるが、一般的な選択の基準を例示すれば下記のようなものになる。

・雇用調整効果が早期に、確実に期待できるもの
・雇用調整効果が大きく期待できるもの
・従業員に与えるダメージの少ないもの（納得のえやすいもの）
・早期に実現可能なもの
・実施コストの低いもの
・訴訟リスクの低いもの

　実務的には、いくつかの選択オプションを設定し、それぞれ利点と不利な点を明らかにして経営陣に示し、最終的な選択を仰ぐのが一般的である。

○ステップ４：「計画を実施するための具体的なスケジュールと担当役割を決定する」

　雇用調整ニーズの急迫性が高い場合は、実施時期の終期をまず決めてから、さかのぼって他のステップの日程を決めていくことになる。ただし、労使の協議や従業員に対する説明のプロセスについては、十分に時

間を取る必要がある。一時的なコスト削減ではなく、本当の意味で合理化を実現しようとすれば、従業員側の理解と協力を得なければならない。

○ステップ5：「従業員、労働組合に対する説明や協議の方法を決定する」

　従業員や労働組合に対してわかりやすく、適切に、雇用調整の必要性と具体的な方法を説明し、十分な協議を経て、従業員側の納得性を高めていくにはどうすべきか決めていくステップである。ステップ1とステップ2で、合理性の高い目標や適正人員が固められていれば、このステップを進めるうえで、大いに役立つはずである。

○ステップ6：「計画の進捗と効果を検証するための方法と基準を定める」

　雇用調整計画において、目標に対する達成度を常に明らかにして、計画の効果性を検証していかなければならない。その理由については、本項**(2) 4)** ですでに説明したとおりである。

○ステップ7：「計画全般に関して専門家のレビューを受けた後、経営陣と内容を確認し、計画に対する理解レベルを共通なものとする」

　前述したように、近年の雇用調整をめぐる立法・行政・司法の動きは顕著であり、人事担当者が独りで学んで、雇用調整から生じる企業リスクの可能性を読みきることは困難である。雇用調整にかかわる計画は、弁護士等の専門家の助力を得て、内容を点検すべきである。また、雇用調整という労使関係の根幹に重大な影響のある事項は、経営陣を先頭に企業側が一体となって従業員や労働組合の説得に努める姿勢を示すべきであって、一部の担当者のみが担うべき業務ではない。企業側の立場にある者は、雇用調整計画に関する理解レベルを共通なものとして、計画の遂行にあたるべきである。

4　実施と検証

　雇用調整策の実施にあたっては、計画（準備）が重要である。計画策

定が完了したら、これを推し進めながら、進捗状況と計画の効果性を検証することになる。仮に、計画に何らかの問題があって、効果が期待どおり上がらない場合は、計画のいずれかのステップに戻り修正を加える。たとえば、従業員や労働組合の抵抗が激しく、労使の緊張が高まってくるおそれが出た場合は、ステップ５に戻って、説明や協議の方法に問題があったかどうかチェックし、必要に応じて方法を修正する。また、従業員に対する企業側の説明が、窓口によって異なるため混乱を招いているような場合は、直ちにステップ７に戻って再び理解レベルの共通化を試みる、などである。

　検証は、あらかじめ決めた方法によって定期的に行い、定めた目標に対してどのレベルまで到達していて、効果性は期待したレベルか否かをチェックする。雇用調整は、労使双方に多くのエネルギーと痛みを求めるものではあるが、それを計画し実施するのは使用者側である。経営上の必要性から従業員に実現への協力を求めている目標を見失わずに追求し続けなければ、雇用調整策そのものに対する従業員側の理解と納得をえることは難しい。

第 8 節

人事相談・トラブル対応

学習のポイント

◆人事相談とトラブル対応は、人事制度の公正性を担保し、社員の納得感を高める。

◆従業員にとって働きやすい職場環境の整備をすることが、人事トラブルの発生防止につながる。

1 人事管理のチェックとトラブル対応

　社員の大多数を対象とする人事管理は、制度を構成するルールによって成り立っている。ルールがルールとして機能していることで人事制度の公正性が確認され、社員の制度に対する納得度を高めることができる。人事制度が公正性や納得性を欠くと、社員が会社を信頼できなくなり、従業員満足度も低下する。

　1990年代以降に行われたリストラなどの雇用調整や、成果主義の導入のような新しい制度の導入や変更が行われたり、M&Aなどによる組織の大きな変化によって、これまでのルールに大幅な変更が加えられるようになった。また、働き手においても女性、外国人労働者、パートタイマー、派遣社員等が増加することにより労働力の多様化が進んだ。こうした変化を背景として、社員が会社と争う個別労働紛争が増加している。

　かつて、労働組合との労使協議には個別労働紛争の予防機能があった。しかし、最近の労働組合の組織率の大幅な低下によって、その予防機能も機能しにくくなっている。そのため、会社がみずから、いったん導入された制度に対して定期的にチェックを行うことが、個別労働紛争の予

防にとって重要になる。

　第1章第5節で説明した従業員満足度調査を利用することも有効である。定期的に全社員に対して匿名で人事制度に対する納得性や満足度についてアンケート調査をする。従業員満足度調査は、制度を含めた組織を定点観測することで、健全性を担保することができる。全従業員に対するアンケート調査以外にも、一部従業員に対するフォーカスグループ・インタビューを実施するなど、マーケティング調査の手法を使うことも可能である。こうした方法によって集まった情報は、会社の問題点として認識し、組織変革に結びつけていくことができる。

　個別労働紛争の解決のために、個別労働紛争解決促進法に基づく都道府県労働局による行政上のシステムや、司法による労働審判制度がある。しかし、労働紛争はもともと会社内における個人と使用者のトラブルであり、社内での解決が望ましい。そこで、社内に相談窓口をつくったり、専門相談員を配置することが望ましい。

2　働きやすい職場環境の整備

　企業はともすれば、「利益」を優先し「働きやすさ」を軽視する傾向がある。このような風潮に対する反省から、最近は、「働きやすい職場環境の整備」に積極的に取り組む企業が増えている。

　働きやすい職場環境は、労務トラブルを未然に防ぐだけでなく、従業員の帰属意識やモチベーションを高める効果があり、最終的には企業の業績向上に結びつくものと考えられる。また、若者を中心に「働きやすさ」で企業を選ぶ傾向が強まる中で、職場環境の整備は、人材確保のうえでも重要な施策となってくる。

(1) メンタルヘルス

　メンタルヘルスとは、「心の健康管理」を指す言葉である。仕事の負担や職場の人間関係から生じるストレスのため、モチベーションを低下さ

せたり、うつ病を発症させたりする従業員が増える中で、メンタルヘルスの重要性が再認識されるようになってきている。

　従来、企業における従業員の健康管理は、産業医や衛生管理者等が取り組むべきこととされていたが、近年では、人事部門や職場の管理職も含めて、会社全体で行うべきことと考えられている。

（2）ハラスメントの防止

　職場における性的な嫌がらせであるセクシャル・ハラスメント（セクハラ）や、職務上の立場を利用した嫌がらせであるパワー・ハラスメント（パワハラ）については、問題行為であるとの認識が社会的に広がり、企業もそれらの防止に積極的に努めるようになってきている。

　セクハラは、「対価型」と「環境型」とに分けることができる。

　「対価型セクハラ」とは、職場において行われる従業員の意に反する性的な言動に対する労働者の対応（拒否・抗議）により、その従業員が解雇、降格、減給、配置転換などの不利益を受けることをいう。一方、「環境型セクハラ」とは、従業員の意に反する性的な言動により、従業員の就業環境が不快なものとなったため、能力の発揮に重大な悪影響が生じるなどその従業員が就業するうえで看過できない程度の支障が生じることをいう。

　いずれについても、被害者側に不快に思われた場合については、これに該当するため、社内教育と理解を徹底する必要がある。また、男女雇用機会均等法第11条においても、このようなセクハラが起こらないよう、事業主に対し雇用管理上必要な措置を講じることを義務づけている。

　パワハラについても、2019（令和元）年6月に改正労働施策総合推進法が成立し、パワハラの定義を明らかにするとともに、労働者からの相談体制整備など必要な措置を講じるよう事業主に義務づけている。改正法は、パワハラを「優越的な関係を背景にした言動で、業務上必要な範囲を超えたもので、労働者の就業環境が害されること」と定義したうえで、パワハラ防止策をとることを企業に義務づけている。従わない企業

には、厚生労働省が改善を求め、それにも応じなければ、企業名を公表する場合もあるとしている。

（3）ワーク・ライフ・バランス

ワーク・ライフ・バランスとは、「仕事と生活の調和」を指す言葉である。従業員の価値観やライフスタイルが多様化する中で、1人ひとりに適した働き方を認め、ワーク・ライフ・バランスを実践することが、社員の満足度向上のためには必要であると考えられている。

最近では、企業はワーク・ライフ・バランスの推進に向けて、育児・介護休業の充実や年休取得率の向上、短時間勤務制度の導入等、さまざまな取り組みを行っている。また、少子化が急速に進む今日において、ワーク・ライフ・バランスは、育児しやすい環境整備を進める「次世代育成支援対策」の一環としてとらえられることも多い。

▌参考文献▐

今野浩一郎『正社員消滅時代の人事改革』日本経済新聞出版社、2012年

金井壽宏『リーダーシップ入門』日本経済新聞社、2005年

木谷宏『「人事管理論」再考-多様な人材が求める社会的報酬とは』生産性出版、2016年

小池和男『仕事の経済学〔第3版〕』東洋経済新報社、2005年

須田敏子『戦略人事論』日本経済新聞出版社、2010年

田尾雅夫『組織の心理学〔新版〕』有斐閣、1991年

高橋俊介『成果主義-どうすればそれが経営改革につながるのか』東洋経済新報社、1999年

「人事の日本型スタンダードを創る会」編『企業の実務家が考えた「新・日本型人事制度」のつくり方』経営書院、2003年

都留康・阿部正浩・久保克行『日本企業の人事改革-人事データによる成果主義の検証』東洋経済新報社、2005年

日本経団連出版『人事・労務用語辞典〔第7版〕』日本経団連出版、2011年

日本生産性本部ワークライフ部『社員の多様化をいかす人事管理の3つの戦略』日本生産性本部生産性労働情報センター、2013年

宮下清『組織内プロフェッショナル-新しい組織と人材のマネジメント』同友館、2001年

第 **3** 章

賃金管理

この章のねらい

　第3章では、給与、賞与、退職給付といった従業員に対する賃金のあり方について学習する。

　まず、賃金全般について企業、従業員双方にとっての目的や論点、総額人件費管理の基本的な考え方を整理する。

　そのうえで、賃金制度（給与、賞与、退職金等）ごとに、その設計の仕方、運用の仕方はどうあるべきかについて詳述するほか、人事制度と賃金制度の関係、多様化する就業形態に応じた賃金制度のあり方について詳述する。

　また、退職給付諸制度については、退職一時金のみならず各種企業年金全般について、公的年金との関係も踏まえて解説する。

　そして、企業のグローバル化がますます進展する中、海外駐在員の賃金管理の基礎について学ぶ。

第 1 節　**賃金・総額人件費管理**

◆賃金管理は、総額人件費の管理と総額人件費の配分・活用にかかわる管理である。

◆賃金管理の目的は、①必要な従業員の獲得・確保、②従業員の労働意欲の向上と有効活用、③労使関係の安定、④適正な人件費の維持にある。

◆総額人件費の管理には、①総額人件費の適正さを判定する指標を持つことと、②中長期・短期の時間軸によるコスト・パフォーマンスを適正化することが重要である。

1　賃金管理および総額人件費管理の意義

(1) 賃金管理の意義・目的

①　賃金管理とは

　ここで扱う賃金とは給与、賞与、退職給付をその対象範囲とする。1980～90年代までは、月例賃金においては、終身雇用と年功的人事管理を基盤とする定期昇給（定昇）、ベースアップ（ベア）方式による賃金決定方式が主流であり、必ずしも生産性基準原理に基づく合理的な決定方式とはいえなかった。また賞与についても、企業業績の反映が不十分もしくは明確化されておらず、企業の支払い能力や経営状態と乖離した決定が行われるケースも見られた。一方、退職給付諸制度においては、退職一時金制度では期末自己都合要支給額の40％を負債として計上する、厚生年金基金や適格退職年金といった企業年金は掛金のみを費用計上する、

という当時の法人税法や会計の考え方も影響し、重大な費用項目であるという認識が希薄であった。また退職給付額の決定方式も、給与を基礎額として勤続年数による係数を乗じて算出する方式が多く、賃金の後払い的性格が色濃く反映されたものであった。

しかし、1990年代以降、デフレ経済のもとで人件費負担が重くなり、「総額人件費管理」という言葉に表されるような人件費全体の効率的な運用が求められるようになった。従来においては、雇用形態は正社員とパートタイマー等の非正社員といった単純な構造であり、賃金タイプも正社員は管理職用と一般社員用のもの、非正社員は日給か時給かといったものでよかったが、今日ではさまざまな雇用形態や就業形態があり、それぞれに応じた賃金タイプを提供するようになってきた。今後の賃金管理を考えるうえでは、次の点がポイントとなる。

① 賃金は、企業価値を高めるうえで最も重要な経営資源である人材への投資額であるとともに、企業経営最大のコストである人件費にいくらかけるのか、どのように管理するのかはきわめて重要な経営課題である。

② 企業価値を効率的に高めていくためにはどのような雇用・就業のあり方が自社に最も適するのか、また、従業員に最大のパフォーマンスを発揮してもらうためにはどのような賃金の支払い方法が経営的にも従業員にとっても最も適しているのかということが、従来以上に重要なテーマとなっている。

賃金管理とはこれら2つのテーマ、すなわち、総額人件費の管理と総額人件費の配分・活用にかかわる管理の根幹をなすテーマであるといえる。

② 賃金管理の目的

賃金は従業員にとっては所得の源泉であり、企業で働く重要な目的の1つであるが、企業にとって賃金は必要な従業員を雇用し、経営目標の達成に向けて業務を遂行してもらうための費用である。

この賃金を管理することの目的は主として次の4つであるといえる。

1) 必要な従業員の獲得・確保

　企業経営の目的を実現するために、外部労働市場から必要な人材を獲得し確保する。そのためには、会社からの賃金によって生活できるだけの水準でなければならないのはもちろんであるが、外部労働市場において相対的に競争力のある水準でなければならない。

2）従業員の労働意欲の向上と有効活用

　従業員が企業経営の目的実現に向けてやる気をもって仕事に従事してくれるように仕向けなければならない。また、組織全体として従業員の働き方が効果的・効率的になるように賃金のしくみを活用する必要がある。

3）労使関係の安定

　賃金水準をどう決めるかは、企業の生み出す付加価値を労使間でどう分配するかという問題でもあり、また、賃金の配分の仕方は従業員個人間・集団間の利害調整の問題でもあるため、協調的労使関係を形成・維持できるような賃金政策をとる必要がある。

4）適正な人件費の維持

　企業の支払い能力の範囲内で上記1）～3）の目的が達成できるように、中長期的あるいは短期的な視点から人件費水準を管理する必要があるとともに、人件費を企業業績との相対的な問題として扱う必要がある。また、「人件費＝1人当たり人件費×人数」と表すことができるので、賃金水準の問題であるとともに要員管理の問題でもある。

（2）総額人件費管理の実際

① 総額人件費管理の基本的な考え方

　総額人件費管理を行ううえで、次の点を押さえておく必要がある。

1）総額人件費の適正さを判定する指標を持つ

　総額人件費の適正さを見る指標として一般的に活用されているのは売上高人件費比率（＝人件費÷売上高）と労働分配率（＝人件費÷付加価値）である。前者は数値が把握しやすいという利点はあるが、収益認識基準の導入等会計基準の変更があった場合は数値の意味が変わってきてしまうため、後者のほうがより適切である。

　労働分配率の具体的な活用の仕方は後述するが、最適な労働分配率が絶対的に存在するわけではない。労働分配率は業種や個別企業の収益構造によって違ってくるし、どの程度の労働分配率を適正と考えるかは経営方針によっても異なる。重要なことは、個々の企業における総額人件費を適正に保つための判断指標と基準を持って目標を定め、目標を達成できるように手を打つことである。

2）時間軸に応じてコスト・パフォーマンスを適正化する

　賃金制度を設計する場合に重要な点は、どの程度の時間軸で総額人件費の水準を考えるかという問題である。たとえば、従業員数を一定として、単年度ベースで総額人件費の枠と実際の支払い総額を合わせるとすれば、業績変動が大きい事業の場合は変動性の大きい賃金制度（たとえば、年間賞与支給月数が6カ月〜0カ月まで変動するなど）を持っていなければならない。しかし、従業員にしてみれば年収が極端に変動するしくみは受け入れ難いものになる。したがって、1年という短期の時間軸で総額人件費管理を行うのは限界がある。

　企業経営としては単年度での利益の変動があったとしても、中期的には目標とする利益を確保しなければならないため、目標とする利益が得られるような計画を立て、それと整合するように総額人件費目標を設定し、目標を実現するための施策を立案・実行する。ただし、総額人件費は利益とのバランスで管理されなければならない。コストの一部である人件費はそれ自体が絶対的な目標となることはなく、目標収益の見通しに変更が生じたときは、最終的に利益確保ができるように人件費を変動させる雇用調整施策（労働投入量調整や賃金調整）を行うということである。

　また、総額人件費は長期的な視点も必要である。5年〜10年先の正確な業績予想は事実上困難なため、近年の水準やトレンド、一般的な経済見通しに基づいて予想値を設定するしかないが、従業員の労務構成の変化や現行賃金制度運用による人件費の増減、また法改正等が人件費に与える影響については予測することができる。これらを包括したシミュレ

ーションを行い、収益とのバランスにおいて適正な人件費水準になるのかどうかを検証し、必要な施策を打つことが長期的な視点からの総額人件費管理である。

② 計画の策定

１）現状を分析する

総額人件費の適正さを見る指標として用いられる売上高人件費比率、労働分配率のうち、ここでは最も代表的な指標である労働分配率を用いて現状を分析する方法について説明する。

労働分配率は〔人件費÷付加価値〕で算定され、企業活動を通して獲得した付加価値に占める人件費の割合を示すものである。同業他社との比較分析や、目標労働分配率の設定による人件費水準の指標として活用することができる。

総額人件費は教育訓練費やその他の労働費用まで含めてとらえるが、労働分配率を算定する場合の人件費に教育訓練費やその他の労働費用、退職金等の費用、法定福利費、法定外福利費を含めるか否かは、公開されている統計データなどと対比する場合にそれらが含まれているか否か

図表３−１−１ ●付加価値の算定方法

【控除法】
　中小企業庁方式
　　①製造および建設業
　　　付加価値＝生産売上高−（材料費＋買入部品費＋外注加工費）
　　②流通販売業
　　　付加価値＝純売上高−仕入商品原価

【加算法】
　日銀方式
　　付加価値＝純利益＋人件費（役員給料手当・事務員給料手当・労務費）＋金融費用
　　　（支払利息割引料・社債発行差益償却・社債利息）＋賃借料（地代・家賃）
　　　＋租税公課（法人税・間接税を除いた租税公課）＋減価償却費

　経済産業省方式
　　付加価値＝報酬給料手当＋福利厚生費＋金融費用＋配当金＋社内留保＋租税公課

によって使い分ける。

　一方、付加価値の算定方法には図表3-1-1のようにいくつかの方式があり、これについても公開されている統計データなどと対比する場合に付加価値がどのような構成要素から算定されているかによって使い分ける必要がある。

　自社の総額人件費が妥当な水準であるかどうかは次のような視点から分析する（→図表3-1-2）。データは年度によって変動するため、少なくとも3年間のデータを比較して見る必要がある。

　i　労働分配率は妥当な水準であるか。

　ii　報酬額は妥当な水準であるか。

図表3-1-2 ● 総額人件費分析の視点

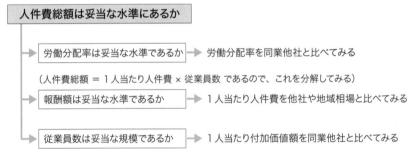

　iii　従業員数は妥当な規模であるか。

2）人件費管理の方向づけを行い、問題点を明らかにする

　現状分析に基づき、分析データを図表3-1-3のように労働分配率と1人当たり人件費のマトリクスを用いて自社の位置をとらえることで自社の総額人件費の状況を把握でき、今後の管理の基本的な方向づけができる。

　【A】良好な状態にあるので、現在の状況を成立させている要因を把握してそれを継続させる。

　【B】労働生産性を高める方策を検討するとともに、人件費の抑制策

図表3-1-3 ●総額人件費管理の方向づけ

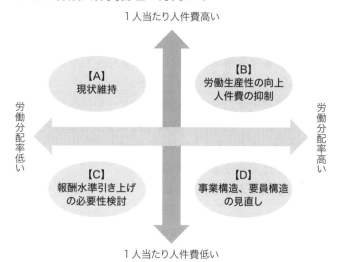

1人当たり人件費高い

【A】
現状維持

【B】
労働生産性の向上
人件費の抑制

労働分配率低い

労働分配率高い

【C】
報酬水準引き上げ
の必要性検討

【D】
事業構造、要員構造
の見直し

1人当たり人件費低い

を検討する。人事部門だけで解決できる問題ではないが、人事部門
としては従業員数、配置・活用、賃金・退職給付・法定外福利の内
容と水準などの面での改善余地を検討する。

【C】1人当たりの人件費（＝賃金）の低さによって離職率が高いなど
の問題がないか、あるいは若年層が多いために現在は人件費が低い
が、将来的に高くなる可能性があるといった問題はないかなどを検
証する必要がある。

【D】事業構造や要員構造に問題はないか、事業的な観点からの見直
しが必要である。

3）計画を立てる

適正労働分配率を維持し、経営計画を達成するために商品開発・設計、
製造、販売、スタッフ等経営諸機能の方策を立案し、人事部門も各部門
との整合をとるとともに、人件費目標を達成するための人事管理施策の
立案を行う。施策内容には時間外労働の管理なども含まれるが、場合に
よっては賃金制度、退職給付制度、福利厚生を見直し、それぞれの内容

や水準の改定を行う必要があるかもしれない。特に、人件費構造は単年度で大きく変えるということが難しいので、中長期的な観点で立案・実行しなければならない。

4）実施と検証

中長期計画で立てた目標と施策を単年度計画で実行プランとして具体化し、実施した結果を中長期計画に反映して計画を再設定するというサイクルを繰り返す。

総額人件費目標を達成するために人事部門が取り組める施策は、次のようなものが挙げられる。

- ⅰ　残業手当・休日出勤手当の増減
- ⅱ　賞与の増減
- ⅲ　昇給の増減
- ⅳ　パートタイマー等非正社員の増減、正社員の中途採用
- ⅴ　生産調整のための休業の実施、他社への出向・出向受け入れ
- ⅵ　一時的賃金カット
- ⅶ　人員調整のための早期退職の実施
- ⅷ　賃金制度、退職給付制度、福利厚生施策の改定

なお、総額人件費管理は人事施策だけで達成できるものではなく、ライン部門の施策を含めた取り組みが必要である。

第 **2** 節　賃金制度の設計と運用

◆賃金管理を行うにあたっては、総額人件費管理の枠組みの中で総額賃金管理と個別賃金管理を適切にコントロールすることが要諦となる。

◆賃金制度を設計する際は、①格付けモデルと賃金水準の設定、②賃金構成の設計、③基本給の設計、④手当の設計、⑤モデル賃金の検証、⑥賃金シミュレーション、⑦移行経過措置の設計、⑧賃金規則の改定、の手順で進める。

◆社員格付け制度や人事評価制度と賃金制度との整合性を保ち、人事理念を具現化できる賃金制度とすることが重要である。

1 賃金制度の基本

（1）賃金管理の全体像

　賃金管理の全体像は図表3-2-1のようにとらえることができる。

　賃金管理は総額賃金管理と個別賃金（賃金制度）管理から構成される。総額賃金管理は現金給与の原資管理である。現金給与の原資は総額人件費の中で8割を占め、かつ、退職金や法定福利費は現金給与と連動していることが多いので、総額人件費を企業の支払い能力の範囲内とするためには賃金総額が適切に管理できていなければならない。一方、個別賃金管理は個々の従業員の賃金をいくらにするか、どのように決めるかという総額賃金の配分ルールである。個別賃金管理は「賃金の構成」（＝賃金をどのような項目で支払うか）と「個別賃金水準」（＝どのような従業

図表3-2-1 ●賃金管理の全体像

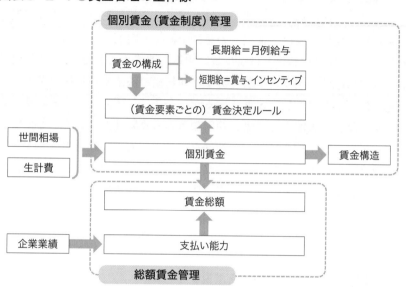

員に対していくら支払うか）から、賃金を何に基づいて、どのように、いくら支払うかという「賃金決定ルール」を決める。「賃金の構成」は基本的には社員格付け制度の考え方に従う。すなわち、年功、能力、役割、成果など、どういった基軸により従業員を処遇するのかによって賃金、特に基本給の性格が決まる。また、「賃金の構成」は長期給と短期給に分けられる。長期給は長期的に安定的な賃金であり、短期給は短期に変動する賃金である。長期給の代表的な賃金は月例給与とりわけ基本給であり、短期給の代表的な賃金は賞与である。「個別賃金水準」はたとえば大卒30歳であればいくら支払うかという、いわゆるモデル賃金である。「賃金の構成」を決め、「個別賃金水準」の目安を決めると、賃金要素ごとにどのように賃金を決めるか、どのくらいの水準にするかを決めることになる。それが賃金要素ごとの「賃金決定ルール」である。

（2）制度設計・運用の基本的な考え方と原則

　賃金は、労働市場から必要な人材を獲得し、離職しないように確保し、経営目標の実現に向けて従業員の意欲を維持・向上するための重要な要素である。「獲得や確保」は主に賃金水準に関することであり、「労働意欲」は主に配分に関することである。初任給の決定や中途採用者の賃金決定に影響を及ぼす賃金水準であるが、今後は、優秀な従業員のリテンション（維持）戦略としても、絶対額管理の重要性が高まることになる。一方、労働意欲に関しては、短期的な成果や個人の成果を追求しすぎたり、賃金以外のモチベーション・ファクターを軽視することなく、従業員の意欲に働きかける要素として重要な賃金を効果的に用いるように計画・管理しなければならない。

　賃金管理を行ううえでの基本的な考え方、原則としては次の点を押さえておく必要がある。

1）内部公平性と外部競争性を重視する

　賃金と労働意欲の関係を考えるうえで考慮しておかなければならないことは、会社内部における「公平性」である。人は自分に与えられている賃金が自分と同じような立場の者の賃金と比較して公平でないと感じたときに、働く意欲を低下させてしまう。

　一方、労働市場における「競争性」を考慮する必要もある。つまり、他社や世間相場と比較して見た場合に相応の賃金水準であるかどうかということである。賃金水準が低く、外部競争性が低い企業は労働市場からの人材の獲得がままならず、社員の定着性もよくない。賃金水準が高ければよいというものではないが、世間相場並みの水準は必要である。

2）賃金制度は社員格付け制度の考え方に従う

　社員格付け制度は社員をある基軸に基づいて階層化するしくみである。従業員全体の能力向上を図ることが長期的な経営目標の達成に最も効果的であると判断し、そのような戦略をとる場合は能力を基軸とした社員格付け制度を採用し、賃金もそれに従って能力主義による賃金制度をとらなければならない。そうしなければ、人事管理全体としての整合性が

崩れ、従業員へのメッセージ性が弱まり、十分な機能発揮ができず、結果的に人事管理の目的が効率的に実現できなくなる。

3）長期給と短期給を効果的に用いる

　長期給とは基本給など長期的に安定性のある賃金であり、短期給とは賞与など短期的に変動する賃金である。短期給には2つの意味があり、賃金原資自体が短期的に変動する（これにより従業員1人当たりの配分も変動する）ものと、賃金原資は安定的であるが個人への配分が短期的に変動するものがある。前者は、経営サイドにとっては企業業績の変動に対してリスクを小さくする効果があり、後者は、労働意欲喚起の効果がある。経営側としては、前者の短期給の割合が大きいほど財務的には健全な経営ができるので望ましいが、従業員側からすれば、短期給の割合が大きく賃金のアップダウンが激しいと先の見通しが立たないため、不安・不満の要因になる。そのため、企業は長期給と短期給を組み合わせて、安定感を持たせるとともに業績に対してある程度のコスト変動ができるようにし、また、個人への配分についても労働意欲を適度に刺激するようなしくみとする必要がある。

4）コスト・パフォーマンスを最適化する総額賃金管理を行う

　賃金（給与・賞与）は、人件費の中で最も大きな原資である。賃金水準と連動する法定福利費および賃金を基礎額として決まる退職給付まで含めると、総額人件費は賃金の絶対額水準によって決まってしまうことになる。総額賃金管理のあり方が総額人件費を決定するということを十分認識して、総額賃金管理と賃金制度管理を行う必要がある。

2　賃金制度の設計方法と留意点

　賃金制度の設計は基本的に図表3-2-2の手順に沿って実施する。

（1）格付けモデルと賃金水準の設定

　賃金制度を設計するうえでその基盤となるのが社員区分制度であり、

図表3-2-2 ● 賃金制度の設計手順

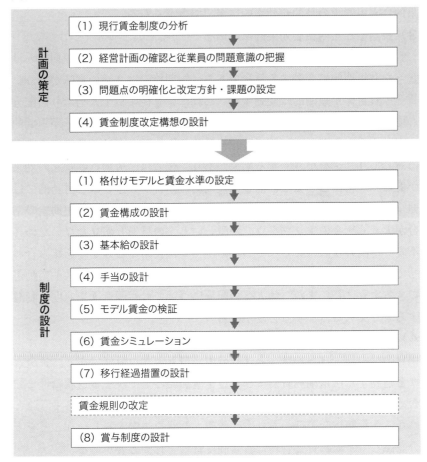

社員格付け制度である。

　社員区分制度によって複数の社員グループがある場合は、それぞれの社員グループについてどのような賃金制度とするかを決めなければならない。雇用形態が異なればまったく異なる賃金制度となるが、正社員間においては、社員区分間の公平性をどう測るのか、社員区分間を異動した場合の賃金をどう決めるのかという判断が困難になるとともに、しく

みが複雑になり社員にとってわかりづらい。また、設計・運用コストも大きくなるため、共通の賃金制度を適用することになる。したがって、図表3-2-3のように、それぞれの社員グループの違いに着目した差異を制度に反映することが多い。

社員格付け制度は、主として職能資格制度あるいは職務等級制度（役割等級制度）を活用している企業が多い。職能資格制度は能力のレベルによって、職務等級制度（役割等級制度）は仕事のレベルによって何段階かの等級が設計される。その等級に対してどの程度の賃金を支給するかを決定する。

図表3-2-3 ● 雇用タイプに応じた報酬制度例

<table>
<tr><th colspan="2"></th><th>雇用形態・勤務条件</th><th>給与</th><th>賞与</th><th>退職給付</th><th>福利厚生</th></tr>
<tr><td colspan="2">管理職</td><td>60歳定年
職種・勤務場所を特定せず
自己裁量による勤務</td><td>洗い替え型能力資格給＋手当（時間外手当なし）</td><td>全社業績・部門業績・本人評価による賞与</td><td>年俸リンクポイント制</td><td>カフェテリアプラン</td></tr>
<tr><td rowspan="8">正社員</td><td rowspan="8">一般社員</td></tr>
<tr><td>総合職Ⅰ</td><td>60歳定年
職種・勤務場所を特定せず
自己裁量による勤務</td><td>能力給＋裁量手当（時間外手当なし）＋他手当</td><td>本人賞与＋部門業績賞与</td><td>等級リンクポイント制</td><td>カフェテリアプラン</td></tr>
<tr><td>総合職Ⅱ</td><td>60歳定年
職種・勤務場所を特定せず
所定労働日・時間勤務</td><td>能力給＋手当（時間外手当あり）</td><td>本人賞与＋部門業績賞与</td><td>等級リンクポイント制</td><td>カフェテリアプラン</td></tr>
<tr><td>一般職Ⅰ</td><td>60歳定年
職種・勤務場所を特定せず
所定労働日・時間勤務</td><td>職務給Ⅰ＋手当（時間外手当あり）</td><td>本人賞与</td><td>等級＋勤続年数リンクポイント制</td><td>カフェテリアプラン</td></tr>
<tr><td>一般職Ⅱ</td><td>60歳定年
職種・勤務場所を特定する
所定労働日・時間勤務</td><td>職務給Ⅱ＋手当（時間外手当あり）</td><td>本人賞与</td><td>等級＋勤続年数リンクポイント制</td><td>カフェテリアプラン</td></tr>
<tr><td colspan="2">契約社員</td><td>3年契約
職種は特定、勤務場所は特定せず契約内容による</td><td>年俸</td><td>（年俸に含む）</td><td>なし</td><td>カフェテリアプラン（一部制約あり）</td></tr>
<tr><td colspan="2">パートタイマー</td><td>1年契約
職種・勤務場所を特定する
所定労働日・時間未満の勤務で契約内容による</td><td>時給＋時間外手当</td><td>勤務時間・評価別賞与</td><td>なし</td><td>一定範囲の給付あり</td></tr>
</table>

　職能資格制度であれ、職務等級制度（役割等級制度）であれ、それぞれの等級が持つ価値の大きさを測定して、客観的基準に基づいて賃金水準を決めるのが原則であるが、現実的には、客観的に水準を決めるための方法や情報が普及しているわけではないため、社内実在者の現賃金水準や一般統計資料の情報を参考にそれぞれの企業内における水準設定を行っているのが実態である。

① 　標準的な格付けモデル、すなわち新卒者が標準的に昇格した場合の昇格年齢を決める。

② 　各等級に該当する実在者の現行賃金水準から、各等級の水準幅（月例給与・賞与・年収の上限・中間・下限）のめどをつける。

③ 　ベンチマークすべき社外の賃金水準、および自社として改善しなければならない賃金水準に関する問題点を上記②に反映して各等級の賃金水準幅を決める。その際には、標準的な生計費をカバーできる水準であるかを考慮して設計する必要がある。

（2）賃金構成の設計

　図表3-2-4は賃金の構成例である。賃金の構成を考える場合、次の点を検討する必要がある。

1）基本給の構成をどうするか

　基本給は、社員格付け制度の考え方を最も端的に表す賃金でなければならない。職能資格制度の場合は、職務遂行能力の高さを表した「職能給」が中心となるが、年功的要素としての年齢給や勤続給と合わせて基本給を構成する企業も多い。

　職務等級制度（役割等級制度）の場合は通常、職務給あるいは役割給と呼ばれる仕事に対する給与だけで基本給とするのが一般的である。

2）どのような手当を支給するか

　手当の種類は多様であり、大きく分類すると職務関連手当、生活関連手当および調整手当などの所定内給与と、時間外勤務手当、休日勤務手当、深夜勤務手当、宿・日直手当等の所定外給与とに区分される。

図表３－２－４●賃金の構成例

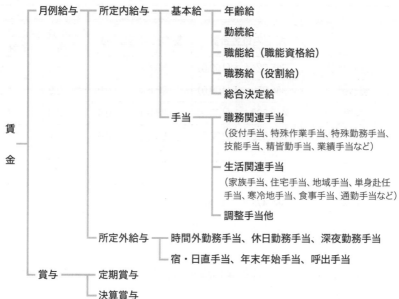

手当設計上の基本的な考え方としては次の点を押さえておきたい

ア 「何に対して賃金を支給するか」という賃金に対する自社の基本的な考え方を従業員に対して明確にするために、所定内給与は基本給を中心として、手当は必要不可欠なものに限定する。

イ 職務関連手当は職務内容等の違いにより基本給では補えない従業員の労働の対価として、あるいは業績の反映を賞与ではなく月々行うことで、労働意欲を喚起することが必要な職務に対して支給する。

ウ 生活関連手当は従業員を雇用するうえでは必要であるが、基本給に含めると非効率な人件費を生じさせたり、不公平な配分をもたらすような場合に必要に応じた手当を支給する。

エ 手当の廃止・基本給への組み入れ、手当の統合といった改定を行う場合は時間外単価、賞与や退職金への影響がどうなるかを踏まえて検討する。

図表３-２-５ ● 所定内賃金を100とした賃金構成比（2017年）

産　　業	所定内賃金					
	所定内賃金合計		基本給	奨励給	職務関連手当	生活関連手当
調査産業計	365,024	(100.0)	89.6	1.2	3.3	5.5
製造業	356,250	(100.0)	92.6	0.0	2.9	4.2
建設	448,323	(100.0)	88.3	0.5	3.3	7.9
私鉄・バス	345,699	(100.0)	90.5	0.0	4.2	3.9
電力	401,782	(100.0)	87.5	0.0	3.8	8.8
百貨店・スーパー	383,693	(100.0)	86.0	0.0	8.5	4.4
商事	552,478	(100.0)	97.9	0.0	0.1	2.0

出所：中央労働委員会「2017年（平成29年）賃金事情等総合調査」

　　オ　非正規社員との不合理な相違が生じないよう、支給対象者の設定
　　　には注意を要する。

３）基本給と手当の割合をどうするか

　所定内給与に占める基本給と手当の割合は、手当の内容によってほぼ
決まることになるが、世間の平均的な割合は〔基本給・手当＝90・10〕
である。→図表３-２-５

（３）基本給の設計

① 年齢給・勤続給

　年齢給は年齢によって、勤続給は勤続年数によって支給額を決定する。

１）賃金表のタイプと使い方

　一般的には図表３-２-６のようなタイプを用いる。

２）賃金表の設計方法

　年齢給表は、年齢ごとに必要な生計費をカバーするように水準を設定
するが、たとえば、年齢給と職能給で基本給を構成している場合、当該
年齢で想定される職能給の最低額と家族手当を含めて生計費をカバーす

図表３-２-６ ● 年齢給と勤続給

〈年齢給表〉

年齢	年齢給	昇給額
18 19 ⋮	130,000 133,300 ⋮	3,300
22 ⋮	143,200 ⋮	3,600
32 ⋮	179,200 ⋮	2,400
36 ⋮	188,800 ⋮	1,500
48 ⋮	206,800 ⋮	0
55 ⋮ 60	206,800 ⋮ 191,800	− 3,000

〈勤続給表〉

勤続年数	勤続給	昇給額
0 1 ⋮ 42	0 500 ⋮ 21,000	500

ると考えればよい。年齢給と職能給の割合については、年齢的な要素を強くするのか、能力的な要素を強くするのかについて、自社の考え方を反映した構成比率とする。

　また、掲載した事例（→図表３-２-６）では年齢給を48歳まで昇給させ、55歳を超えたらダウンさせる設計になっているが、年齢給カーブの設計は自社の年齢給のねらいに合ったものにすべきである。

　管理職層は一般社員に比べて高い賃金を支給していること、一般社員以上に能力主義、成果主義的な考え方を賃金に反映させるべきであるので、年齢給・勤続給は一般的には適さない。

3）設計上の留意点

　年齢給・勤続給のメリットは、①従業員に安心感を与えることができる、②年齢給によって若年層の賃金カーブを立ち上げることができる、

③年齢給は高齢者層の賃金上昇を抑制あるいはダウンさせることが可能
である、という点にある。デメリットは、①個人の努力では変えること
のできない賃金であり、従業員の意欲向上を促進できない、②生産性と
は関係のない給与であるため、高齢化すると賃金のコスト・パフォーマ
ンスが低下するおそれがある、③年齢給・勤続給への配分が多すぎると
職能給への配分が少なくなり、評価による格差が相対的に小さくなって
しまう、といった点が挙げられる。

② 職能給（職能資格給）

職能給は、社員格付け制度において職能資格制度を採用している場合
の給与であり、資格等級の高さによって、また同一等級内でも能力の習
熟に応じて給与が高くなる。

１）賃金表のタイプと使い方

一般的には、「段階号俸表」「範囲昇給額表」「洗い替え表」を用いる。
「段階号俸表」や「範囲昇給額表」は、範囲給といって同一等級内でも
能力の習熟に応じて給与が高くなる賃金表であり、「洗い替え表」は、
資格等級あるいは同一等級内のランクが上がらない限りは評価による増
減があるだけで標準額は変わらない。

ア 段階号俸表 →図表3-2-7

各等級の1号からスタートし、評価によって昇号することで昇給す
る。ただし、当該等級の最上位号に到達した場合は昇給がストップす
る。昇格した場合は上位等級の1号あるいは直近上位（昇給後の金額
よりも高く最も近い職能給）の号に張りつく。

イ 範囲昇給額表 →図表3-2-8

各等級の下限額からスタートし、評価による昇給額を加算すること
で昇給させる。ただし、当該等級において職能給の上限に達した場合
は昇給がストップする。昇格した場合に昇給後の額が上位等級の下限
を下回る場合は下限額まで引き上げる（昇給額ではなく昇給率を設定
する場合もあり、その場合は「範囲昇給率表」という）。

ウ 洗い替え表 →図表3-2-9

図表３－２－７ ● 段階号俸表

号俸	1等級 1200	2等級 1300	3等級 1400
1号	160,000	200,000	233,000
2号	161,200	201,300	234,400
3号	162,400	202,600	235,800
4号	163,600	203,900	237,200
5号	164,800	205,200	238,600
6号	166,000	206,500	240,000
7号	167,200	207,800	241,400
8号	168,400	209,100	242,800
9号	169,600	210,400	244,200
10号	170,800	211,700	245,600
11号	172,000	213,000	247,000
12号	173,200	214,300	248,400
13号	174,400	215,600	249,800
14号	175,600	216,900	251,200
15号	176,800	218,200	252,600
16号	178,000	219,500	254,000
17号	179,200	220,800	255,400
18号	180,400	222,100	256,800
19号	181,600	223,400	258,200
20号	182,800	224,700	259,600

（1等級：B評価、A評価、A評価／2等級：C評価）

評価段階	昇号数
S評価	8
A評価	6
B評価	5
C評価	4
D評価	2

昇格により2等級18号から3等級1号に昇号する

（20号以降の表あり。ただし、上限あり）

図表３－２－８ ● 範囲昇給額表

資格等級	職能給 下限～上限	評価による昇給額					評価単価 @
		S評価 ＋3@	A評価 ＋1@	B評価 －	C評価 －1@	D評価 －3@	
5等級	300,000～360,000	12,800	9,600	8,000	6,400	3,200	1,600
4等級	260,000～300,000	11,700	8,900	7,500	6,100	3,300	1,400
3等級	230,000～260,000	10,900	8,300	7,000	5,700	3,100	1,300
2等級	200,000～230,000	9,800	7,600	6,500	5,400	3,200	1,100
1等級	160,000～200,000	9,000	7,000	6,000	5,000	3,000	1,000

　　B評価（標準評価）の額を基準として、毎年の評価によってS評価からD評価のいずれかの職能資格給（範囲給である職能給と分ける意

図表3-2-9 ●洗い替え表

資格等級ーランク	評価 － 職能資格給額					評価単価@
	S評価 +3@	A評価 +1@	B評価 －	C評価 -1@	D評価 -3@	
8-2	678,000	663,000	648			15,000
8-1	42,000	627,000	612			15,000
7-2	596,000	572,000	560,000	548,000	524,000	12,000
7-1	566,000	542,000	530,000	518,000	494,000	12,000
6-2	504,000	486,000	477,000	468,000	450,000	9,000
6-1	480,000	462,000	453,000	444,000	426,000	9,000

（吹き出し）7等級から8等級に昇格した場合

（吹き出し）7等級内でランクアップした場合

B評価からS評価になった場合

B評価からD評価になった場合

味でここでは「職能資格給」と呼ぶ）を支給する。いわゆる"昇給"は上位資格等級に昇格した場合に実施することになる。資格等級内にランクを設けて、等級が上がらなくてもランクが上がれば昇給するルールを設けている場合もある。なお、洗い替え表は管理職層で用いられることが多い。

2）賃金表の設計方法

職能給の設計は次の手順に基づいて行う。

ア　賃金表のタイプを決定する。賃金表のタイプを決定することは昇給のさせ方を決定することである。

イ　あらかじめ設定した等級ごとの所定内給与水準目安から想定される手当を差し引いて等級ごとの基本給の水準範囲を設定する。

ウ　格付けモデルに基づいて、モデル年齢で昇格した場合のモデル基本給目安を設定する。初任給からスタートして各年齢の基本給水準をどの程度にするかを決定する。

エ　年齢給・勤続給との組み合わせで基本給を構成する場合は、基本給目安から年齢給や勤続給を差し引いて各年齢の職能給水準、各等級の職能給の平均昇給額を算定する。

オ　上記エで算定した職能給の平均昇給額をもとに、各等級の標準評価による昇給額を設定する。この際、昇格による昇給額（昇格昇給

額）をどの程度にすべきかも決定する。

　カ　これらの手順を踏んで設計した賃金表が、想定していた基本給カ
　　ーブを描くか、現行賃金の問題点が解決できるかといった点を検証
　　するために、標準評価のケースだけでなく、高い評価のケース、低
　　い評価のケースにおけるモデル基本給も算定し賃金表の調整を行う。

3）設計上の留意点

　賃金表の設計にあたっては図表 3 - 2 -10 を参考に「段階号俸表」「範囲
昇給額表」「洗い替え表」のメリット・デメリットを考慮のうえ、自社の
賃金制度改定の目的に合った賃金表を設計する必要がある。

　そのほか、職能給の設計において議論になる点を以下に示しておく。

　ア　等級間の重なりをどの程度にすべきか

図表 3 - 2 -10 ● 賃金表の比較

タイプ	メリット	デメリット
段階号俸表	・号によって自分の職能給の位置がわかる。 ・ベースアップなど賃金水準の改訂をする場合は賃金表を書き換えることで自動的に個人の職能給の改訂までできる。	・昇給額の増減は号俸ピッチ（号俸格差）の額と評価による昇号数で調整するが、昇号数での調整ができない場合は号俸ピッチを改訂することになり、賃金表を書き換えなければならない。 ・号俸金額が 1 円、10 円単位になったり、号俸数が100を超えたりするとわかりにくくなる。
範囲昇給額表	・標準昇給額や評価による昇給格差のつけ方が比較的自由に設計できる。 ・昇給原資に応じた昇給額の調整がしやすい。	・昇給のしくみはわかりやすいが、自分の職能給の位置はわかりづらい。 ・ベースアップなど賃金水準の改訂をする場合、賃金表の改訂と個人の職能給の改訂は別々に実施しなければならない。
洗い替え表	・定期昇給を廃止し、年功的な賃金を是正できる。 ・月例給与を評価によって増減させることで、労働意欲の喚起を促すことができる。	・長く同一等級にとどまり、昇給がないと労働意欲、向上意欲を欠くおそれがある。 ・評価を適正に行わないと中心化や寛大化が起きやすい。 ・昇格者の増減によって昇給原資が大きく変動する。

図表3-2-11 ● 職能給の重なり

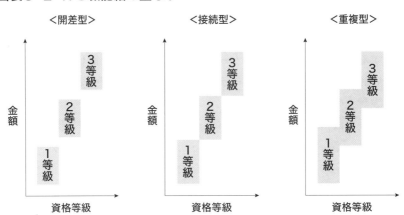

　能力主義的な考え方を強く打ち出すのであれば、「開差型」あるいは「接続型」が望ましい。「開差型」の場合は、長期滞留者の上限到達年数をあらかじめ想定しておく必要があり、「重複型」は重複のレンジ設定を誤ると、等級応分の賃金が実現できないばかりか、年功的な賃金になりやすいため、重複幅はできるだけ少なくする必要がある。→図表3-2-11

イ　職能給の傾斜をどうすべきか

　高い等級ほど職能給は高くなるので、それに応じて昇給額が高くなること（→図表3-2-12の「昇給逓増型」）は合理的であるといえるが、昇給は定期昇給と昇格昇給から成り立つことを考慮すれば、下位等級ほど定期昇給を厚くし（ただし、同一等級内の滞留年数に応じて昇給を抑える）、上位等級ほど昇格昇給を厚くすること（→図表3-2-12の「昇給逓減型」）で、より能力主義的な賃金表とすることができる。

③　職務給（役割給）

　成果主義で広まった職務給（役割給）は、仕事や役割に対する給与である。図表3-2-13のように、企業内のさまざまな職務を職務分類（等級）制度によっていくつかの等級にグループ化する。各人がどの職務等

図表３-２-12 ● 職能給の傾斜

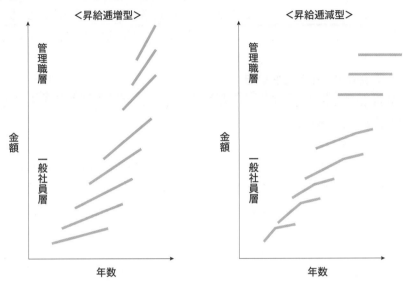

図表３-２-13 ● 職務給設計の全体像

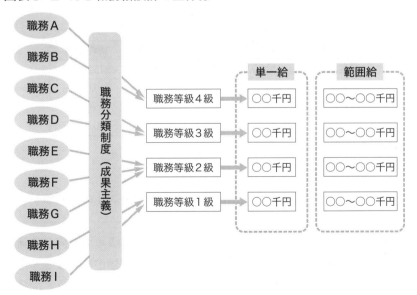

級に該当する職務に就いているかによって職務給（役割給）が決まる。この点が人の能力を評価して格付ける職能資格等級および職能給と根本的に異なるところである。ここでは、職務給を例に挙げて解説していくものとする。

１）賃金表のタイプと使い方

職務給の賃金表のタイプには大きく分類して「単一職務給表」と「範囲職務給表」がある。

ア　単一職務給表（シングル・レート）

単一職務給表は図表３-２-14のように、職務等級によって職務給の定額を設定する賃金表である。企業によっては、洗い替え表を用いる事例もある。単一職務給は、主に事務職や技能職など定型業務従事者層で活用する場合が多い。定型業務は仕事のアウトプットの仕様が定まっており、遂行する手段・方法（プロセス）も標準化されているため、基本的には「人によるアウトプットの違いがない」との前提から単一職務給が適しているのである。

図表３-２-14●単一職務給表

職務等級	職務給額
事務職３級	230,000円
事務職２級	195,000円
事務職１級	160,000円

職務等級	職務給額
技能職４級	275,000円
技能職３級	240,000円
技能職２級	205,000円
技能職１級	170,000円

イ　範囲職務給表（レンジ・レート）

職務等級に格付けられると図表３-２-15のゾーンⅠの下限額からスタートし、評価によって昇給を累積していく。

昇給は現在どの給与位置（ゾーン）にいるかによって、同じ評価でも昇給率が異なる。給与水準が低いほど、また評価が高いほど昇給率は高くなる。これは、各職務等級に対して標準の価値（ミッドポイン

図表3-2-15 ●範囲職務給表

(%)

職務等級		ゾーン	S評価	A評価	B評価	C評価	D評価
4級	Ⅳ	319,000〜348,000円	1.0	0.5	0.0	0.0	0.0
	Ⅲ	290,000〜319,000円	3.5	2.5	1.5	0.0	0.0
	Ⅱ	261,000〜290,000円	6.0	4.5	3.0	1.0	0.0
	Ⅰ	232,000〜261,000円	8.5	6.5	4.5	2.0	0.0
3級	Ⅳ	275,000〜300,000円	1.0	0.5	0.0	0.0	0.0
	Ⅲ	250,000〜275,000円	3.5	2.5	1.5	0.0	0.0
	Ⅱ	225,000〜250,000円	6.0	4.5	3.0	1.0	0.0
	Ⅰ	200,000〜225,000円	8.5	6.5	4.5	2.0	0.0

Ⅳ：Mid×1.1〜Mid×1.2
Ⅲ：Mid〜Mid×1.1
Ⅱ：Mid×0.9〜Mid
Ⅰ：Mid×0.8〜Mid×0.9

ミッドポイント（Mid）

ト）があり、それに対して本人のパフォーマンスがどうであるかを評価し、ミッドポイントを基準に評価と給与水準がバランスするように昇給させるという考え方に基づいている。

2）賃金表の設計方法

　職務価値（ジョブ・サイズ）が数値で測定され、ジョブ・ポイントに対する賃金水準の相場がある欧米企業であれば、ジョブ・サイズと賃金相場から自社の標準賃金水準（ポリシー・ライン）を設定し、そこからジョブ・サイズをグループ化した職務等級の標準額（ミッドポイント）を設定するという方法をとるが（→図表3-2-16）、日本企業の場合は、いまだ職務給の評価方法や賃金情報が広く普及しているわけではないので、次のとおり、自社なりに等級ごとの標準額（ミッドポイント）を設定することになる。

　ア　全社の職務を評価し、グループ化して職務等級を格付ける。

　イ　職務等級ごとの実在者の給与水準を把握し、実在者ベースでの職務等級の水準（上限・標準値・下限）のめどをつける。

図表3-2-16●職務等級とポリシーライン

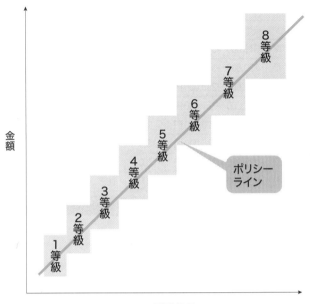

ウ 役職別・職階別の賃金統計データを参考にする、自社賃金の水準
に関する問題を抽出して前記イに反映する、等級間の水準格差を考
慮するなどして、各等級の職務給水準を設定する。

エ 一般的に範囲職務給では各等級の標準額（ミッドポイント）に対
して＋20％を上限、－20％を下限に設定するが、「開差型」「接続型」
「重複型」のどのタイプにするのか、実在者との乖離がどの程度に
なるかなどを考慮して、下限・上限の水準を決める。

オ 前掲の図表3-2-15のように等級ごとにゾーンと評価による昇給
マトリクス表を作成する。昇給率は実在者を当てはめ、1人当たり
の平均昇給額、昇給原資の規模、格付けモデルで昇格・昇給した場
合の賃金モデル、現行の実在者賃金との比較、といった点を検討し
て昇給率を設定する。企業によっては、管理職層においてマイナス

　昇給率を設定する場合もある。

3）設計上の留意点

　職務給を効果的に運用するための施策としては、次のような方策が考えられる。

　ア　職務等級の区分を細かくすることなく、横の人事異動は同じ等級レベルで行える程度にある程度大くくりにする（ブロード・バンディングとする）。

　イ　職務価値の測定や職務等級への格付けにおいては、本人の設定した課題レベルを反映するなど、本人の取り組みによっては上位等級への格付けが可能な基準とする。

　ウ　ライン管理職だけでなく、専門職を前向きに処遇できるような付加価値を重視した職務づくりを行う。

　エ　自己申告やFA制度などのしくみによって、本人の意思を人事異動に反映できるようにする。

（4）手当の設計

① 代表的な手当の設計の考え方

1）役付手当

　役付手当を支給する理由は、①役職就任に伴う責任の重さや職務遂行の困難さに対する対価、②時間外手当の不支給に対する代償、である。ライン管理職とスタッフ管理職に格差をつけたり、同じ役職でも組織の大きさ等により手当額に差を設けているケースもあるが、職責の重さが異なれば手当額に差があることは妥当であるといえる。ただし、人事異動を停滞させるほどの差額は好ましくない。

2）営業手当

　営業手当は販売等の外勤営業に従事する者に支給する手当である。営業手当を支給する理由は、①外勤による被服・靴などの消耗による経済的出費の補てん、②外勤業務での肉体的・精神的負荷に対する配慮、③外勤であるため労働時間の把握が難しく、そのため一定時間の残業代相

当として支払うものである。

3）技能手当、技術資格手当

技能手当、技術資格手当を支給するのは、①法令で義務づけられた資格を従業員に取得させる、②事業活動に結びつく資格取得を促進する、あるいは外部から取得者を採用する、③従業員の自発的な専門知識・スキル向上を奨励する、といった理由である。

担当業務との関連がない場合の手当の支給可否については、賃金の有効性や公平性という観点から考えると、基本的には担当業務との関連がない場合の手当支給は適切ではない。資格取得の奨励という目的であれば、取得のための費用補てん、取得時の一時金支給といった方法が考えられる。

4）精皆勤手当、出勤手当

出勤成績に応じて支給される手当である。精皆勤手当、出勤手当を支給する目的は、従業員の出勤率を高め、遅刻・早退がない状況をつくることで職場の生産性を高めることにあり、それに貢献したことに対して報いることである。

労働集約型の事業で、特に従業員規模の小さい企業の場合は、出勤率が直接業績に影響するため、従業員の出勤状況を良好な状態に維持することは労務管理上重要なことであるが、手当を支給することで良好な状態が維持できているかは検証する必要がある。

5）家族手当

家族の扶養に対する手当である。家族手当を支給するのは、①独身者と家族扶養者では生計費に大きな違いがあるため、家族扶養者の生計費を補てんする、②家族扶養者の生計費を十分カバーできるように基本給水準を設定すると基本給水準が高くなり、必要以上のコストを生じてしまうため手当として支給する、といった理由によるものである。

6）住宅手当

住居費用を補てんする手当である。住宅手当を支給する理由は、①住居費用は負担が大きく、世帯や住居形態、地域によって負担額に差があ

るため、基本給に含めず手当で補てんする、②社宅・寮利用者とそれ以外の者との均衡を図る、③転居を伴う転勤者に対する支援、といった点にある。

住宅手当の支給条件は企業によってまちまちであるが、一般的な支給区分として用いられているものは、世帯構成（世帯主・非世帯主別、扶養の有・無）、住居形態（自宅、借家・借間、社宅・寮の別）、地域などの住居費用の多さに関する区分と、役職・資格等級など社員格付けによる区分とがある。

住宅手当は従業員がどのような住宅環境にあるか、社宅・寮などの福利厚生がどのような状況にあるかによって、各社ごとにあり方を検討する必要がある。

② 手当を改定する場合の留意点

手当を改定する場合に留意すべきことを以下に列挙する。

ア 手当は従業員の既得権意識が強く働く傾向があるため、廃止・統合、減額する場合は改定の必要性を十分に従業員に説明することや、不利益に対する措置を設けることが大切である。

イ たとえば、管理職の家族手当を廃止し、基本給に組み込むような改定を行う場合、①現在の手当額をそのまま基本給に加算する方法、②手当の総額を対象者数で除した平均額（あるいは平均額をもとに設定した額）を基本給に加算する方法、がある。生涯賃金の公平性という観点から考えれば②の方法をとるべきであるが、②を選択することで個人の不利益が大きくなる場合は、経過措置の設定等の対応が必要となる。

ウ 一般的な趨勢としては生活関連手当の廃止・統合が進んでおり、「何に対して賃金を支払うか」というメッセージを明確にする意味において、手当の存廃を論ずることは必要なことではあるが、経営者・人事担当者の一方的な考えではなく、従業員側の意向をよく把握し、議論して改定を進めることが大切である。

（5）モデル賃金の検証

　賃金構成、昇給ルール、支給水準等の決定後、格付けモデルによる新旧比較をする。格付けモデルは、標準モデル、優秀モデル、遅延モデルの３通りを設定し、それぞれに新しい賃金ルールを適用して３つのモデル賃金を作成する。そのうえで、以下の点を検証する。

①　３つのモデル賃金は賃金ルールに基づいて適正な運用ができるか。たとえば、職能給（あるいは職務給）が上限に到達してしまって昇給できない、等級間（特に一般社員と管理職）に適正な賃金格差がつかない、といった問題点がないか。

②　標準モデル賃金は設計上想定した賃金水準、賃金カーブ、生涯賃金になっているか。現行モデル賃金と比べて適切な水準にあるか、現行賃金の問題点が改善されているか。

③　標準モデルの賃金と優秀モデル・遅延モデルとの比較で、賃金水準、賃金カーブ、生涯賃金において設計上想定した賃金格差がついているか。

（6）賃金シミュレーション

　モデルにおける検証の次のステップは、実在者全員の個人別シミュレーションである。個人別シミュレーションは、現時点の人事・賃金データをもとに、新しい賃金ルールを適用した場合の新賃金を算定し、新旧比較をするという方法で行う。新旧比較する賃金項目は基本給、諸手当、所定内給与、所定外給与、月例給与、賞与、年収、基本給昇給額である（所定外給与は過去１年間の平均時間外労働時間等を引用して算定する）。賃金シミュレーションは、賃金表案を作成した段階や移行措置内容を決めた段階など、制度設計上何度も行うことで精緻性を高める。

　新旧比較を行う際のチェックポイントは以下の点である。

①　上記の項目別の比較を個人ごとに行い、賃金の上下動は想定の範囲内に収まっているか。

②　賃金の上下動の規模が制度移行可能な程度であるか。

③　月例給与、賞与、年収、基本給昇給額の総原資の増減が制度移行
可能な程度であるか。

（7）移行経過措置の設計

　賃金制度の改定により、賃金総原資や個人の賃金の上下動が発生し、
上がる場合は会社のコスト増、下がる場合は個人の不利益という問題が
生ずる。まず賃金が減額となる者への対応は、①現行水準を維持するよ
うに調整給を支給する、②当面、現行水準を維持するように調整給を支
給するが、段階的に調整給を引き下げる、③個別対応ではなく、新賃金
額自体を段階的に引き下げる、などの方法がある。

　一方、賃金が増加する者への対応については、全体の賃金原資が大き
く増える場合は段階的に引き上げることもある。方法としては①新賃金
に改定したうえでマイナス調整給により増分の何割かを差し引き、マイ
ナス調整給を段階的に少なくする、②新賃金額自体を段階的に引き上げ
る、という方法がある。

　賃金規則は就業規則の一部であるため、賃金制度を変更したら速やか
に賃金規則を修正し、所轄の労働基準監督署に届け出なければならない。

（8）賞与制度の設計

①　賞与の枠組み

　賞与は図表3‐2‐17にあるように、①賞与原資を決めるプロセスと、
②賞与原資の個人への配分を決めるプロセスとからなる。①賞与原資を
決めるプロセスは、ⅰ）全社業績によって全社の賞与原資を決めるプロ
セスと、ⅱ）部門業績によって部門原資を決めるプロセスとがある。ⅰ）
のみ、あるいはⅱ）のみのケースもあれば、ⅰ）、ⅱ）ともに実施してい
るケースもある。②賞与原資の個人への配分を決めるプロセスは、基本
的には何らかの算定式に基づいて決定するというのが一般的である。

②　賞与原資の決定方法

　図表3‐2‐18を参照されたい。全社の賞与原資の決定方法は業績連

図表3-2-17 ● 賞与の枠組み

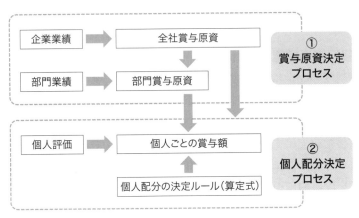

図表3-2-18 ● 賞与の決め方

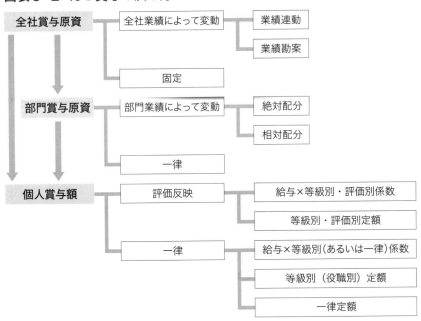

動型、業績勘案型、固定型の３つに大別できる。業績連動型は前述したとおり、会社の特定の業績指標に連動して賞与原資を決める方式であり、業績勘案型は過去の会社業績と賞与額実績を参考に今期（あるいは前期）の会社業績に見合った賞与額をそのつど決定する方式で、固定型は会社の業績にかかわらず社員１人当たり一定水準の賞与を支払う方式である。ただし、固定型の場合は夏季・冬季の通常賞与は固定として、決算賞与で会社業績を反映するケースもある。

１）全社業績による賞与原資の決定

ア　全社業績の反映方法

　賞与原資を全社業績に連動させる場合、一般的には〔賞与原資＝固定原資＋業績連動原資〕という構成をとる。すべての原資を全社業績に連動させることは社員にとって高リスクとなる。固定原資は１人当たり平均支給月数あるいは平均賞与額という形で設定する。ただし、管理職と一般社員では固定原資と業績連動原資の割合を変えている企業も多く、その場合は管理職の変動率を大きく設定する。

イ　全社業績の指標

　全社業績指標に用いられる指標の主なものは図表３‐２‐19に示すとおりである。また、複数の指標を組み合わせて用いている企業もある。指標の選定にあたっては次の点に留意し、自社に最も適した指標を選定する必要がある。

　ⅰ　成果配分という観点から基本的には利益ベースの指標とする。
　ⅱ　従業員の努力の結果が反映される指標とする（外部環境要因で大きく変化する指標は好ましくない）。
　ⅲ　数値として客観的に測定できる指標とする。
　ⅳ　従業員にとってわかりやすい指標・算定式とする。

２）部門業績による賞与原資の決定

ア　部門の単位

　部門業績の算定単位はカンパニー、事業部、部、支店、課、チーム、店舗など大小さまざまな組織ユニット単位となる。

図表 3 - 2 -19 ● 業績指標の意味

区　分	業績指標	内　　容
①会計上の利益に着目した指標	売上総利益	「売上高」から「売上原価」を引いたもの。販管費（販売費および一般管理費。給与・賞与等の人件費、水道・光熱費や運送費等の営業活動にかかった諸経費）は引かれていない
	営業利益	「売上総利益」から「販管費」を差し引いたもの。本来的な事業活動から獲得できた利益であり、企業の経営成績を判断する重要な尺度である。業績連動型賞与の準拠指標としては、よく活用されている
	経常利益	「営業利益」に「営業外損益」を加減して算出される。企業の営業活動と毎期継続的かつ反復的に行われる投資・財務活動から得られた利益。業績連動型賞与の準拠指標としては、よく活用されている
	当期利益	「税引前当期利益」から法人税を引いた後の正味の利益
	EBIT	利息および税金支払前、減価償却費控除後利益（Earnings Before Interest and Taxes）。具体的には、経常利益に支払利息を加え、受取利息を差し引いて求める。利益水準を表す。グローバルスタンダードな指標。日本の会計基準では、完全に一致する科目はないが、営業利益の概念に近い【算定式】「経常利益＋支払利息－受取利息」
	EBITDA	金利、税金支払、減価償却費控除前、無形固定資産・繰延資産の償却費控除前利益（Earnings Before Interest, Taxes Depreciation and Amortization）。具体的には、税引前利益に支払利息と減価償却費を加えて求める。EBITと同じく、利益水準を表すグローバルスタンダードな指標。国により異なる、金利水準、税制、減価償却実施方法の影響を除去した指標であり、営業利益から営業活動に直接関係しない減価償却費を加えることにより、より純粋な利益水準がわかる【算定式】「税引前利益＋支払利息＋減価償却費」
②キャッシュフローに着目した指標	キャッシュフロー（CF）	キャッシュフロー計算書により算出された、企業の現金の創出能力を評価する指標。営業CF、投資CF、財務CFの3種類からなり、業績連動の指標として使用する場合は、営業CFを用いる
③株主価値に着目した指標	EVA（経済的付加価値）	米国のコンサルティング会社、スターン・スチュワート社が開発した、企業価値を測定する指標（Economic Value Added）。企業価値を創造するための指標として近年注目されている。税引後営業利益から、過去の投下資本に加重平均資本コストを掛けた資本コストの実額を差し引いた、キャッシュフローベースの指標であり、単年度の業績評価に用いられる。資本にかかわる費用を利益から差し引いているため、EVAがプラスであれば、債権者や株主などからの期待収益額を上回る利益を上げた、つまり、「企業価値を高めた」ことになる【算定式】「税引後支払利息控除前事業利益－投下資本×加重平均資本コスト」
	ROA	総資産とそこから生み出された利益の比率（Return On Assets）。企業の総合的な収益分析の代表的な指標。債権者と株主にとって、資本全体の効率性をみるのに優れている【算定式】「利益÷総資産＝売上高利益率×総資産回転率」
	ROE	資本とそこから生み出された利益の比率（Return On Equity）。株主に対する収益還元に重点を置いた指標【算定式】「税引後利益÷自己（株主）資本」
	ROI	事業への投資額に対しての収益率（Return On Investment）。この数値が高いほど、投資効率が高いということになる【算定式】「（経常利益＋支払利息）÷（借入金＋社債発行額＋株主資本）」
	ROIC	投下資本利益率（Return On Invested Capital）。事業の投下資本によって、いかに本業の利益を得たかを測る指標【算定式】「税引後利益÷投下資本」
④その他の指標	付加価値額	企業の生産活動・販売活動を通じて新しく生み出された価値のこと

イ 部門業績の反映方法

部門業績の賞与全体に占める割合は1～2割程度の企業が多い。反映方法として絶対配分型と相対配分型がある。

i 絶対配分型

絶対配分型は全社業績連動による賞与原資の決定方法に準じて算定するため、各部門が高い業績を上げることで独立的に配分原資を獲得できるという点が魅力である。絶対配分型による賞与原資の算定方法には次のようなタイプがある。

a 部門賞与原資＝全社賞与の均等割配分原資＋部門業績原資

「全社賞与の均等割配分原資」とは賞与算定式による個人賞与基準額のうち部門全員に割り当てられる全社賞与原資（固定分＋業績連動分）である。全社賞与の均等割配分原資とは別に部門業績によって原資を算定し、全社賞与の均等割原資に加算することで部門賞与原資とする。部門業績原資の算定方法は実績値に係数を乗じる方法、基準値の超過部分に係数を乗じる方法、基準原資に達成度を乗じる方法等がある。一方、対前期比較法は組織改正があると経年比較がしづらくなってしまう。→図表3-2-20の【絶対配分A】

b 部門賞与原資＝全社賞与の基準配分原資×部門業績係数

「全社賞与の基準配分原資」とは賞与算定式による個人賞与基準額の部門全員分の原資（固定分＋業績連動分）である。図表3-2-21のような部門業績に応じた係数を設定し、これを全社賞与の基準配分原資に乗じて算定し、部門賞与原資とする。→図表3-2-20の【絶対配分B】

ii 相対配分型

相対配分型は全社の賞与総原資を部門業績によって相対的に配分するものであり、全社業績に対する部門の貢献順位によって原資を傾斜配分するものである。相対配分型による賞与原資の算定式は絶対配分型のa・bと同様であるが、決定的に違うのは部門業績は相対

図表3-2-20 ●部門業績の反映方法─絶対配分型

図表3-2-21 ●部門業績係数の例

営業利益達成率	200%超	190～200%	180～190%	170～180%	160～170%	150～160%	140～150%	130～140%	120～110%
部門業績係数	1.50	1.45	1.40	1.35	1.30	1.25	1.20	1.15	1.10

営業利益達成率	110～120%	100～110%	90～100%	80～90%	70～80%	60～70%	50～60%	50%未満
部門業績係数	1.05	1.00	0.95	0.90	0.85	0.80	0.75	0.70

図表3-2-22 ●部門業績係数の例

<部門業績評価基準>

No.	業績指標	ウエイト	S水準	7点	A水準	6点	B+水準	5点	B水準	4点	B-水準	3点	C水準	2点	D水準	1点
1	売上高予算達成率	20	105%以上	140	103%以上	120	100%以上	100	97%以上	80	95%以上	60	90%以上	40	90%未満	20
2	売上高伸長率	10	120%以上	70	110%以上	60	100%以上	50	90%以上	40	85%以上	30	80%以上	20	80%未満	10
3	経常利益予算達成率	30	120%以上	210	110%以上	180	100%以上	150	90%以上	120	85%以上	90	80%以上	60	80%未満	30
4	経常利益対前期比	20	120%以上	140	110%以上	120	100%以上	100	90%以上	80	85%以上	60	80%以上	40	80%未満	20
5	顧客満足度	20	95点以上	140	90点以上	120	85点以上	100	80点以上	80	70点以上	60	60点以上	40	60点未満	20

部門業績評価基準に基づいて各部門を絶対評価して合計点を算出し、合計点の序列によってSランク～Dランクまで区分する。

<部門業績ランク分布率>

ランク	S	A	B+	B	B-	C	D
分布	5%	10%	20%	30%	20%	10%	5%

評価になるという点である。そのため絶対配分のような限定した業績指標ではなく、いくつかの業績指標の総合評価で決定したり、指標の中に定性的な指標を含めることも可能となる。→図表 3 - 2 - 22

ウ　部門業績の指標

部門業績指標に用いられる指標例を図表 3 - 2 - 23 に示した。部門間の評価の公平性を図る、あるいは利益と賞与の連動を図るためには、部門共通の利益ベースの指標を用いることが適しているが、これら定量指標に加え、定性的な指標を織り込むこともできる。一方、管理・間接部門の業績は全部門の平均（全社）を用いることが多い。

図表 3 - 2 -23 ● 部門業績指標の例

区分	指　標　例	尺度	測定方法
定量指標	売上高、受注高、生産高 売上総利益、粗利益、付加価値 貢献利益（＝売上高－管理可能コスト） 営業利益、経常利益、純利益 キャッシュフロー、EVA、ROA	総額、1人当たり、売上高比、人件費比、単位面積比	目標達成率、対前期比、順位
	市場シェア、顧客シェア、店舗シェア、顧客満足度 研究開発投資収益率、新商品構成比、新商品売上高 商品回転率、平均在庫、売掛金回収率、長期債権回収率 人件費、作業効率、安全率、従業員満足度（組織活性度）	額、率、度数	目標達成率、対前期比、順位
定性指標	製品開発の成果、技術開発の成果 製品・技術開発プロセスの革新成果（製品・技術開発スピードの向上など） 知的財産生産性（特許等の取得件数）、生産プロセス革新の成果（生産要素（労働、設備、原材料）別の生産性向上） 業務革新の成果（業務効率の向上、業務価値の向上） 能力開発の成果	成果物、状態	目標達成度

3）業績連動型賞与を実施する場合の留意点

全社あるいは部門の業績に賞与原資を連動させる場合は次の点に留意してルールを設計する必要がある。

ア　業績と賞与額のシミュレーションの徹底

全社業績・部門業績についてさまざまな業績のシミュレーションを行ったうえで、原資や個人賞与額の検証を行い、算定式や係数を決め

る。また、それを労働組合に十分説明し、理解を得ておく。

イ　移行措置の実施

　　賞与制度を改定する場合は、前期の個人賞与額と大きな格差が生じるケースがある。新しい制度に改定することで不利益変更の問題が生じたり、社員から不満が出るおそれがある場合は、新しい算定式・係数を一挙に導入するのではなく、段階を踏んであるべき算定式・係数に近づけていく。

ウ　制度の負の面の理解

　　業績連動賞与は負の側面を持っていることを理解して設計する。

　　ⅰ　全社業績と部門業績の両方を連動させる場合、会社業績が悪いときは、業績の悪い部門にいる従業員は負の相乗効果により、賞与が大きくダウンするおそれがある。

　　ⅱ　部門業績を強く反映しすぎると、

　　　・「部門業績が低いので頑張っても仕方ない」とか「部門業績がよいのでそこそこやっていれば評価は悪くならない」といった負のモチベーションが働くおそれがある。

　　　・自部門の利益を優先し、部門間の連携を損なうおそれがある。

　　　・低業績部門所属者のモチベーションを下げるおそれがある。

④　賞与原資の個人への配分方法

　　賞与原資の個人への配分方法は、図表3‐2‐24のように評価反映方式と一律方式の組み合わせとなる。

　　どのような算定式にするかは、自社の現状と賞与制度改定のねらいを踏まえて次の点を検討して設計する。

1）給与リンクをどの程度とするか

　　能力主義を目指しながら、給与の実態が年功的になっているような場合は、給与リンクではなく等級に基づく賞与とすることも検討する。

2）等級や役職による格差をどの程度とするか

　　給与が等級や役職のあるべき格差を十分実現できている場合や、給与の等級格差が十分でない場合など、自社の給与の実態を踏まえたうえで、

第2節●賃金制度の設計と運用

図表3-2-24●個人賞与の算定式

		評価反映方式		
		給与×等級別・評価別係数	等級別・評価別定額	なし
一律方式	給与×等級別（あるいは一律）係数	個人賞与額 ＝給与×（等級別係数＋等級別・評価別係数） あるいは、 　給与×（一律係数＋等級別・評価別係数）	個人賞与額 ＝給与×等級別係数＋等級別・評価別定額 あるいは、 　給与×一律係数＋等級別・評価別定額	個人賞与額 ＝給与×等級別係数 あるいは、 　給与×一律係数
	等級別（役職別）定額	個人賞与額 ＝等級別定額＋給与×等級別・評価別係数 あるいは、 　役職別定額＋給与×等級別・評価別係数	個人賞与額 ＝等級別定額＋等級別・評価別定額 あるいは、 　役職別定額＋等級別・評価別定額	等級別・役職別定額
	一律定額	個人賞与額 ＝一律定額＋給与×等級別・評価別係数	個人賞与額 ＝一律定額＋等級別・評価別定額	一律定額
	なし	個人賞与額 ＝給与×等級別・評価別係数	個人賞与額 ＝等級別・評価別定額	－

不十分な場合は、賞与において等級や役職の格差を十分とって、年収ベースであるべき水準格差を確保できるようにする。

3）評価格差をどの程度とするか

どの程度の格差が適切であるかは一概にはいえず、±10％でも大きいと感じる組織もあれば、2倍程度の格差がないと適切ではないと感じる組織もある。事業・職務内容や組織の風土によるので、従業員の意識をよく把握して格差を設計すべきである。

3 人事制度と賃金

（1）人事管理方針と賃金との関連

人事管理方針は、採用、配置、処遇、育成と多岐にわたって検討されるが、賃金との関係でいえば職群・資格制度や評価制度との強い連関を示すことになる。職群・資格制度は、自社の社員をどんな価値基準によ

223

って育成・処遇していくのかの類型とヒエラルキーを定義したものであり、各社各様の基準（能力、職務、役割など）によって区分される。一方、評価制度は、社員の能力、成果、職務遂行姿勢等について、職務行動の発揮場面を対象に評価し、育成や処遇に活用していこうとする制度である。成果評価では、個人の年度目標を全社目標や部門目標とリンクさせたうえで、設定→実行→評価→改善のサイクルで管理する目標管理制度が定着している。また能力評価では、高業績をもたらす類型化された行動特性を指標化したコンピテンシーモデルによって、発揮能力のみならず職務遂行姿勢を合わせて評価する行動評価を導入する企業もある。

　これらは、自社にとってどんな社員を重用するか、どんな成果を収めどんな行動をとった社員により報いるか、という社員処遇の基本方針を具現化したものであり、賃金決定基準はこれらの制度と整合的に設計しなければならないといえる。

（２）各種資格制度と賃金との関連
① 職能資格制度と賃金
１）職能資格制度と職能給

　職能資格制度は、社員の職務遂行能力の段階を示す職能資格を設定し、職能資格ごとに職務遂行能力の内容と程度を定義した職能要件に基づいて格付けを行う制度である。職能給は職能資格に対応した能力給であり、職務遂行能力の保有度・発揮度・習熟度等を昇給ファクターとする賃金表によって決定される。職能給の決定基準に保有度を用いている場合は、「能力は劣化しない」という前提に立った賃金決定を行うため、職能給には降給がなく下方硬直化する特性を有している。

２）職能給のメリット

　職能給は1970年代以降各企業で急速に導入され、成果主義型賃金が一定程度普及した2017（平成29）年においても、管理職で65％、一般社員で63％と高い導入率を維持している（厚生労働省「就労条件総合調査」）。

　職能給のメリットとしては、

　ア　従業員の能力向上意欲を喚起し、組織力を強化する

　イ　企業内部で終身雇用を前提とした継続的競争原理を促進する

　ウ　組織改正や人事異動に対応しやすい

といった点が挙げられる。職務記述書が未整備である日本企業では、職務が個人ではなく組織に付与されるため、「人」の能力や問題意識が固有の仕事を生み出すという側面を否定できず、よって、人基準の「能力により決定する職能給」が広く活用されていると想定できる。

3）職能給のデメリット

　一方、デメリットは、職能資格制度の年功的運用がもたらす高資格化、賃金の下方硬直化といった点が挙げられる。具体的には、

　ア　資格等級格付けや人事評価を適正に行わないと年功的に昇給する
　　　賃金になりやすい

　イ　能力が賃金決定の根拠であるため、短期的には個人ベースでも組
　　　織ベースでも賃金と生産性のアンバランスが発生しやすい

といった不具合が生じてしまう。ただし、これらのデメリットは制度運用の拙さに起因したものであり、適切な能力格付けと評価が徹底できれば、職能給は有効な処遇軸として機能することになる。

4）職能資格制度、職能給の活用

　これらのメリット・デメリットを考慮すると、職能資格制度は能力の発展段階にある一般社員層で効果的な活用が期待できる半面、量的にも質的にもアウトプットの中身が要求される管理職層においては、「能力」概念に代わる処遇軸のニーズが高まると想定される。

② 職務等級制度と賃金

1）成果主義と職務給

　成果主義の基盤となる職務等級制度は、企業の経営活動に必要な職務を対象に、その複雑度・困難度・責任度等に応じた序列区分（職務等級）を設定し、各人が担当する職務に基づいて格付けを行う制度である。職務給は職務等級に対応した仕事給であり、いずれも同一労働同一賃金の原則にかなう合理的な賃金である。職務等級の決定は職務分析、職務評

価のプロセスを経て初めて決定されるが、既述のとおり、職務記述書がなく担当職務の境界が曖昧なわが国の企業では、決定された職務評価、つまり自身の職務のプライス・タグ（値札）に公正性・公平性を担保するのは難しい側面もあり、職務給の導入率は2016（平成28）年の労務行政研究所調査では、管理職28％、一般社員16％と低い導入率にとどまっている。

　職務等級制度は、職務分析や職務評価に大きな負担がかかるため、比較的規模の大きな企業で、合理的かつ公正な職務評価が可能な環境であれば、現業系の職務を中心に効果的な活用が期待できる。また、ホワイトカラー層においても、デメリットを排除するためのサブシステムを有効に活用した導入事例が見られる。

2）役割等級制度と役割給

　役割等級制度は、職務等級制度に似た「役割」概念によって、格付けを行う制度である。役割の定義は各社各様であるが、「職務」をベースにしつつも、その職務の拡張可能性、職務遂行結果の組織業績への影響度、人の指揮・管理、責任の範囲、折衝度、資格条件、問題解決、仕事環境といったファクターを織り込んだ、いわばミッションの大きさについて、職務記述書や個別ヒアリングによって得た情報を点数化し、人くくりの序列区分（役割等級）に格付けするものが一般的である。

　役割給は役割等級に対応した仕事給がベースになるが、当該役割を遂行しうる能力への期待値＝能力給や、役割の遂行度を評価し上下動させる業績給の要素を織り込んでいる企業もある。

　役割概念が曖昧になりやすく、個別ヒアリングの実施など煩雑さも伴うが、職務等級制度の硬直性を補い柔軟な制度運営が可能になること、仕事基準ではあるものの能力要素も織り込んだ賃金設計ができるという点で、導入率は職務給に比べ高く、管理職58％、一般社員33％となっている（2016（平成28）年労務行政研究所調査）。

　役割等級制度は設計に自由度があり、運用面の柔軟性も確保できることから、理にかなった役割評価基準の設定と、公正かつ透明な運用を前

提とすれば、規模の大小にかかわらず、どんな企業でも導入することが可能である。しかし、設計の自由度や運用の柔軟性は、逆に恣意的な運用や制度の形骸化を促すリスクを内包するため、適正な制度基盤の確立は重要な要件となる。

3）職務給・役割給のメリット

職務（役割）評価が適正に行われていれば、職務や役割の内容を限定しやすい職務において、効果的な賃金管理を行うことができる。職務給・役割給のメリットとしては、

- ア 個々の従業員の貢献度と賃金コストのバランスを保ちやすい
- イ 職務設計・職務等級格付けや、役割評価・役割等級格付けを適正に行えば、組織全体としての賃金原資管理が行いやすい
- ウ 職務（役割）評価が適正に行われれば、客観的な説明ができるため賃金に対する納得性が高まる
- エ 役割給は、仕事が変われば賃金も連動して変更するという運用面の硬直性を一定程度排除できるため、比較的柔軟な賃金設定が可能となる

といった点が挙げられる。

4）職務給・役割給のデメリット

一方、デメリットとしては、

- ア 組織改正や人事異動によって職務の変更が生じ、職務等級が変わると給与が変わるために、組織改正や人事異動が停滞するおそれがある。あるいは、逆に不必要なポストを設けたり、組織階層を重ねるなどの非効率な組織づくりをしてしまうおそれがある
- イ 本人の能力以下の職務に就いている場合で、職務（役割）の決定に対して本人の納得性が得られない場合、労働意欲を低下させるおそれがある
- ウ ポスト争いなどの内向きのマイナス競争が生じるおそれがある

といった点がある。

（3）業績評価制度と賃金との関連

① 業績評価制度の賃金への反映の意義

　企業は経営環境の不確実性が増す状況下で年功型賃金制度を維持した場合、人件費の下方硬直化がもたらすさまざまな弊害に対峙する必要が生じる。そこで、限られたパイをいかに公平に分配するか、という視点から業績評価制度の整備が求められる。業績評価の単位は、①企業全体の業績、②事業部、部門等の組織業績、③個人の業績、に大別されるが、いずれの単位においても、一定期間に収めた成果を、公正かつ客観的基準によって適正に評価し賃金の配分に反映させることは、量的・質的貢献に対する正当な報奨となり、結果として内部公平性の実現に結びついてくることから、ここに業績評価制度活用の今日的意義があるといえる。

② 業績評価制度の賃金反映の原則

1）短期決済型賃金への反映

　短期決済型賃金の代表的なものは賞与であるが、年俸制を採用している企業や、基本賃金の一部を業績給化している事例も見られる。

　業績評価制度の短期決済型賃金への反映は、企業業績への貢献度の大小という基準により、従業員の業績達成志向の喚起を企図しているものである。また、期間業績に対応した適切な成果分配を実現するものでもある。多くの場合、業績給自体は累積性を有さない賃金であることから、原資総額は毎回リセットされ、さらに組織別・個人別に貢献度報奨が実現されることになる。ただし、わが国の賞与は、月例賃金の後払いや生計費の補てんといった生活保障機能を有していると解されることから、一定の固定支給部分を残す運用が支配的であり、完全な賃金の変動費化が実現されているわけではない。

2）長期決済型賃金への反映

　業績評価は、基本賃金や退職金といった長期決済型賃金にも部分的に用いられる。たとえば、基本賃金の昇給ファクターに個人の業績評価が反映されている場合、あるいは、ポイント制退職金において、年間の獲得ポイントに業績評価が用いられている場合などである。

　ただし、基本給への反映に際しては注意が必要となる。それは、昇給額累積型基本賃金の場合、過年度の業績反映部分が基本賃金リセット時（昇格等で基本賃金が見直されるタイミング）まで継続するため、基本賃金の絶対額が必ずしも期間業績と一致するわけではないからである。また、この基本賃金を賞与の基礎賃金として用いる場合は、計算された賞与の絶対額と本人の業績評価との間に明確な連関が見いだせないことにもなるため、制度設計にあたっては注意が必要となる。

（4）能力評価制度と賃金との関連

①　能力評価制度の賃金への反映の意義

　わが国では社員の格付け制度に職能資格制度を活用している企業が多く、格付けの根拠となる職務遂行能力のプライス・タグ（値札）として、職能給が広く用いられている。しかし、職務遂行能力を測定するツール、つまり能力評価制度が、職能要件定義の曖昧さや職能資格制度の年功的運用によって制度疲労を来している事例が多い。

　本来、職能資格制度の理念に則って適切な制度運用を行っていれば、人を重視するわが国の企業風土と相まって合目的な能力主義人事が定着し、重要な賃金決定要素として機能し続けたはずである。正しい手順・方法を踏まえて職能要件書を作成し、それを固定化することなく不断のメンテナンスを徹底し、そして職能要件に基づいた厳格な評価と運用を貫くことこそ、能力評価制度を有効に機能させる前提となるだろう。

1）能力評価

　能力とは可視化しにくい概念であり、特に、職務遂行場面では発揮して初めて認知できることから、職能資格基準を職務と結びつけて定義し、担当職務遂行上の能力発揮度はどうであったか、という理屈で評価制度を運用する必要がある。

　ところが、多くの場合、職能資格基準は全社共通あるいは職掌別・職種別の設定になっており、その中身も企画力、判断力、業務知識といった職能要素別に定義されているため、職務そのものと離れたところで能

力評価が行われてしまう。結果として、評価の根拠を実際の職務行動とは切り離したところに求めてしまい、年齢や入社年次、滞留年数といったおよそ職務遂行能力とは無関係の年功要素が介入することで、評価の適正性が損なわれることになる。

　能力評価は昇格の重要な判定材料になるばかりでなく、昇給や賞与の個人配分に用いられるケースが多いため、社員の発揮能力を公正かつ客観的に測定しうる基準の完成度を有し、適正な評価を貫徹できるだけの運用上の工夫が求められる。

2）職務行動評価

　能力評価が陥りやすい職務と能力評価の遊離を是正し、職務遂行プロセスにおける職務行動を評価するのが職務行動評価、いわゆるコンピテンシー評価である。コンピテンシーとは「高業績者の職務行動特性」と訳され、評価の対象を「行動」と定義したうえで自社なりの基準を設定し、その基準に基づいて評価する方法である。現に発揮された能力に加え、労働意欲や取り組み姿勢も職務行動を決する重要な要素になることから、能力評価に情意評価の要素を織り込んだ評価ともいえる。職能資格制度のみならず、成果主義における職務等級制度や役割等級制度など仕事基準の資格制度を採用した場合においても、制度の趣旨に反することなく活用できるため、従来の能力評価に代わる評価制度として普及が進んでいる。

　職務行動のよしあしは短期的な業績の達成にも影響するが、むしろそれ以上に、ミッションの継続的な遂行、周囲の社員への影響度等長い時間軸の中で企業貢献度を分けることになるため、職務行動評価の結果は、基本給の昇給や昇格判定に高いウエートで反映させるべきであろう。

②　能力評価制度の賃金反映における原則

　能力評価は、前述のとおり中長期的な企業への貢献という視点からとらえていく必要があるため、賃金への反映にあたっては、能力評価の意義を踏まえた論理的に矛盾のない組み立てを行うことが必要となる。

1）短期決済型賃金への反映

能力の発揮度合いや職務行動のよしあしは、当然に当該期間の業績達成度との間で相関を有するものであるため、一定程度の反映は行うべきである。しかし、能力の発揮度合いや職務行動結果は、定量的な測定は容易ではなく、業績との因果関係もなかなか明確化できるものではない。したがって、賞与や業績給について、能力評価結果を高ウエートで反映させることは、能力評価や行動評価の目的、あるいは賞与や業績給の位置づけと照らして整合性を失うおそれがある。

短期決済型賃金への評価の反映は、業績評価を尊重することが有用であり、能力評価と業績評価とのバランスを間違えてはならない。

２）長期決済型賃金への反映

逆に、基本賃金を構成する職能給・職務給・役割給については、能力評価の積極的な反映が有効である。これらの賃金は、現在の資格・等級に求められる職務遂行能力の発揮度合いや職務・役割の遂行状況について、当該資格・等級滞留時の全期間にわたっての評価が累積されたものである（シングル・レートの洗い替え型の場合は年度ごとに評価見合いの賃金となる）。つまり、仕事の遂行状況についての評価が、過年度分も含めた中期的なスパンで判定されることになり、直近の評価ではなく、当該資格・等級滞留期間の総合評価を表した賃金ということができる。このことは、職能資格や職務・役割等級のプロモーション（昇格）とディモーション（降格）を判断するうえで重要なポイントにもなる。

また、退職金の獲得ポイントについては、毎年の能力評価に対応した付与がなされることから、高い評価を得た年はより高いポイント、評価が低い年は低いポイントが付与されるというように、年単位で能力評価の結果が適切に行われることになる。

4 就業形態の多様化と賃金

（１）就業形態の多様化

企業は人材の育成・活用、労使関係・雇用の安定によるモラールアッ

プの維持を長期継続雇用というわが国独特の雇用慣行によって実現し、それが戦後の高度成長と相まって企業の発展に大いに寄与する結果となった。そして、低成長期に突入した現在においても、長期継続雇用は基幹人材活用の前提条件として有効に機能している。

　しかし、産業の構造的転換、労働市場の構造的変化、従業員の就労意識の変化に加え、労働市場の規制緩和も後押しする形で多様な就労形態によるさまざまな働き方が広がっている。企業としてもこのように多様化した従業員を効果的に活用していくために、企業・従業員双方のニーズを可能な限りマッチさせるような多様な処遇システムを用意し、就業形態を問わず意欲と能力のある社員を適切に処遇していく必要がある。

（2）同一労働同一賃金

　しかしながら、わが国においては、通常の労働者とパートタイマー・有期雇用労働者および派遣労働者との間には、大きな待遇の格差があり、それが社会的不公正を助長するとともに、少子化や貧困といった社会問題の要因となってきた。また、それが内需の拡大を阻害し経済の好循環に悪影響を及ぼしてきたといえる。どのような雇用形態であっても、仕事ぶりや能力等に応じた公正な処遇を受けることができる社会をつくり、働く人すべてがモチベーションや労働生産性を向上させることによって経済を成長させ、待遇改善を含む賃金全体の引き上げにつなげることで、成長と分配の好循環の回復を図ることが課題となっていた。

　こうした中、大企業は2020（令和2）年4月、中小企業は2021（令和3）年4月より「パートタイム・有期雇用労働法」と「労働者派遣法」が改正施行され、企業に対し、正規雇用労働者（フルタイム・無期契約・直接雇用）と非正規雇用労働者（パートタイム・有期雇用・派遣）との間の「不合理な待遇の相違の禁止」（均衡待遇）・「差別的取り扱いの禁止」（均等待遇）や労働者に対する待遇に関する説明義務の強化を義務づけることになった。これに伴い、2018（平成30）年12月に改正法に基づく指針である「同一労働同一賃金ガイドライン」が発出され、不合理な待

遇差の禁止・差別的取り扱いの禁止に関する考え方と具体例が示された。

1）待遇の範囲

　基本賃金、諸手当、賞与、退職金といった賃金全般に加え、福利厚生や教育訓練等をも含む広い範囲でとらえるとともに、不合理な待遇差の有無は個々の待遇ごとに判断する必要がある。

2）通常の労働者との間の均等待遇と均衡待遇の確保

　事業主が雇用する通常の労働者と①職務の内容（業務内容と責任の程度）、②職務の内容・配置の変更の範囲、③その他の事情、のいずれもが同じ場合は同じ待遇を求める均等待遇と、①〜③のいずれかが異なる場合には、その相違に応じてバランスの取れた待遇を求める均衡待遇の双方を満たす必要がある。

3）不合理な待遇

　不合理な待遇とは、通常の労働者とパートタイマー・有期雇用労働者の待遇が均衡待遇ではないことをいう。不合理な待遇の相違があるか否かは、個別待遇の相違が個別待遇の性質と目的に照らして、①職務の内容、②職務の内容・配置の変更の範囲、③その他の事情、の３点のうちいずれかが異なることから合理的に説明できるかどうかを考慮して判定する。

4）説明義務の強化

　非正規労働者を雇い入れた場合の事業主に対する待遇の説明義務に加え、非正規労働者から請求があった場合には、通常の労働者との待遇の相違内容、理由と決定にあたり考慮した事項についての説明義務が課せられた。

（3）各種就業形態と賃金

　各種就業形態別の賃金その他待遇全般を決定する場合は、前述した同一労働同一賃金の原則を踏まえ、適切な条件を設定することが必要である。また、中長期的には、正規雇用労働者を含めた人事・労務管理の諸制度全般について、経営戦略や従業員ニーズを勘案して再設計すること

も求められる。

① フルタイム有期労働契約社員

　一般的に契約社員と呼ばれる雇用形態であるが、実態は職務内容や処遇水準に応じて多様なパターンが存在する。賃金の決定方式も、年俸制から時間給制まで、雇用対象社員の職務内容、期待度、採用困難性等に応じて経済合理的側面により決定される。

1）専門能力活用型

　高度専門能力や公的資格を有する労働者を、比較的高い賃金、場合によっては正社員より高い賃金で採用するケースが該当する。プロジェクト活動の推進、社内体制の整備など、期間を限定した特定目的完遂のために、一定以上の専門能力を有する労働者を有期労働契約によって活用しようというものである。こうしたケースでは、賃金水準に十分な外部競争力がなければ労働者の確保がかなわないことから、年俸制や完全月給制など、正社員に近い賃金体系が適用されることが多い。

　また、2019（平成31）年4月より創設された「特定高度専門業務・成果型労働制」（いわゆる「高プロ」）については、正社員のみならず限定的ではあるもののこうした有期雇用型（契約期間は5年を上限）の活用も想定される。

2）需給調整型

　仕事量の繁閑の差が大きい場合に、需要拡大期には期間工など有期労働契約社員の増員によって対応する企業で見られる方式である。職務の内容が正社員に近い労働者の場合は、賃金は正社員に近い水準が設定され、労働契約期間の定めの有無のみが異なるというケースもある。賃金体系は完全月給制や日給月給制となる。

　一方、呼称はパートタイマーであっても、労働時間が正社員と同等の「フルタイムパート」と呼ばれる有期労働契約社員の場合は、時間給によって賃金設定がなされるケースが多く、職種や勤務地域の賃金相場がベンチマークとなる賃金水準が適用されることが多い。

② 定年後再雇用社員

定年後再雇用者の賃金の設定においては、職務遂行能力の程度、担当職務の価値、役割の大きさ等さまざまな要素が賃金決定ファクターとなるため、次の点に留意する必要がある。

１）賃金水準の設定

ア 定年前と同一職務の場合

担当する職務が定年前と変わらない場合は、同一労働の提供を労働者に要求することになるため、水準設定はさまざまな事情を総合的に考慮して慎重に行う必要がある。定年退職後にパートタイマーや有期労働契約といった雇用形態に変更し、賃金決定方法も変更することは、均等待遇・均衡待遇を判定するにあたっての考慮要素である「その他の事情」に該当し適法である。しかし、同一労働同一賃金の原則から、説明のつかない不合理な待遇は違法となる可能性もあるため、注意が必要である。

イ 定年前と異なる職務の場合

通常は、定年前職務が軽減されるケースが多いので、賃金水準や職務ごとの基準賃金等を定め、均衡のとれた賃金を実現するとともに、この場合も対象労働者の納得感を得られるように、基準の公平性・客観性を担保する必要がある。

２）評価の賃金への反映

内的公正処遇の視点、そしてモチベーション・マネジメントの視点からも、本人へのフィードバックを伴う人事評価制度の導入と、評価結果を賃金に反映するしくみは重要である。今後は、60歳超の労働者が増加して一定の人件費増が不可避の状況になるため、労働生産性を高めるためのあらゆる方策を講じる必要性がある。

３）公的給付との関係

ア 在職老齢年金の活用

厚生年金の報酬比例部分は、2013（平成25）年度以降、段階的に支給開始年齢が引き上げられ、最終的には65歳となる。現在、在職老齢年金の受給を前提とした賃金設定を行っている場合は、今後再設定を

余儀なくされることに留意されたい。

イ　高年齢雇用継続給付の活用

　60歳時点の賃金に対し、再雇用後の賃金が75％未満に低下した場合、最大で賃金の15％の給付金が支給される制度であり、当該制度からの給付金受給を前提とした賃金決定が有効である。

③　短時間労働者（パートタイマー）

　パートタイマーの賃金は、そのほとんどが時間給制によって決定される。まず職種別・地域別の求人賃金による相場が形成され、採用後は能力の習熟度や経験年数等によって賃金が改定されていく。つまり、採用時は仕事給、入社後は能力給の運用を行うケースが多い。改正されたパートタイム・有期雇用労働法に、「事業主は、通常の労働者との均衡を考慮しつつ、その雇用する短時間・有期雇用労働者の職務の内容、職務の成果、意欲、能力又は経験その他の就業の実態に関する事項を勘案し、その賃金を決定するように努めるものとする」との規定が新設された。今後は、不合理な待遇の相違を生まない公正な賃金決定が求められる。

　一方、パートタイマー依存率の高い小売業界では、パートタイマーから店長への昇進を実現させている例もあり、付与する役割の拡大に伴って賃金決定基準も多様化している。

　また、育児・介護と仕事の両立支援を目的として、正社員のパートタイム勤務を制度化している企業も出現しており、その場合は正社員の賃金決定基準が適用される（短時間正社員制度）。今後は、単なる補助業務や定型業務を担う従来型のパートタイマーに加え、基幹職務を担う新たな短時間正社員も増加すると見られ、こうした多様な就業形態に対応できる公正な賃金決定基準のバリエーションをいかに準備していくかが新たな課題となってくる。

④　アルバイト社員

　アルバイト社員とは、単純定型業務を担う有期労働契約の臨時雇用者であり、ほとんどの場合は時間給によって賃金が決定される。また、パートタイマーと同様に職種と勤務地域によって時間給相場が形成され、

経験を重ねるごとに賃金改定が実施される。特にコンビニエンス・ストアや外食産業はアルバイト依存度が高く、これらの企業では、勤務時間帯に応じて時間給に格差を設け、労働力需給に対応している。

⑤　派遣労働者

　派遣労働者は、前記①〜④の有期直接雇用とは異なり、「労働者派遣事業の適正な運営の確保及び派遣労働者の就業条件の整備等に関する法律」（労働者派遣法）に基づき、派遣元事業主と派遣先事業主との間で労働者派遣契約を締結し、派遣元事業主に雇用された、あるいは登録した労働者を派遣先が使用する形態である。派遣労働者の賃金決定は派遣元事業主が行うことになり、派遣先は、派遣労働者の賃金に派遣元が上乗せした運営経費および収益相当分を含めた契約料金を支払うしくみとなる。派遣労働者の料金は、対象業務、派遣労働者の能力、勤務地域などの要素が基本となり、さらに派遣元事業主の営業戦略も絡み合って相場形成がなされる。

　前述のとおり労働者派遣法が改正され、2020（令和2）年（中小企業は、2021（令和3）年）4月から、派遣労働者と派遣先の通常の労働者の間に同一労働同一賃金の原則を適用する条文が新設された。派遣元事業主は、賃金・賞与・退職手当を含むすべての待遇に関し、派遣先の通常の労働者と①職務の内容（業務内容と責任の程度）、②職務の内容・配置の変更の範囲、③その他の事情、のいずれもが同じ場合は同じ待遇とする均等待遇と、①〜③のいずれかが異なる場合には、その相違に応じてバランスのとれた待遇を求める均衡待遇の双方を実現する義務を負う。派遣元事業主が派遣労働者に均等待遇・均衡待遇を行うためには、派遣先の賃金制度と通常の労働者の情報が必要となるため、派遣先は労働者派遣契約を締結する際に当該情報を提供する義務を負い、この情報提供がなされない場合は、派遣元事業主は労働者派遣契約を締結できないことになった。具体的に何が均衡待遇・均等待遇に該当するかしないかは、同一労働同一賃金ガイドラインに示されていること、派遣元事業主が派遣労働者に説明義務を負っていることは、パートタイマー・有期雇用労

働者の場合と同様である。なお、派遣先を移動した場合の賃金の低下を防ぐため、派遣元事業主と派遣労働者の過半数労働組合・過半数代表者とが労使協定を締結し、派遣先の通常の労働者でなく派遣先の事業所を含む地域の同種の業務に従事する一般労働者の平均的な賃金額以上である賃金等を決定・遵守することを規定した場合は、均等待遇・均衡待遇は、派遣先が派遣労働者に義務として行う教育訓練の実施および福利厚生施設の提供を除き、当該労使協定の定めるところにより行う方式が例外的に認められた。

5　運用およびフォローにあたっての留意点

（１）導入、実施、検証

　自社の状況に合わせた賃金制度の改定・再構築を円滑に進めるために、導入、実施、検証というステップは丁寧に踏んでいかなければならない。「導入」は労働組合・従業員代表との合意や従業員への説明について、「実施」は昇給、賞与の変更実施について、「検証」は新制度の実効性の検証について行うステップである。

① 導入

１）労働組合、従業員代表との合意

　労働組合があり、労働協約を締結している企業は、労働組合と改定内容に関する協定を結ばなければならない。労働組合がない企業は、労働者の過半数を代表する者（従業員代表）に説明し、合意を得る必要がある。賃金は重要な労働条件であるため、労働組合や従業員代表に制度改定の目的、必要性、考え方、具体的な内容について十分説明し、協議のうえで合意に至る手続を踏む必要がある。できれば、改定案ができてから初めて説明するのではなく、計画の策定段階から話をし、意見を聞いておくほうが望ましい。企業によっては、設計段階から労働組合や従業員代表を参画させ案づくりを進めることで、導入時の合意形成を円滑に図っているところもある。

2）従業員への説明

　労働組合や従業員代表との合意に至ったら、従業員に対して改定内容の説明を行う必要がある。労働組合がある企業は組合員に対する説明は労働組合側に任せるケースもあるようだが、会社は管理職だけでなく、一般社員にも直接説明する場を設け、社員からの質問に答えることが望ましい。多くの従業員は、現行の賃金制度がどうなっているのかも理解していないことが多く、従業員との直接の対話の場を設けないと改定の意味や内容がわからないままとなって、そのことが後々不満の原因になる。また、改定の度合いにもよるが、たとえば賃金の構成を大きく変更した場合は、現行の賃金と改定後の賃金の比較ができるような個人別の明細を配付するなどの配慮も必要である。

　一方、賞与制度の改定は原資の決定・配分の変更であるので、現行よりも下がる人も出るであろう。それだけに、制度改定の趣旨を十分に説明する必要がある。また、業績連動型を導入する場合は、業績指標と従業員の働きとの関係、業績を賞与原資に連動させることの経営的意味を十分に説明する。従業員の理解を得なければ、業績連動は単に企業業績による賃金コスト調整機能しか持たず、従業員のモチベーション向上に働きかけるしくみにはならない。

②　賃金制度の変更実施

　たとえば、制度改定を4月1日付で実施する場合、当該年度の昇給は旧制度のルールに基づいて行い、昇給後の賃金を新賃金制度に乗せ換える。したがって、新制度のルールによる昇給は翌年度が初めての昇給となる。昇給に関して留意しなければならないことは、制度改定によって昇給手続が従来のやり方から大きく変わってしまうことがある点である。たとえば、従来は賃金表を明確に定めることなく、労働組合との交渉で組合員1人当たりの昇給額をそのつど決めていた企業が、新賃金表に基づく昇給を行うことになれば、労働組合との妥結があってから個人への配分額を決めるのではなく、図表3-2-25のように事前にどのくらいの賃上げ原資が必要であるかを算定し、それに基づいて組合と交渉するこ

図表3-2-25 ●昇給手続

（予算段階で、所定外給与、賞与、退職給付引当、福利厚生費も含めた今年度人件費予算を組む）

①B評価での定昇原資を算定する。

②今年度の昇格人員を資格ごとに決める（昇格者が確定していない場合は想定する）。
　→昇格昇給原資を算定する。

③定昇原資を算定し、ベア原資を推定して、今年度の基本給原資を算定する。

④今年度の手当の原資を算定する。

⑤労働組合との交渉で賃上げ額を決める（賃上げ額に昇格昇給分を含むか否かは企業による）。

⑥定昇・ベアの配分を決める（定昇は基本的には賃金表の額となる）。

⑦人事評価を実施する。

⑧個人別昇給額を確定する。

⑨調整給の償却処理をする。

⑩今年度の賃金表に改定する。

⑪個人別新賃金を確定する。

とになる。

③　賞与制度の変更実施

　賞与の一般的な手続は図表3-2-26に示すとおりである。まず、原資の決定についてであるが、業績連動賞与を導入・改定する場合に設計段階で業績と賞与額の関係を十分にシミュレーションしても、想定していなかった状況が発生する場合がある。業績と賞与を連動させるということは、激しく変化するビジネスに報酬を対応させることであり、想定外の事象も発生する。その場合に、どのような手続によって対処するかを決めておく必要がある。安易に算定式や係数を直面する状況に合わせて修正するようなことがあっては、従業員の信頼を失ってしまう。

図表３-２-26 ● 賞与の手続

①賞与算定のための全従業員データを確定し、賞与算定の基礎となる給与額を確定する。

②今期の全社業績および部門業績の実績および見通しを把握する。

③業績連動型で賞与原資が確定する場合：全社業績および部門業績に基づく全社賞与原資、部門賞与原資、従業員１人当たり原資を算定する。
その他の場合：全社業績・部門業績の実績と見通し、および過去の賞与実績から今期の賞与額を試算する。

④業績連動型で賞与原資が確定する場合：労働組合と今期賞与額を確認する。
その他の場合：労働組合との交渉で今期賞与額を決める。

⑤人事評価を実施する。

⑥個人別賞与額を確定する。

　次に、個人賞与の決定については、人事評価の結果が制度の趣旨を反映したものとなるように評価者に対して教育するとともに、一次評価、二次評価の結果に対して「公平性（衡平性)」を確保するための調整を行う必要がある。

④　検証

　賃金制度に関する主な検証事項は、(1)改定後の賃金が想定したとおりになっているかということと、(2)従業員の意識が改定のねらいとする方向に向かっているかということである。賃金制度を変更したからといっても人事部門が意図した結果がすぐに現れることにはならないが、改定したことによる変化が着実に現れているか、何らかの"副作用"が生じていないかを検証し、必要があれば対策を打つことになる。

１）賃金の結果検証

　賃金結果については、現行賃金から新賃金への移行直後と、新ルールを用いての昇給・賞与決定を実行した後に行い、結果がどうであったかについて、賃金原資と個人への配分状況について検証する。想定した賃金原資に収まっているか、個人への配分状況が制度改定のねらいに沿っ

た方向に変化しているかをチェックする。配分状況については、たとえば、年功的な賃金を能力主義的な賃金に変更した場合、賃金（基本給）と資格等級や能力評価との相関性が高くなっているかどうかなどを検証する。検証は1回限りではなく、毎年実施し、経年変化を見ていく。

2) 賞与の結果検証

賞与原資の決定ルール、個人への配分ルールは制度設計上の問題であるので、実施後に検証すべきは部門業績連動型を導入した場合の部門間の配分、個人評価による個人間の配分が適切に行われているかどうかである。部門間・個人間の配分が制度改定のねらいに沿った結果になっているか、前期と比べてめざす方向に変化しているかをチェックする。

3) 従業員意識の検証

制度改定に対して従業員がどのように感じているかを、ヒアリングやアンケートによって調査する。制度改定の趣旨が伝わっているのか、改定内容を理解しているのか、基本給・手当・昇給・賞与の決め方の変更について前向きに受け止めているのかなど、従業員の意識を把握する。賃金制度の改定は現行からの変化の度合いが大きいほど、個人による有利・不利が生じるものであり、不利な取り扱いを受けた人に肯定的な受け止め方を期待することは難しい（ただし、不利益変更に対する経過措置や従業員への説明を十分に行うことで、否定的な受け止め方をかなり回避することはできる）。多くの従業員が現行制度に相当な不満を持っている場合は別として、一般的には賃金制度が変わることに対して不安を覚える人が多いので、制度改定の直後は否定的な意見が出てくることはやむを得ない。むしろ、従業員の意見を真摯に聞いて、必要な手を打つことが重要である。また、職場の活力や従業員の仕事に取り組む姿勢がどう変化しているかを把握することも大切である。成果主義の導入によって「短期的な業績のみを追うようになった」「チームワークが弱くなった」といったことを耳にすることがあるが、自社として客観的に把握することが必要である。

（2）法令面からのチェック

　賃金制度を管理する立場の者は賃金に関する法令を熟知しているとともに、賃金制度改定時に法的に留意しなければならないことを知っておく必要がある。

① 賃金に関する法令

　賃金に関する主な法律は図表3-2-27のとおりである。関係法令をチェックし、違法性がないか常に検証することが重要となる。

図表3-2-27 ● 賃金関係の法律

法　　律	賃金に関する主な内容
労働基準法	男女同一賃金の原則（第4条）、賃金の定義（第11条）、平均賃金（第12条）、労働条件の明示（第15条）、通貨払い、直接払い、全額払い、毎月払い・一定期日払い（第24条）、非常時払い（第25条）、休業手当（第26条）、出来高払制の保障給（第27条）、時間外、休日および深夜の割増賃金（第37条）、年次有給休暇日の賃金および不利益取り扱い（第39条）、監督・管理の地位にある者および監視・断続労働者の時間外等の適用除外（第41条）、災害補償（第8章）、制裁規定の制限（第91条）、請求権の時効（第115条）
最低賃金法	最低賃金の設定
賃金の支払いの確保等に関する法律	退職手当の保全措置、退職労働者の賃金に係る遅延利息
労災保険法	業務上の傷病による療養中の休業補償給付
健康保険法	私傷病による療養中の傷病手当金
雇用の分野における男女の均等な機会及び待遇の確保等に関する法律（男女雇用機会均等法）	雇用の分野における男女の均等な機会および待遇の確保（直接的に賃金のあり方を規定する法律ではないが、女性に対する人事処遇の差別的な取り扱いを禁じている）
パートタイム・有期雇用労働法	短時間・有期雇用労働者の適正な労働条件の確保、雇用管理の改善、均等待遇・均衡待遇、通常の労働者への転換の推進、職業能力の開発および向上等に関する措置等を講ずる。
労働者派遣法	派遣労働者の均等待遇・均衡待遇

② 賃金制度改定時の法的留意点

賃金制度改定時に法的に最も留意しなければならないことは「不利益変更」である。賃金制度を改定することは個人への配分ルールを変えることであるため、賃金原資を増やさない限りは賃金が現行よりも増える人がいれば、必ず減る人が出る。この場合に、不利益変更の問題が発生する（不利益変更があること自体が違法ではなく、不利益変更の仕方や状態がどうであるかによって違法であるか否かが分かれる）。

不利益変更に関する最高裁の判例（第四銀行事件）から、次の7つの点を考慮した賃金改定が必要であるといわれている。

- ア 労働者が被る不利益の程度
- イ 使用者側の変更の必要性の内容・程度
- ウ 変更後の就業規則の内容自体の社会的相当性
- エ 代償措置その他関連する他の労働条件の改善状況
- オ 労働組合等との交渉の経緯
- カ 他の労働組合または他の従業員の対応
- キ 同種事項に関するわが国における一般的状況

会社はこれらの点に十分配慮しながら改定内容の検討を進める必要があるが、基本的には、企業経営が危機的状況にある場合は別として、従業員全体としての賃金水準（月例給与、年収、生涯賃金のどの範囲でとらえるかは内容によって異なる）が現行より下回らないこと、不利益変更となる者の場合でも変更後の賃金水準が著しく現行を下回らないようにすること、不利益変更となる者に対して激変緩和措置をとること、制度改定の必要性や改定内容について労働組合と十分に協議して合意を得ること、不利益変更となる者に十分な説明を行い、意見を聞くこと（可能であれば、個別の同意を得ること）が大切である。

また、現行賃金を下回らない改定、たとえば、定期昇給を廃止し、昇給は昇格昇給のみとするような改定であっても、不利益変更の問題があることに留意すべきである。従来は、どんなに低い評価であっても一定額の昇給があったしくみが昇格昇給だけになって、しかも評価が一定以

上でなければ昇格できないしくみになると、評価の低い者は昇格できず、現行賃金制度であれば得られたであろう将来の賃金が得られないことになるわけであり、これも不利益変更となる。こういった場合も前記同様に十分考慮する必要がある。

退職給付制度の設計と運営

学習のポイント

◆退職給付制度を効果的に導入・運用することは、従業員の老後保障を支援することなどから定着やモラールの維持・向上に役立つ。したがって、従業員にとって納得性の高い制度設計とその周知が求められる。

◆また、退職給付制度は人的資源管理という側面とは別に、企業の財務状況に直接的な影響を及ぼし、外部からの企業価値評価に影響を与える。したがって、健全な資産－債務のバランスを長期的に維持することが不可欠となっている。

◆退職給付制度は「確定給付型」と「確定拠出型」に大別されている。

◆最新の企業年金の内容を理解し、退職給付会計の視点を踏まえた制度運営を行うことが求められる。

1 各種企業年金の種類

(1) 利用できる制度の種類

　制度改革と法整備が進んだ結果、現在の企業年金制度では多様な選択が可能となっている。→図表3-3-1

　労使はこれらの制度を単独で、あるいは複数の制度を組み合わせて導入し、効果的かつ効率的に運用することが必要となっている。なお、現在の主要な年金制度の加入者の概要は、公的年金との比較で図表3-3-2のとおりである。

図表３-３-１ ●主な退職給付制度

形態	企業年金の種類
自社	退職一時金
	退職金前払い制度
	自社年金（税制非適格）
外部委託	基金型確定給付企業年金
	規約型確定給付企業年金
	混合型年金（キャッシュバランス型）
	確定拠出年金（企業型）
	厚生年金基金
	中小企業退職金共済
	特定退職金共済

図表３-３-２ ●わが国の年金制度の体系（2019年３月末現在）

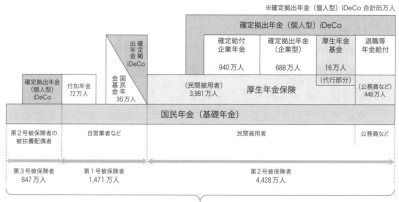

出所：企業年金連合会ホームページより

① 厚生年金基金

　厚生年金基金の設立形態には単独型、連合型、総合型の３種類があり、長らくわが国の企業年金制度の中核的な制度として機能してきた。しか

し、①長引く運用環境の低迷による財政の悪化、②退職給付会計導入に
伴う積立不足の顕在化、③代行部分を有することの企業財務リスクの増
大と代行返上の加速等の状況から、最盛期には約1,700あった基金数が、
2019年（令和元年）年時点では8まで減少しており、同制度はその歴史
的使命を終えたといえる。

② 確定給付企業年金（基金型と規約型）

2002（平成14）年4月に施行された確定給付企業年金法により創設さ
れた企業年金制度である。給付設計としては、キャッシュバランスプラ
ン（混合型）の設定も可能である。確定給付企業年金には規約型と基金
型の2種類がある。

規約型は、労使が合意した規約を厚生労働大臣が承認し、企業が受託
金融機関と契約して掛金の運用、給付を行う。基金型は、厚生労働大臣
の認可を受け、独立法人である企業年金基金を設立し、その基金が運営
を行う。いずれも、従業員の受給権を保護するために厳しい制約が課せ
られている。

受給権保護の措置としては、以下の点などが詳細に規定されている。

ア 積立義務…将来にわたって約束した給付が支給できるよう、年金
資産の積立基準を設定すること

イ 受託者責任の明確化…企業年金の管理・運営にかかわる者の責任、
行為準則を明確化すること

ウ 情報開示…事業主等は、年金規約の内容を従業員に周知し、財務
状況等について加入者等へ情報開示を行うこと

③ 確定拠出年金

2001（平成13）年の確定拠出年金法の制定により新たに導入された制
度で、確定給付型制度とは基本的な発想や構造が異なる制度である。

企業が導入する場合、拠出は企業、運用に伴うリスクは従業員が自己
責任を持つことになる。企業は一定の確定した方式で掛金を拠出するだ
けで給付額について責任はない。つまり、運用環境が悪化したときに、
確定給付型で問題となった運用に伴うリスク（債務の増大や補てん的な

追加負担）の心配がない。従業員にとっては運用リスクはあるが、企業
の拠出時点で個人の資産として管理されることから受給権が確保され、
各自の持ち分の資産額が常に開示されることによる透明性といったメリ
ットがある。

　確定拠出年金には「企業型」と「個人型」の２種類がある。企業型は、
企業が拠出限度額の範囲内で掛金を拠出するが、労使合意により、拠出
限度額の範囲内で企業拠出金に加え個人拠出金を上乗せできるマッチン
グ拠出も認められているほか、規約に定めがある場合には、一定の条件
のもとで個人型確定拠出年金（iDeCo）にも同時に加入し掛金を拠出す
ることができる。個人型は、このほか自営業者、公務員、専業主婦に加
え企業年金のない企業の従業員等が掛金を拠出する。退職時等には、企
業型から個人型へ、または個人型から企業型へ資産を移換して継続する
ことが可能である。企業型の拠出限度額は図表３−３−３のとおり定めら
れている。

図表３−３−３ ●確定拠出年金（企業型）の拠出限度額（2019年）

タイプ	個人型年金との同時加入の制限あり		個人型年金との同時加入が可能	
他制度への加入（※）	加入していない	加入している	加入していない	加入している
拠出限度額（月額）	55,000円	27,500円	35,000円	15,500円

（※）厚生年金基金、確定給付企業年金、石炭鉱業年金基金、私立学校教職員共済

　また、実施形態としては単独型と総合型がある。前者は企業１社が労
使で規約を作成し、厚生労働大臣の承認を受けて実施する。後者はすで
に承認を受けた規約に複数企業が参加する形で実施される。総合型では
後発の企業には規約作成の負担がなく、申請手順等が容易である。

　給付の種類としては、60歳以後に支給請求できる「老齢給付金」と「脱
退一時金」、さらには一定の障害を負ったときに支給請求できる「障害給
付金」、死亡時に遺族に支給される「死亡一時金」などがある。原則とし

て途中脱退はできないが、たとえば、企業型では資産額が15,000円以下の場合など、一定の条件を満たせば脱退一時金の支給は可能である。

前述のとおり確定拠出年金では、個人が自己責任で資産の運用を行うことを基本としている。運用対象の商品群の中には元本保証のないものもあるため、個人には一定の金融商品知識が必要である。そのため個人に対する投資教育が重要であり、企業には従業員への投資教育が義務づけられている。

④ 中小企業退職金共済（中退共）

中退共は中小企業の退職給付制度の促進のためにつくられた社外積立の制度で、企業拠出の掛金が予定利率で運用されて支給金額が決まる制度である。中小企業退職金共済法を準拠法とし、独立行政法人勤労者退職金共済機構が運営する。拠出型（確定給付ではない）という点では確定拠出年金と同様の構造を持つが、加入者自身は運用を行わず機構が運用を代行し、給付も行う。当制度が利用できる企業は、業種、資本金等により図表3-3-4のように定められている（個人企業の場合は、常用従業員数）。

加入対象者は正社員のほか、非正社員（パートタイマーなど）も含めてよい。掛金は月額5,000円～30,000円の範囲（ただし、パートタイマの掛金は特例で月額2,000円、3,000円、4,000円である）で、個人ごとに定めた掛金を事業主が拠出し、給付金は退職時に従業員に直接支給される。給付金額は掛金月額、加入期間、運用の予定利率によって決定される。運用実績が予定利率を上回ると、一定額が加算されるが、予定利率

図表3-3-4 ● 中退共を利用できる企業の基準

業種区分	常用従業員数		資本金／出資金
一般業種（製造業、建設業等）	300人以下	または	3億円以下
卸売業	100人以下	または	1億円以下
サービス業	100人以下	または	5,000万円以下
小売業	50人以下	または	5,000万円以下

が下方変更された場合は、減額となることもあるという点では確定拠出型と同様である。退職事由にかかわらず従業員に支給され、一般の退職金制度に見られるような自己都合や会社都合によって退職金額に差をつけることはできない。ただし、社員が一定の懲戒事由に該当して退職した場合、事業主からの申出に厚生労働大臣が減額相当と認めたときは、勤労者退職金共済機構は減額して支給できる。

　新規に中退共に加入する場合には、掛金の一部が国から助成される。月額掛金の2分の1（上限5,000円）が加入後4カ月目から1年間助成される。また、18,000円以下の掛金月額を増額する場合にも、増額分の3分の1が1年間助成される。

　なお、2014（平成26）年4月以降に解散した解散存続厚生年金基金から中退共制度へ移行の申出ができることになった。

2　退職給付制度の設計

（1）制度設計の全体像

　制度設計にあたっては、まず退職給付制度が企業経営に重大な影響を及ぼす制度であることを認識する必要がある。図表3-3-5に示すように、制度の設計と運営いかんによって企業の価値は大きく変化する。

　すなわち、退職給付制度は貴重な人的資源の調達と活用という面を通して、中長期的に経営に影響を及ぼす。優秀な人材を採用し、定着させ、貢献を引き出すためには、納得性の高い退職給付制度を提示する必要がある。さらに財務管理の面でも、年金債務がオンバランスされるので、制度の設計と運用が株価や格付けなどの企業評価に直結する。過大な債務負担が将来的に求められるような退職給付制度では、企業に対する市場の評価は低下する。

　また、制度を取り巻く環境が常に変化しているので、最適な制度のあり方は動態的な視点からとらえることが大切である。資産の運用環境、労働市場の動向、特に雇用の流動性などは制度の機能や有効性など

図表3-3-5 ● 退職給付制度設計の全体像

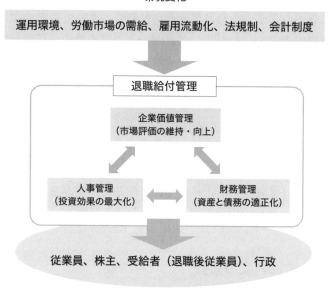

環境変化

運用環境、労働市場の需給、雇用流動化、法規制、会計制度

退職給付管理

企業価値管理
（市場評価の維持・向上）

人事管理
（投資効果の最大化）

財務管理
（資産と債務の適正化）

従業員、株主、受給者（退職後従業員）、行政

多様なステークホルダー

に密接に関係してくる。退職給付関連の法規制や会計制度なども常に変化しており、それらを注視しながら制度設計を進めていくことが求められている。さらに、潜在的受益者である現役従業員、現在の受益者である年金受給者をはじめ、株主、監督を行う行政など、制度を取り巻くステークホルダー（企業に対して利害関係を持つ者）は多様であり、それらの間の意見調整・利害調整が必要となる機会も少なくない。このように労使にとって最適な退職給付制度を設計し、維持するためには、企業の内部・外部にあるさまざまな影響要因を注視しながら機動的な対応をとることが必要となっている。

（2）公的年金制度との関連

　厚生年金の支給開始年齢は、2001（平成13）年度より定額部分が、そ

して2013（平成25）年度より報酬比例部分が、それぞれ男性について65歳に段階的に引き上げられ（女性はそれぞれ5年遅れ）、2025（令和7）年度（女性は2030（令和12）年度）には引き上げが完了することになっている。一方、企業の定年年齢は60歳とする企業が全体の8割となっており（厚生労働省「平成29年就労条件総合調査」）、60歳から64歳までの継続雇用期間中のトータル処遇をどう設計するかが課題となる。

　こうした経緯を踏まえ、今後において退職給付制度を設計・変更する場合は、①公的年金の支給開始年齢を踏まえ、企業年金の支給開始年齢の検討を行うこと、②公的年金改革の動向を注視しつつ、年金の位置づけを退職から公的年金支給開始までの「つなぎ」と位置づけること、③雇用継続期間の長期化と退職金・年金の水準との関係性に常に注意を払うこと、等に留意していく必要がある。

（3）従業員のライフプラン（生涯生活設計）との関連

　65歳までの雇用義務化は、労働者のライフプランに大きな影響を与えることになり、60歳以降の企業年金の受給方法にも変化を及ぼす。たとえば、60歳から64歳までの無年金期間の生活保障に重点を置いた5年間の有期年金制度は、当該期間の雇用継続による所得確保により、賃金の補完的位置づけへとそのニーズが変化する。また、ゆとりある老後生活実現のための公的年金の上乗せ給付を目的とする制度では、上乗せの水準に関する検討に加え、支給開始年齢のバリエーションを求めるニーズが生じる可能性がある。また、現役としての勤務期間が延長されることは、労働者のライフイベント実行時期の変更を促し、それがライフプランの見直しにつながることになる。一方、雇用継続措置により企業の人件費負担は増加するため、退職金・年金の積立水準の妥当性について検証する必要性も生じる。

　このように退職給付制度の設計にあたっては、従業員のライフプランを考慮した水準と、企業の支払い能力に見合う水準とがトレードオフの関係になることを踏まえ、限られた支給水準の範囲で、従業員のニーズ

に応えうる柔軟な対応が求められることになる。

（4）制度に関係するリスク

　企業と従業員はともに、退職給付制度の導入と運用にあたってさまざまなリスクの負担が求められる。制度の設計にあたっては、この「リスクの分担」の視点を持つことが重要であり、図表3-3-6は考えられるリスクの一覧を示したものである。それぞれのリスクの概要は以下のとおりである。

① 　運用リスク…資産の増加をねらった運用に伴うリスクであり、それには元本割れのリスクをはじめとして、予定した運用益を得られないリスクなどがある。

② 　財政リスク…当初予定していた死亡率、昇給率、脱退率などが予想外の動きをし、計画していた財政状況と現実の財政状況との間に乖離が生じるリスクである。早期退職優遇制度などによる雇用調整も、これに大きな影響を及ぼす。

③ 　インフレリスク…インフレによって、年金額では十分な老後生活が営めなくなるリスクである。

④ 　生存リスク…受給者である従業員がどれだけ長生きするかわからないため、用意した老後資金が足りなくなってしまうリスクである。

⑤ 　制度のガバナンスリスク…制度に対して支配的な立場にある者が自己の利益を追求するために適正な制度運営が阻害されるリスクである。

⑥ 　制度の終了リスク…企業倒産などによる制度の廃止のリスクである。

　これらのリスクは制度設計と深いかかわりがあり、図表3-3-6に示したように、制度によってリスクの担い手が異なってくる。すなわち、退職給付制度の設計の第一歩は、確定給付型か確定拠出型かの選択、あるいはそれらの組み合わせの選択であるが、それは制度運営に伴うリスクの担い手を誰にするのかと同義である。特に、「運用リスク」については、両制度は対照的であるので十分な検討が必要である。

図表3-3-6 ● 退職給付制度とリスク

リスクの種類		確定給付型		確定拠出型
		退職一時金	企業年金	
運用リスク	積立期間	企業	企業	従業員
	据置期間	従業員	企業	従業員
	支払期間	従業員	企業	従業員
財政リスク		企業	企業	―
インフレリスク		従業員	従業員	従業員
生存リスク		従業員	企業	従業員
制度のガバナンスリスク		企業	企業	―
制度の終了リスク		従業員	従業員	―

出所：大槻（2001年）に一部加筆

（5）設計と実施

　退職給付制度の設計の基本プロセスは図表3-3-7に示すとおりである。まずは、自社にとって中長期的に見て制度が必要かどうかの判断が必要である。既存制度の解散・解約による前倒し支給（賃金化）などの事例が示すとおり、退職給付制度がすべての企業に必ずしも必要ということではない。従業員のニーズや経営的効果、長期的な費用負担などを総合的に検討したうえで判断を行うことが重要である。

　退職給付制度が必要であると判断すれば、妥当な給付水準はどの程度か、そのときの企業の負担は長期的に見て持続可能な水準であるのか、さらに、望ましい給付形態は一時金なのか年金なのか、などを決定していくことになる。

　このような枠組みを決定した後に、確定給付型と確定拠出型のどちらとするのか、あるいは併用するとすれば両者のバランスをどの程度にするのが望ましいのか、さらには、具体的な制度を何にするのか、成果・業績の反映をどの程度とするのか等の詳細を設計することになる。

　すなわち図表3-3-8で示したように、導入する制度の種類を決定したうえで、同制度の要件を満たしながら加入資格、受給資格、給付水準、

図表3-3-7 ● 制度設計の基本プロセス

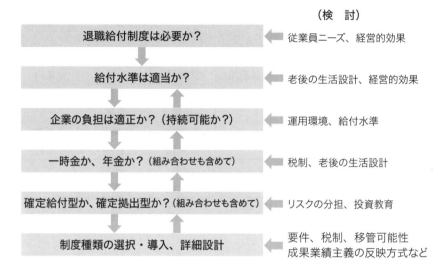

（検　討）

| | 退職給付制度は必要か？ | ⬅ | 従業員ニーズ、経営的効果 |

退職給付制度は必要か？	⬅ 従業員ニーズ、経営的効果
給付水準は適当か？	⬅ 老後の生活設計、経営的効果
企業の負担は適正か？（持続可能か？）	⬅ 運用環境、給付水準
一時金か、年金か？（組み合わせも含めて）	⬅ 税制、老後の生活設計
確定給付型か、確定拠出型か？（組み合わせも含めて）	⬅ リスクの分担、投資教育
制度種類の選択・導入、詳細設計	⬅ 要件、税制、移管可能性 成果業績主義の反映方式など

図表3-3-8 ● 制度設計における検討

種　類
基金型確定給付企業年金
規約型確定給付企業年金
混合型年金（キャッシュバランス型）
確定拠出年金（企業型）
中小企業退職金共済
特定退職金共済
自社年金（税制非適格）
退職一時金
退職金前払い制度

制度設計時の検討ポイント
加入資格
受給資格
給付水準
給付カーブ
基礎率算定方法と予測
税制との適合性
基金拠出方式と拠出額の長期予測
マッチング拠出の活用
個人型確定拠出年金（iDeCo）の活用
退職給付債務の長期予測
退職給付費用の長期予測
制約条件
移行経過措置の必要性

基礎率などの詳細部分の設計を進めていく。同時に、それらの決定は、退職給付債務や将来の掛金負担などの財政的なシミュレーションと並行して行うことが不可欠である。持続可能な制度であることが大前提だからである。必要に応じてシミュレーションが可能なソフトウェアを活用するか、委託金融機関などから年金数理に関する専門家を招いて正確な計算を行うことも必要となる。

3 退職給付制度の実施と評価

（1）人的資源への投資としての退職給付制度

　退職給付制度を設計するにあたっては、これまで説明した企業にとっての財務的リスクと個人にとっての所得リスクに加えて、企業にとっての人事管理上の効果の観点からも検討する必要がある。

　従業員の長期定着性の促進は、従来から認識されてきた経営課題であるが、今後の人口減少社会を考えると、優秀な人材の定着は一層重要になる。しかし一方では、制度間のポータビリティ（移管可能性）が高まり、従業員にとっての企業間移動のコストが低下しているため、制度があるだけで定着効果を期待することは難しい。従業員にとって魅力ある制度設計を行うことが求められている。

　一方、同じ退職給付制度でも、確定給付型と確定拠出型では効果に大きな違いがある。定着性については、給付額があらかじめ確定されている確定給付型のほうが優れている可能性が高い。また、従業員の「業務への集中」という点でも、従業員自身で資産運用を行わなければならない点を考えると確定拠出型がやや劣る。さらに、従業員の「老後生活設計の安定性」という点でも、給付額の予測可能な確定給付型が優れているとみなければならない。→図表3-3-9

　このように、退職給付制度を評価する際には、コスト面・リスク面にとどまらず、人事管理上の経営的効果についても十分に考慮する必要がある。退職給付を単なるコスト（費用）ではなく、人的資源に対する投

図表３-３-９ ● 制度タイプと人事管理上の効果

人事管理上の効果	確定給付型	確定拠出型	退職給付なし
定着性	○	△	×
業務への集中	○	△	×
老後生活設計の安定性	◎	△	×

資としてとらえなければならない。

（２）費用面での評価

　退職給付制度に対する現在の企業負担は相対的に大きい。厚生労働省の「就労条件総合調査」（→図表３-３-10）を見ると、2016（平成28）年の退職給付等の費用（一時金負担と掛金負担の合算額）は従業員１人当たり月額18,331円であり、対労働費用比率は4.4％であるが、企業規

図表３-３-10 ● 労働費用の構成－規模30人以上（2016年）

年	労働費用	現金給与	現金給与以外の労働費用	退職給付等の費用	法定福利費	法定外福利費	その他
1985	361,901 100.0	306,080 84.6	55,820 15.4	14,119 3.9	27,740 7.7	10,022 2.8	3,939 1.1
1995	483,009 100.0	400,649 82.9	82,360 17.1	20,565 4.3	42,860 8.9	13,682 2.8	5,253 1.1
2005	462,329 100.0	374,591 81.0	87,738 19.0	27,517 6.0	46,456 10.0	9,555 2.1	4,210 0.9
2011	414,428 100.0	337,849 81.5	76,579 18.5	20,813 5.0	44,770 10.8	8,316 2.0	2,680 0.6
2016	415,165 100.0	334,319 80.5	80,846 19.5	18,331 4.4	48,507 11.7	7,438 1.8	6,569 1.6
うち従業員 1,000人 以上	481,077 100.0	375,888 78.1	105,189 21.9	29,016 6.0	53,254 11.1	9,237 1.9	13,683 2.8

注）図表中の上段は金額（単位：円）、下段は構成比率（単位：％）を示している。

出所：労働省「賃金労働時間制度等総合調査」（1995年度以前）、厚生労働省「就労条件総合調査」（2005年度以降）

模が大きくなると、退職給付等の費用の比率が上昇する。

　このような人件費全体の中での負担割合や現金給与との対比、福利厚生費用との対比などを業界内企業との間で比較しながら、自社のあるべき費用水準を検討していく必要がある。

　ただし、退職費用は変動性が高く、従業員の年齢構成や雇用政策、運用環境などによって大きく変化する。したがって、企業が負担する費用水準として持続可能であり、妥当なものであるのかという点について、制度設計時に行った退職給付制度の財政計算を常に再点検しながら管理し、本業の事業運営に支障をきたさない範囲で資金負担に備える必要がある。

<table>
<tr><td>第 **4** 節</td><td># 海外駐在員の賃金管理</td></tr>
</table>

学習のポイント

◆海外駐在員の基本賃金決定方式は、購買力補償方式、併用方式、別建て方式の３つに分類される。大企業では圧倒的に購買力補償方式を採用する企業が多いが、中堅・中小企業では併用方式や別建て方式を使う企業が多い。

◆海外駐在員に対する各種インセンティブの設定や、海外生活固有のエキストラコストをどう補償するかという視点は、海外駐在員の賃金管理を行ううえできわめて重要な要素となる。

◆国内外の賃金関係法、税法、社会保険関連法を正しく理解するとともに、各種協定、条約に基づいた適切な対応が求められる。

1 海外駐在員の賃金の決定方式

　海外駐在員の給与決定方式は、各企業の処遇の考え方、派遣先国の事情、国内勤務者に適用される賃金制度との関係、そして同業他社の対応状況などが絡み合い、複雑な制度設計になっているケースが多い。しかし、海外基本賃金の決定方式や基本賃金を補完する手当・インセンティブについては類型化されたパターンがあるため、その基本を押さえておくことが重要である。

　ここでは、海外駐在員の基本賃金の決定方式として主要となる３つの方式を挙げ、それぞれの特徴を解説する。

（1）基本賃金決定方式

①　購買力補償方式

　購買力補償方式は、国内勤務時の給与から、所得税、住民税、社会保険料等を控除したネット賃金に、在勤地での購買力を維持するための指数を乗じて得た金額を海外基本賃金とし、さらに、それを駐在先国の現地通貨（国によっては基軸通貨を使用する場合もある）に換算して決定する手法である。使用する指数は、家計消費支出の中で重要度の高い項目について、日本（＝東京）を100とした場合の海外主要都市別の指数であり、外部コンサルティング企業の提供するインデックスを用いる。

　労務行政研究所の2019（令和元）年調査では、購買力補償方式を採用している企業が61％と多数を占めている。特に大企業においては事実上の標準になっているといえるが、同調査の母数が少ない中堅・中小企業においては事情が異なることに注意を要する。→図表3-4-1

　1）メリット

　　ア　在勤地での給与が、国内給与と比べて経済的に損も得もない状態（ノーロス・ノーゲイン）を維持できる。

　　イ　複数の都市に駐在員を派遣している企業では、都市ごとに自社で調査を行うことは膨大な手間を要するが、それに対して駐在員

図表3-4-1 ●海外給与（基本賃金）の決定方式

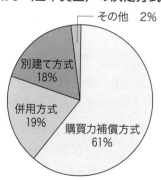

その他　2%
別建て方式　18%
併用方式　19%
購買力補償方式　61%

出所：労務行政研究所『労政時報』第3984号

の納得感は得られにくい、という問題が解決する。

　ウ　ベースとなる賃金が国内の基本賃金となるため、職務・役割・
　　職務遂行能力といった賃金決定要素が引き続き反映されることに
　　なり、海外駐在員家族の家計優先の議論から脱却できる。

　エ　海外企業のローカル・スタッフ（現地採用従業員）を日本に駐
　　在させる場合も、賃金決定方式の国際共通化の実現によって公平
　　な基盤を確立できる。

2）デメリット

　ア　物価水準の低い新興国の諸都市など、指数が100を下回るケー
　　スが発生する。テンポラリー・レジデント（非永住者）として駐
　　在する従業員に、購買力という経済合理性理論を強制しきれない
　　という現実がある。

　イ　海外拠点の少ない企業では、指数の購入コストが割高になるこ
　　とがある。

　ウ　指数算出の前提となる標準駐在員モデルに対し、実際の駐在員
　　が海外居住経験が長いなど高順応社員である場合、結果として指
　　数の水準と実際の購買行動に差異が生ずる等の矛盾が生まれる。

② 併用方式

　併用方式とは、国内勤務時の給与（手取り額）そのもの、または一定
の乗数を乗じた給与と、駐在先国の事情に応じて別途設定された現地給
与とを合算して算出する方法をいう。主として、海外拠点が少ない中
堅・中小企業で採用されている。

1）メリット

　日本での給与をベースとし、海外勤務に伴う追加コスト相当額を加
算支給するというシンプルでわかりやすい構造のため、海外駐在員の
理解と納得を得やすい。

2）デメリット

　ア　ベース金額が円建てとなるため、基準となる現地通貨換算額を決
　　めておかないと、急激な為替変動に対して給与の上下動が発生する。

　イ　米国のように賃金決定基準の平等性確保に関する法整備が進ん
　　でいる国においては、当該決定基準自体の遵法性に問題が生ずる
　　おそれがある。

③　別建て方式

　別建て方式は、国内勤務時の給与とは無関係に、駐在先国の状況や本
人の職務・役割等に応じて現地通貨建てで給与を決定する方法である。
この方法では、国内の給与を一律に減額調整し、「留守宅給与」として一
定額を支給する一方、駐在先国においては、現地での生計費を独自に調
査したうえで、生活費が割高となるテンポラリー・レジデントに配慮し
た生計費重視の特性を有する賃金決定となる。

　1）メリット

　　ア　併用方式と同様にシンプルでわかりやすい決定方式である。

　　イ　為替レートの変動の影響を直接には受けない。

　　ウ　駐在先国の消費者物価指数（CPI）の変動に連動したシンプル
　　　な賃金改定が可能となる。

　2）デメリット

　　ア　生計費重視の賃金決定は、労働に対する対価としての賃金とい
　　　う本来のあり方から考えると問題が多い。

　　イ　企業業績や経営意思の反映が困難なため、環境変化に対する対
　　　応が難しい。

　　ウ　併用方式と同様に、賃金決定基準の遵法性の問題を抱える。

（2）基本賃金決定の注意点

　海外駐在員は労働査証取得の制約から、多くの場合、海外現地法人や
ジョイント・ベンチャー（合弁企業）の管理・監督者の立場で赴任する
ことが多く、必然的に国内勤務時の職群・資格とは異なる職務・役割を
付与されることになる。このため、基本賃金決定にいずれの方式を採用
する場合であっても、一般社員の場合は、本人の実際の賃金ではなく管
理職に近い賃金を別途設定し、職責に報いることが肝要となる。

2　海外駐在員の賃金管理

（1）月例賃金を構成する要素

　海外駐在員の基本賃金は前述の方式によって決定できるが、基本賃金の妥当性の議論とは別に、海外勤務固有のエキストラコスト（付加費用）を補償する必要が生じる。これらの補償を諸手当の設定によって解決する場合もあれば、基本賃金の構成要素に織り込むケースもある。ここでは、そうしたエキストラコストを機能別に区分し解説する。→図表3-4-2

①　海外勤務に対するインセンティブ

　住み慣れた環境から離れ、なじみの薄い文化的・社会的・政治的環境の中で、わが国とは異なる生活様式に適合しなければならない駐在員ならびに帯同家族は、さまざまな点で国内勤務社員との衡平が損なわれている状況にあり、何らかの金銭的補償措置によってこれを緩和することが求められる。通常は、海外基本賃金の一定割合や定額を海外勤務手当等の名称で上乗せ支給するケースが多い。

②　ハードシップに対する補償

　駐在先国　地域によっては、不安定な政治体制、治安の悪化、紛争の懸念といった安全上の問題を抱えるところもあれば、衛生状態、医療水準、気候条件、日本製生活物資の入手に難があるなど、海外駐在員ならびに帯同家族の生活に大きな影響を及ぼすハードシップ（苦難・困難）が存在するところがある。こうした過酷な生活条件、不健康な環境下で生活を余儀なくされる駐在員に対しては、何らかの金銭的補償で報いることが唯一の対応策となる。この場合はハードシップ手当等賃金への上乗せ給付を行うとともに、保健休暇制度の設定と旅費の支給、あるいは物資の送付など福利厚生を充実化させ、駐在員福祉の向上を図る必要がある。

③　住宅援助

　住宅の確保は、駐在先国の慣習・しくみによって大きく取り扱いが異なることになるが、社命で社員を派遣する以上、基本的には企業が現物

図表3-4-2 ● 購買力補償方式の賃金管理概要図（例示）

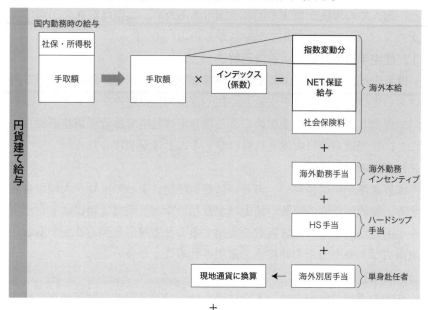

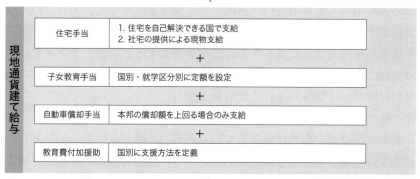

給付または家賃に見合う負担を行う必要がある。ただし、税制上の制約や、個人での解決が事実上困難な国もあるため、実際は駐在先国別に、次の3パターンで対応するケースが多い。

1) 住宅手当の支給による自己解決

欧米先進国のように、わが国と同様な賃貸住宅市場が確立している国においては、住宅手当を支給して住宅確保の自己解決を促すケースが多い。理由としては、企業契約による借り上げ社宅では管理業務が膨らむこと、住宅選定の自由度を社員に与えること等が挙げられる。

2) 家賃の実費補償

家賃水準が極端に高い、あるいは契約時期によって家賃が大幅に変動する、契約更新期の家賃の値上げが激しいなど、手当支給による自己解決が困難な国では、家賃実費を支給することで対応を図ることがある。東南アジアや中南米の諸都市で適用されることが多い。

3) 社宅を提供する

住宅の選択余地がない、または乏しい、会社名義で長期契約を締結する必要がある、家賃の長期一括前払いを要求されるなど、個人での自己解決が困難な国については、法人契約により確保した住宅や会社が保有する住宅を社宅として貸与する方法が必要となる。中国やインドをはじめ東欧、中東、アフリカなどの地域で適用する形態である。なお、この場合は家具が付帯された住宅が対象となる。

④ 自動車の取り扱い

公共交通機関が高度に発達しているわが国と異なり、生活の足として自動車の使用が不可欠な国は多い。しかし、駐在先国によっては、個人で自動車を保有することが困難な国もあるため、通常は次の2つのパターンで対応することになる。

1) 自動車の自己保有

自動車を個人が購入し、帯同家族も含め2台を所有するケースもある。欧米先進国では多くの駐在員が自動車を保有し、通勤や生活の足として活用している。企業の補償措置としては、自動車の償却費が日本を上回

る場合に差額を支給する、あるいは自動車購入資金を低利で貸し付ける
といった対応が考えられる。

2）社有車を貸与する

　自動車の価格が極端に高く個人での購入が困難であったり、交通事情
が悪く駐在員や家族の運転が危険な国においては、運転手つきの社有車
を無償で貸与することで解決を図る。ただし、レジャーなど私的な利用
分については使用料を徴収するのが一般的である。

⑤　単身赴任支援

　単身赴任や家族の一部帯同により、任地国と日本との二重生活を余儀
なくされる場合、そのコストを補うために別居手当等の名称で支給され
る。また、帯同家族に国内の社宅を提供するといった現物給付を行うケ
ースもある。一方で、職務・役割が異なるうえ生活環境が激変する海外
駐在員の肉体的精神的負荷を軽減するという点で、家族帯同赴任のメリ
ットがあるが、他方で、駐在先国の生活環境が帯同家族のメンタルヘル
ス面に悪影響を及ぼしたり、帰国後の子女教育に課題を残すといった家
族帯同のデメリットもある。結局は駐在員本人の決断を尊重し、必要な
経済的支援を行うというのが現実的な企業のスタンスといえよう。

⑥　子女教育支援

　海外の赴任地に子どもを帯同した場合の教育費は、海外駐在員にとっ
ての大きな支出要素となる。支援の方法は、定額の手当支給による方法
と、支出費用の実費もしくは一定割合の補助の方法とに分かれるが、多
くの場合、2つを併用して支援する状況にある。そこで、子女教育支援
策を設定する場合の注意点について列記する。

　1）定額手当設定の注意点

　　ア　支給対象年齢の決定

　　イ　補償対象範囲（授業料、スクールバス代など金額の算定根拠）

　　ウ　補償の規模（費用をすべて賄える水準か、自己負担を求めるか）

　　エ　支給対象となる学校の範囲

　2）教育費補助の対象

　ア　学校教育費の補助

　　入学金、授業料、教科書代、スクールバス代等のランニングコストに対する補助、または定額の教育手当を上回る場合の補てん

　イ　語学教育費の補助

　　現地校入学に際して、学校からの要請も含め一定レベルの語学講習受講が必要となる場合の講習費用や家庭教師費用

　ウ　サマースクール等の費用補助

　エ　通信教育費補助

　　海外子女教育振興財団の通信教育等、帰国後の日本での教科学習に備えた基礎学力涵養のための課外教育費用

　オ　日本語補習校費用の補助

　　入学金、授業料の補助

　カ　その他の補助

　　日本の高校や大学受験のための一時帰国に要する旅費、未経過の授業料等に対する補助。

⑦　その他の支援

　家族を帯同する場合の帯同家族手当、基本的な家具の調達を支援する家具手当、駐在先の現地法人の代表者や支店長など職責に対応した役職手当、通勤手当等が挙げられる。

（2）賞与

　海外駐在員の賞与については、通常の場合、海外法人や海外支店の業績ではなく、母体企業の業績に応じた国内基準による支給率を適用し、個別人事評価を反映させたうえで支給額を決定する例が多い。支給方法については、国内の口座に円建てで振り込む方式となり、あくまでも母体企業の基準で母体企業が負担する位置づけとなるが、これは次の理由による。

　①　そもそも賞与という賃金支給形態自体がわが国独特の慣習であり、支給時期・支給規模の面で他国には例がない。

② 駐在先国によっては、平等賃金法等の法令により、日本人駐在員に対してのみ賞与を支給することができない場合がある。

③ 賞与の性格が成果配分機能にとどまらず賃金の後払い的機能を有しているため、海外駐在員のみを別扱いすることが整合性を有さない。

④ 駐在先国のローカルスタッフの納得感が得られにくい。

なお、海外駐在員は、わが国の非居住者となり所得税の納税義務が免除されることから、賞与をそのまま支給した場合、所得税相当額の分だけ手取額が増加してしまう。これを避けるため、多くの企業ではあらかじめ所得税相当額を控除して賞与を決定する例が見られる。

3 関係法令

（１）国内法の留意点

① 海外勤務者と所得税法

１年以上の予定で日本を離れ、海外現地法人や海外支店等に勤務する海外駐在員は所得税法上の非居住者となり、原則として所得税や住民税の課税が免除される。源泉徴収事務を担う企業の担当者は、次の実務上のポイントを把握し、正確な税務処理を実施しなければならない。

１）年末調整

海外駐在員が年の途中で出国し非居住者となったときは、出国までに支給した給与・賞与を集計したうえで、年末調整を実施しなければならない。この場合、社会保険料や生命保険料、地震保険料等は出国までに支払われた分が控除計算の対象となるが、基礎控除や扶養控除は全額が適用されるため、通常は、すでに納付した所得税が還付されることが多くなる。

２）出国後最初の給与

給与計算期間（１カ月以内）の中途で出国し非居住者となった者に対する給与は、当該給与計算期間に国内勤務分と海外勤務分が混在することになる。この場合は、その総額を国内源泉所得に該当しないものとし

て取り扱い、所得税の源泉徴収は不要となる。

３）帰国後最初の給与

逆に、海外から帰国し居住者となった者に対する給与は、同様に国内勤務分と海外勤務分が混在する場合、その総額を国内源泉所得として取り扱い、所得税を源泉徴収しなければならなくなる。

４）出国後最初の賞与

賞与計算期間のうち国内勤務期間分については、20％の税率により所得税を源泉徴収し、海外勤務分は課税対象外とする。

５）帰国後最初の賞与

賞与計算期間中に国内勤務、海外勤務が混在している場合でも、支給日現在は居住者であることから、全額を課税計算の対象として所得税を源泉徴収しなければならない。

② 各国租税条約との関係

わが国と租税条約を締結している各国に駐在員を派遣する場合、派遣先国とわが国との条約内容を確認し、所得税の取り扱いに関して正確な処理を行うことが必要となる。特にわが国の非居住者判定要件と、駐在先国の居住者要件が相反する場合は注意が必要である。たとえば、社員を中国にある駐在員事務所に10カ月の予定で派遣する場合、わが国では非居住者要件を満たさないため、所得税の課税を継続して行う必要があるが、一方中国においても、駐在員事務所という恒久的施設に雇用される社員として、短期出張者の免税規定の適用を受けることができないため、二重課税の問題が生じてしまう。こうした問題を事前に調査し、混乱のない事務を遂行していくことが求められる。

③ 社会労働保険各法

海外駐在員に対し、日本国内で給与が継続して支払われるときは、健康保険、厚生年金保険、雇用保険等の被保険者資格は継続し、当然に保険料の支払い義務が残ることになる。ただし、実務上、次の２点については注意が必要である。

１）社会保障協定締結国に派遣する場合の厚生年金

2020（令和2）年1月現在、ドイツ、英国、米国など20カ国との間で発効済みであり、派遣先国によって相違はあるものの、5年以上の期間を予定して派遣する場合は、厚生年金保険の被保険者資格を喪失し、派遣先国の年金制度に加入することで二重加入を防止することができる。一方、5年未満の場合は、相手国の法令の適用が免除され、わが国の厚生年金保険制度に継続加入することになる。

2）介護保険の適用除外

40歳以上65歳未満の者は、介護保険の第2号被保険者として保険料納付義務が生じるが、海外勤務に際して「介護保険適用除外該当届」を提出した者は、その期間中、保険料の納付が免除される。

④ 労働者災害補償保険の特別加入

労災保険は、日本国内で行われる事業のみを対象としているが、海外で行われる事業に従事する場合は、一定の条件のもと、任意の特別加入が認められる。海外駐在員は、通常、その国の災害補償制度の対象となるが、外国の制度の適用範囲や給付内容が必ずしも十分でない場合もあることから、海外駐在員にも労災保険の給付が受けられるようにしたのが特別加入制度の特徴である。保険料は、あらかじめ定められた年収（最高912.5万円）に保険料率（2019（令和元）年度は1000分の3）を乗じて算定される。

また、補償内容は、申請時に記載した業務内容の範囲に限られることに注意を要する。

（2）派遣先国の法令

海外駐在員の賃金管理を行っていくうえで、派遣先国の賃金、社会保障に関する法令を把握しておくことは重要である。日本国内の法規制を前提とした賃金の決定や運用は、時として現地の法令に抵触することにもなりかねないことから、十分な調査・研究が求められる。ここでは、米国を例に、特に留意すべき法令について列挙する。

〈雇用差別禁止にかかわる主な連邦法〉

① 1964年公民権法第七編

　ア　15名以上を雇用する使用者に適用される

　イ　人種、宗教、皮膚の色、性別、出身国に基づく差別の禁止

② 1963年平等賃金法

　ア　役員、高級管理職、事務所外で営業に従事する雇用者も対象

　イ　同一事務所内、同一労働同一賃金の実現

③ 1967年雇用における年齢差別禁止法

　ア　20名以上を雇用する使用者に適用される

　イ　40歳〜70歳の労働者に対する雇用上の差別の禁止

　ウ　州によっては上限年齢も撤廃されている

┃ 参考文献 ┃

今野浩一郎『勝ち抜く賃金改革　日本型仕事給のすすめ』日本経済新聞社、1998年

今野浩一郎・佐藤博樹『人事管理入門〔第2版〕』日本経済新聞社、2009年

奥林康司編著『成果と公平の報酬制度』中央経済社、2003年

楠田丘『賃金表の作り方〔改訂新版〕』経営書院、2006年

窪田千貫『適正労働分配率の算定と運用』中央経済社、1994年

笹島芳雄『賃金決定の手引〔第2版〕』日本経済新聞社、2004年

中町誠・中山慈夫編、山崎隆『Q&A労働法実務シリーズ2　賃金－給料・賞与・退職金〔第2版〕』中央経済社、2011年

日経連経済調査部編『経営計画の策定と適正賃金決定』日経連出版部、1996年

日本経団連出版編『人事労務用語辞典〔第7版〕』日本経団連出版、2011年

水野聡『判例にみる賃金制度改定で留意すべきこと』労政時報第3649号、2005年

労務行政研究所編集部『業績連動型賞与制度の実態』労政時報第3641号、2004年

労務行政研究所編集部『モデルケースでみる初めての海外駐在員制度設計』労政時報第3714号、2007年

第 **4** 章

人材開発

この章のねらい

　第4章では、企業の最重点課題の1つである人材育成を進めるための人材開発の意義、人材開発の主要施策と人材開発の活動について学習する。経営目標を達成するための人材開発方針や人材開発施策についての取り組み方や重要施策を押さえ、次に人材開発の主要方法であるOJT、Off-JT、自己啓発のニーズ把握からフォローアップまでの取り組みについて学ぶ。

　第1節では、現在の雇用環境変化・経営方針・人事施策と連動する人材開発施策、人事施策、キャリア形成支援、組織活性化と人材開発施策の方向と進め方、第2節では、人材開発を推進するための人材開発計画の立案、実行、人材開発費用と人材開発に関係する法令について概観する。第3節では、OJT計画に関するOJTニーズ把握、OJT計画の立案、推進、フォローアップ、第4節では、Off-JT計画に関するOff-JTニーズ把握、Off-JT計画の立案、カリキュラム作成とプログラム作成・推進・フォローアップについて学習する。最後の第5節では、自己啓発計画に関する自己啓発ニーズ把握、自己啓発支援計画の立案・推進・フォローアップについて習得する。

第 1 節　**人材開発の意義**

学習のポイント

◆人材開発は経営方針、人事施策と一体化した人材開発方針の
　中で企業の人材開発に対する考え方、取り組み方や期待する
　人材を明確にすることが重要である。
◆人材開発を進めるにあたっては、人事施策との連動、個人の
　キャリア形成支援、組織の活性化などの施策が必要となる。

1 経営方針と連動した人材開発施策

(1) 経営方針と人事施策の関連

① 急激な市場の変化

　現在、日本の企業は世界市場の中で熾烈な戦いをしている。バブル景
気時に世界市場に打って出ていたころとは異なり、海外企業による日本
市場への参入にも対抗しなければならない。参入してくる各国は着実に
技術力やサービス水準が上がってきている。その中でわが国の企業は、
正社員に対して世界で最高レベルの給与を支払いつつ、人的コストの削
減に努力している。国内外の競合企業に打ち勝つためには、「よりよいも
のを安価に提供」していかなければならない。他社よりも付加価値の高
い製品・サービスの実現（経営の高付加価値化）である。そのためには、
企業のあらゆる部門において経営革新が求められ、それを遂行する有能
な社員が必要となっている。国際化の進展に対応した組織力ならびに経
営力の強化は人事施策の重点課題である。

② 雇用の多様化

　経営の革新を進めれば、雇用も変わる。他社に勝てる技術開発や商品づくりを可能にする人材は、働く場の特性によって変化する。働く場を誰にゆだねるかは、コスト・技術・能力・経験などの面から検討されなければならない。その結果、①正社員（直接雇用正社員）にゆだねる、②パートタイマー・アルバイトや契約社員などの非正社員（直接雇用非正社員）にもゆだねる、③派遣社員（非直接雇用戦力）を活用する、④構内業務請負（社内業務を社外戦力に委託）として発注する、⑤外部企業へアウトソーシング（外部発注）する、などの決定がなされ、組織面の変化とともに雇用の多様化も進んでいる。

　さらに、どのレベルの仕事を誰にゆだねるかということも変化している。これまでのような、基幹業務は正社員、非基幹業務はパートタイマー・アルバイトで、という分業体制とは異なり、ある部門のある仕事は他社と提携し、ある製品についてはOEM（Original Equipment Manu-facture＝相手先ブランド製造）生産をし、ある部門はすべて業務請負契約でこなす例も一般的になってきた。非正社員や非直接雇用戦力に基幹業務をゆだねる例も多く出てきており、人材開発の対象も従来とは異なる。以上の点を図で表すと図表4‐1‐1のようになる。

③　人材開発の重要性

　このように、これまでの経営に革新を迫る要因が次々と発生しており、人事施策の対応も迫られている。市場変化と競争激化の中で、経営力の強化、組織力の向上、経営の国際化、少数精鋭化が求められるとともに、情報化やネット技術など対応する人材育成、「人生100年時代」を見据えた生涯教育の推進、60歳以降の高齢者対策といった人材面での対応が必要であり、これらに対応した人材開発が求められている。さらに、透明で迅速な意思決定を行うコーポレート・ガバナンス、企業不祥事や各種ハラスメントに対するリスク・マネジメント、法令のみならず倫理への対応が迫られるコンプライアンスなどの取り組みも不可欠となっている。

　しかし、このような経営革新による雇用の再編は社員に不安をもたらしている。「変化するこの企業に自分はいつまでいられるのだろうか」

図表４-１-１ ●要員の再構築

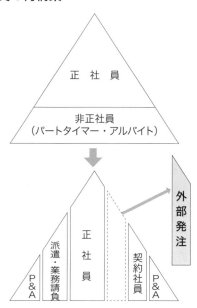

注）Ｐ＆Ａはパートタイマー・アルバイトのことである。

という不安と、「いられなくなった場合に、自分は次の仕事に就けるのだろうか」という不安である。他方、企業も、激化する人材確保の戦いの中で優秀な社員に転出される危機感を持っている。この双方の不安を解消するのが「人材開発」に対する企業姿勢である。「この会社は自分の能力を育ててくれる」という、社員の会社に対する信頼感であり、「会社は社員をこのように育てていきます」という会社の人材開発への取り組みが一層重要となる。

（２）経営目標・課題を解決するために必要な人材像
① 人材開発方針の作成
経営理念や経営計画と直接結びつき、経営目標・課題解決に貢献させる人材開発への取り組みがますます重要になってきている。人材開発は

経営理念、経営計画に基づき人事施策、人材開発施策へと展開される。人材開発の全体構造を示しているのが図表4-1-2である。

　経営目標を踏まえて人材開発方針（人材開発理念）を設定し、会社が社員に期待する人材像を示すことになる。

　人材開発方針に基づいて人材開発施策、教育研修体系を立案する。人材開発方針は企業の人材開発に関する考え方や目的・目標を定めるものであり、人材開発の指針とすべきものである。

　人材開発方針は、企業における人材育成の強化視点と社員のめざす視点の両面の内容を盛り込んで作成するとよい。図表4-1-3は人材開発方針の事例である。

　人材開発方針は、以下の内容を盛り込んで作成する。

図表4-1-2 ●人材開発の全体構造

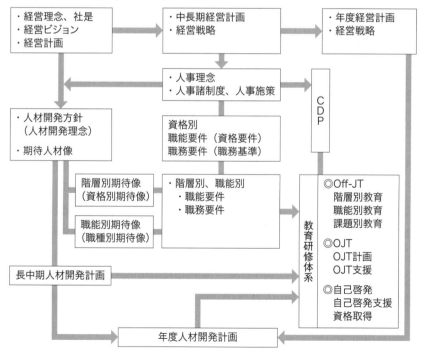

図表4-1-3●人材開発方針の例

（当社は）個々の適性・キャリアを踏まえ、それぞれのフィールドで活躍できる「業界のプロ」、その中核としてグローバルレベルでマネジメントできる「強い人材」の育成を目指しています。

その実現に向けて、OJT（on the job training）の徹底を通じた業務経験の付与を中心に、適切な評価・フィードバックによって社員の成長意欲を醸成、自己啓発を促し、研修を通じた知識・スキルの習得と、積極的なキャリアアップの補完を行うことで、更なる強化を図ります。

引き続き、研修を通じた人材育成に対しては多額の投資を行うとともに、今後はこれまでに構築した制度・仕組みを活用した現場主導による人材育成を更に促進していきます。

出所：伊藤忠株式会社　ホームページより、2019年

- ア　人材開発の目的・期待を明らかにする。
- イ　企業の求める人材像（期待人材像）を明確にする。
- ウ　OJT、Off-JT、自己啓発の意義と取り組み姿勢を明らかにする。
- エ　経営施策・人事施策や人事制度との関連性を示す。
- ノ　社員の人材開発への取り組みに期待を示す。

② 期待人材像の作成

期待人材像は、人材開発方針の中で企業が社員に期待している方向であり、指針となるものである。

企業の経営目標や経営課題を解決するために期待している人材像は、このような社員ですという指針の明示である。期待する人材像は会社共通の人材像、階層別の期待人材像、職種別の期待人材像などを明確にするとよい。

期待する人材像は、会社・階層・職種で作成するのがベターであるが、会社共通は必須として、人材開発方針の中に盛り込んで社員に周知することが必要である。

期待人材像は、企業が"どのような社員になってほしいか""どのよ

うな能力を高めてほしいか""どのように行動してほしいか"などについて、会社としての期待を盛り込んで作成する。人材像の具体化は、経営理念・経営計画を前提にして社員に期待する貢献のあり方であり、スキル・行動・態度などを統合し、重点を押さえて作成するとよい。図表4-1-4は会社および階層の期待人材像の例である。

図表4-1-4 ●期待する人材像（会社および階層）の事例

A社事例　人材像と研修のゴール

期待人材像のキーワードは、等級概念、職務・役割、仕事推進力、専門性、意識・姿勢・自覚からキーワードを抽出して再構成をしている。この期待人財像の姿がすなわち、階層別教育を企画するにあたっての各研修のゴールと考える。

階層	キーワード	期待人材像
部長	担当部門改革者	企業憲章（患者様第一主義・法令遵守の精神・企業活動の姿勢）を先見性をもって企業戦略とマッチングさせる担当部門の改革者
課長	職場経営者	企業憲章や上位方針を行動レベルに翻訳し、既成概念にとらわれることなく、リーダーシップを発揮しながら目標を必達する職場経営者
係長	職場監督者	みずからの専門性を基盤として、職場経営に参画し、チーム運営実践の中でマネジメントとリーダーシップを磨き、目標を達成する職場監督者
主任	第一線リーダー	みずからの専門性に磨きをかけ、常に改善マインドをもち、自分の仕事のみならず、周囲に働きかけて常にワンランク上を目指し、目標を達成する第一線のリーダー
一般係員 〜 中級係員	専門性発揮社員	みずからの専門性の定着化を図り、確実な業務遂行と良好な人間関係を構築し、後輩に基本動作・基礎態度を指導できる専門性発揮社員
初級係員	基礎力養成社員	・みずからの専門性を見出し、組織人としての基本動作・基本態度を確実に身につけ実践できる基礎力養成社員 ・社会人としての意識改革を図り、組織人としての自覚をもち、自己成長意欲をもち続ける基礎力養成社員

出所：『人材教育』2011年3月号　日本能率協会マネジメントセンター

2　人事施策と人材開発施策

（1）企業－社員の関係の変化

　「企業は人なり」といわれるほど、人材力は企業業績に大きな影響力を持つが、その人材（社員）と会社との関係のあり方が変化してきた。「会社ファミリーの一員（メンバーシップ型）から業務チームの一員（ジョブ型）への変化」にたとえられ、現在の企業は、業績を反映した人事処遇制度の構築と人材力を高めることによる少数精鋭の組織づくりをめざしている。

　つまり人事施策とは、会社と社員の関係のあり方を制度や考えとして具体化しているものと見ることができる。人事管理（採用・能力開発・異動・配置・福利厚生・報酬・退職など）について、自社の基本的な考え方や方向づけを人事施策として明確化して、人事制度として制度化（資格制度、人事評価制度、賃金制度、人材開発制度など）していく。そこから合目的な人材開発施策が検討・実施されていくことになる。さらに、人材開発施策には組織力を高めるという経営の視点と、個人のキャリアを開発するという個人の視点を持つことが大切になってきている。これにより、社員の会社への信頼が生まれてくるからである。

　また、昨今において、同一労働同一賃金の実現や長時間労働の抑制などを中心とした「働き方改革」が社会全体で進んでいるが、企業業績の維持・向上にはこれらと並行した生産性向上の改革も不可欠である。具体的な施策への着手はこれからだが、企業における人材開発への期待は以前にも増して大きくなっている。企業においては、人材開発施策をダイバーシティ・マネジメント、ワーク・ライフ・バランス、働き方改革、女性活躍推進、高齢者雇用、さらに職場における喫緊の課題であるストレス対応やメンタルヘルス対応などの人事施策と、緊密に連携させることが必要となる。

（2）人材育成目標および人材の適正配置

① 人材育成目標

　どのような人材になってほしいか、どのような能力を身につけてほしいかという、企業としての育成目標を提示することが重要となる。経営理念や経営計画に基づいて「企業が期待する人材」として具体化し、人材育成目標とする必要がある。

　企業は人事制度の資格制度の中で、社員に期待する能力や行動を職能要件（資格要件）として、役割や能力を資格ごとに明らかにしている。これは、人事考課の考課項目に反映されており、考課を通じて昇進・昇格や能力開発目標に結びついている。

　さらに、職務要件（職務基準）とも結びついており、業務目標として何に取り組むべきかの目安となる。この業務目標は企業で取り入れている目標による管理（目標管理制度）という管理手法の中で、面接やOJT実施を通して育成への取り組みがされることになる。人材育成目標は、人材開発方針や資格制度の中で期待する人材・期待する能力として明示されている。人事施策と人材開発を一体化させて進めることによって、企業が期待する人材育成目標社員の能力開発が実現することとなる。

② 人材の適正配置

　人材開発の有効な施策として適正配置がある。適正配置は企業活動に必要な職務に最も適した人を配置し、能力を最大に引き出すことを目的としている。人は与えられた仕事を通して成長するので、適材適所での配置が理想である。ジョブ・ローテーションを通して、個人の成長と業績向上への貢献や組織活力の強化が図られる。ローテーションは、複数の職務経験を通して新しい知識や考えを身につけることになり、多面的に能力開発が促進される。また、特に経営幹部候補者育成に活用されているのがCDP（キャリア・ディベロップメント・プログラム）である。CDPは長期的計画に基づいた育成をめざすものであり、部門間異動、関連会社出向など将来を見据えたローテーションである。配置・異動の目的は、企業ニーズと個人ニーズによるものがある。企業ニーズとしては、

組織の編成、仕事量の適正化、基幹要員の育成などがあり、個人ニーズとしては能力開発、適性発見などがある。しかし、人事異動には、企業全体、管理職、個人から見ても以下のような克服すべき課題も多い。

○少数精鋭化が進み、戦力ダウンをカバーする力が弱まっており、職場において一時的に戦力ダウンを招いてしまう。

○部署の業績低下・生産性低下となり、管理職は優秀な部下を手放さない。

○職場において人を育てる指導者が忙しく、異動してきた人を育てる余裕がない。

これらの課題を解決するためには、異動先でのOJTの強化、OJT指導者の育成、業務マニュアルの整備や職能別（職種別）教育の充実などの人材開発施策への対応が必要である。人材の適正配置は、異動を通して進められるので、新しい仕事の経験の中で能力開発され、適性発見や人材開発が促進することになる人材開発の有効な方法である。

（3）人事考課と人材開発

人事制度の中の人事考課の目的は、社員に対する適正な評価を行い処遇に反映することと、本人の能力開発ニーズを発見して指導・育成に活用することである。人材開発を進めるにあたっては、人事考課と一体化させて進めることが有効である。

人事考課は一般的に、業績、姿勢（態度）、能力の領域を評価している。業績評価では、業務目標の達成度を把握することになり、目標達成への取り組み、改善内容、問題解決への対処などを評価できる。姿勢（態度）評価では、仕事への責任感、積極性や協力性などを評価でき、能力評価では、資格ごとに求められる知識・技術や企画力、伝達力、判断などを評価することになる。

また、コンピテンシー評価によって、人事考課を行っている企業も増えているが、これも評価・育成に活用されている。

こういった人事考課を行った結果、

人事考課期待基準－人事考課達成状況＝個人育成ニーズ

となり、個人別の育成ニーズが明確になる。

　また、人材部門の管理者としては、この人事考課結果を階層・等級別や職能・職種別に分析することによって、今後強化すべき能力や姿勢・行動が明確になる。人事考課は、会社の期待人材の具体化が考課項目に反映されているので、人事考課の結果が上司の育成目標となり、OJTでの取り組みが明確になる。人事考課結果を部下の能力開発や育成に活かすためには、人事考課結果の効果的なフィードバックを行うことが不可欠であり、そのための面談が重要となる。人材部門としては、各職場における管理職に対する評価スキルの支援、面談スキルの向上、OJTスキルの強化などに関する施策を提供することが重要である。

（4）人材アセスメントと人材開発

　近年、人材アセスメントを人材開発に活用する企業が増えている。人材アセスメントとは、人材の特性を測定して、その特徴を把握することである。

　人材アセスメントの目的は、管理職候補者の選抜に活用することと社員の能力開発である。また、会社の基幹人材候補者の選抜にも活用されている。選抜目的は、選抜後に管理職としての職務を確実に遂行できるか、期待する成果を上げられるかなどを予測して測定することであり、アセスメントの結果を昇進・昇格審査に活用することになる。そのため、会社が期待する要素である知識・スキル・行動・姿勢などについて、あらかじめ決めておくことが必要である。アセスメントの方法としては、期待要素に基づいて、事例研究、討議、テスト、個人特性検査、面接などを実施する。具体的には、現状の職務遂行での行動・姿勢はどうか、職務遂行に必要な能力はどのレベルかなどの評価を行い、その結果を本人にフィードバックし、今後の能力開発に活用する。手法としては、360°診断（多面観察）、ケース研究、アンケート、テストなどを実施する。会社の将来を担う基幹人材育成は、経営にとっての重要テーマであり、経

営トップ層、人事部門と一体となって効果の上がる教育研修が求められている。

（5）長期的要員計画と人材開発

① コア人材の育成

　いま、企業に特に求められていることは、コア人材の長期的な育成と非正社員の戦力化である。企業は雇用形態の多様化を進めることにより、人的コストの削減を図りつつ、激化する競争に打ち勝つために企業力の向上を図ってきた。そこで明らかになったことは、核になる要員（コア人材）の存在である。企業の基幹として必要なコア人材を早急に育てるのはかなり難しい。コア人材は、現場での職務を通して養成されるので、他部門異動や関連会社への出向などにより、経験を積ませて本人の適性を見た意図的な育成が求められる。コア人材は長期的な視野を持って、しかも早い時期からCDP（キャリア・ディベロップメント・プログラム）と連動させて育成していかなければならない。CDPは、仕事を通して人材を育成していくジョブ・ローテーションや海外勤務、出向、社内FA制度、公募制度などにより新しい仕事に挑戦させる方法や、異業種交流などによって社外との人的パイプを構築する方法、コア人材候補者用の教育コースの設置などによって早い時期から選抜していく方法などが普及している。なお、図表4-1-5にCDPの体系が整理されているので参照してほしい。

② 非正社員の戦力化

　パートタイマーや契約社員は、質的にも量的にも戦力化が求められ、いまや企業にとって欠かせない労働力となっている。さらに少子化や高齢化が進むと、労働力不足を補うためだけではなく、企業の競争力を確保するためにも、優秀な非正社員の存在が必要となってくる。

　人材開発部門の管理者は、賃金面で正社員との均衡処遇を実現するとともに、非正社員の能力開発に積極的に取り組むことが求められる。非正社員のやる気を引き出し、企業の活性化につながることを現場に示し、

図表４-１-５ ● あるメーカーのCDPの例

区分	職掌・職種			配置・異動	必須研修	期待要件			
上級管理職	管理職	専門職	関連会社出向	キャリアカウンセリング	経営幹部研修				選択研修
中級管理職				第２次キャリア選択	マネジメント研修				
初級管理職				第１次キャリア選択	初級管理職研修		語学習得・資格取得支援	自己啓発・通信教育	
中堅社員	生産	技術	開発	営業	企画	アセスメント	リーダーシップ研修	職種別研修	
						第２次ローテーション	中堅社員研修			
一般社員						第１次ローテーション				
	生産	技術	開発	営業	企画	キャリアカウンセリング				
新入社員						入社時配属	フォロー研修			
							新入社員研修			

出所：労務行政研究所編『はじめて人事担当者になったとき知っておくべき、７つの基本。８つの主な役割。』労務行政研究所、2012年、109頁

　非正社員に対する教育研修の機運を盛り上げ、戦力化を図ることが大切である。また、非正社員の正社員登用を行うなどの雇用形態選択の機会を設けることも必要である。顧客から見ると、正社員が作った製品と非正社員が作った製品に区別はなく、小売りの現場でも顧客は接客能力を正社員と非正社員で区別しているわけではない。正社員のみを教育して非正社員が顧客に不満足感を与えていたのでは、何にもならないのである。しかし、図表４-１-６を見ると、企業は正社員に対する教育と正社員以外に対する教育の内容を区別しており、今後改善されるべき点である。この点については、2019（平成31）年４月より順次施行されている働き方改革関連法において、「雇用形態にかかわらない公正な待遇の確保」がうたわれており、非正規雇用労働者に対する教育もその対象となっていることに注意が必要である。

図表４-１-６ ● 重視する教育訓練

出所：厚生労働省「平成30年度能力開発基本調査」2019年３月

3 キャリア形成施策と人材開発施策

（1）生涯能力開発の必要性

　1990年代の後半、日本にもエンプロイアビリティの考え方が普及し始めた。エンプロイアビリティの目的は２つある。１つは、社外でも通用する能力あるいは雇用されうる能力を身につけること、もう１つは、現在働いている企業においても事業環境変化に対して成果を創出し続け、継続して雇用される能力を身につけることである。人材開発には、"組織メンバーとしての社員に対する能力開発"という観点に加えて、"生涯を通じたキャリア形成のための個人の自助努力に対する支援"という観点が求められる。

　すなわち、①職場での実務的能力開発のためのOJTや問題対応のためのOff-JT、②仕事、経験を通しての長期的なキャリア開発、③自発的能力開発（自己啓発）への支援、という視点からの人材開発施策が必要である。

（2）CDP（キャリア開発プログラム）と人材開発施策

　キャリアは、実務的に担当した職務やその内容で把握され、業務を担当していく中で形成される。キャリア開発とは、キャリアを通じた能力の開発ともいえる。

現在、CDPは企業の責任と個人の責任が一体となって進められているが、企業によるCDP支援の重要性が高まってきている。

キャリア開発の目的は、主に以下の4点である。

○社員のモチベーションを向上させる。

○企業の長期的な戦略に必要となる人材を育てる。

○社員のキャリア特性を踏まえた社内の人材の流動化を促進する。

○社員の自立性・主体性を高める。

キャリア開発とは、組織内階層の昇進や専門能力強化のために必要な知識・技術・技能の強化を目的とし、個人としてのキャリアを磨くことをめざしている。キャリア開発を支援するしくみ・制度としては、自己申告や社内公募制度を活用した異動や職種転換、出向・転籍制度、専門職制度などがある。教育研修面では、キャリア関連教育（30代キャリア研修、40代キャリア研修、50代キャリア研修など）、人材アセスメント、キャリア面接、職能（職種別）教育などがある。

一方で、CDPを阻害する要因は次のとおりである。

○人事制度とキャリア開発とがリンクしていない。

○キャリアと処遇とがリンクしていない。

○キャリアに対する会社の戦略と個人ニーズとが合致していない。

○キャリア開発に必要な能力が不明確である。

○CDPへの取り組みに受け身意識が強い。

人材開発部門としては、自社におけるCDPを阻害する要因を探り、CDP支援のしくみ面、教育研修面や管理職指導面等からその解決に取り組むことが必要である。

（3）キャリア・カウンセリングと人材開発施策

組織力を高めるための人材開発と、社員個人のキャリア開発のための能力開発とのバランスが崩れると、社員に不安・不満・焦りなどが生まれ、離職や精神的トラブルなどの発生の引き金になる。また、自分が思い描いている仕事の内容、配属先、上司や同僚との人間関係などと現実

とのギャップは自身のやる気を削ぎ、組織力の低下を招いてしまう。大切なことは、悩みを聞いて、個人のキャリア開発について補助する人の存在である。近年、キャリア・カウンセラーの存在が重要視されてきているが、上司がカウンセリングのマインドとスキルを持って部下と接することができれば理想的であろう。

　さらにカウンセリングは、上司の部下理解につながり、キャリアの転換や人事異動を支援する役割も果たしている。カウンセラーとしての上司には、部下の適性や希望するキャリアの方向性を普段から理解しておく心構えが必要である。終身雇用が堅持され、いったん入社すると永続的な雇用が保障されていた時代には、あまり問題視されなかったが、現在では、カウンセリング機能が従業員満足度（ES）と密接なものとなっている。

4　組織活性化施策と人材開発施策

（1）組織活性化と人材開発スタッフの役割

　組織活性化を進めるにあたり、社員に"組織のための努力"ばかりをアピールしても納得は得られない。その努力が組織と個人と顧客のためになっていなければ、個人の活力を引き出すことはできない。したがって、組織活性化のニーズは組織、個人、顧客のそれぞれの面から確認されなければならない。

　組織活性化の進め方は、問題・課題は何か（課題の発掘）、どの課題をどのようにするか（目標設定）、どのような体制でどのように進めるか（組織編成、展開の手順、計画化）を決定し、課題解決の実施（会合、教育の実施）、課題解決の検証（目標の解決状況、フォローアップ検討）という手順となる。組織活性化への取り組みは、全社や各部門が対象となり、全社展開では経営トップ層と、各部門展開では部門長と一体となって取り組むべきである。人材開発スタッフは、組織活性の仕掛け、課題解決の方向づけ、活動のキーパーソンづくり、活動展開のアドバイスと

いう役割が期待される。

　組織活性化のための方法としては、取り組む組織編成がされ、教育研修やプロジェクト・チームによって進められることになるが、基本的には職場ぐるみ、部門ぐるみの取り組みとなる。組織活性化施策は、全社運動的な進め方をとるので、参加者が主体となった進め方が重要である。したがって、人材開発スタッフは支援やアドバイスの役割を担うことになる。内容としては、取り組みに必要な導入時研修や実施時研修についての企画・作成や組織活性化に関連する教育研修（問題解決研修、KJ法研修、コミュニケーション研修）などの企画支援や進め方のアドバイスがある。人材開発スタッフの能力としては、組織活性化施策の展開ができる、問題・課題の解決をアドバイスできる、組織関係者と活発なコミュニケーションができることが求められている。

　そして、集団活動を支援するための話す、質問する、聞く、分析するなどのスキルや、ファシリテーションスキルなどが必要になる。

（2）組織文化の変革およびチェンジマネジメントの必要性

　企業の歴史を見ると、ある時期に自社の発展に大いに寄与した考え方やシステム、風土などが、時の経過とともに環境変化に追いつかず、停滞を招く要因になってしまうことがある。しかし、内部の人たちは過去には成功したという経験があるだけに、また、自分たちがつくってきた企業文化であるがゆえに打ち消すことができない。かつて隆盛を極めた日本を代表する企業が経営危機に陥った例は鉄道、スーパーマーケット、自動車、銀行など枚挙に暇がない。

　組織文化とは、そこで働く人々の思考様式・行動習慣であり、組織の中に根強く残っているものである。外部（市場・顧客）に目を向けた活動よりも内部（社内・職場）マネジメントにエネルギーが投入されるようであっては、組織変革は難しい。企業が生き残るためには過去のマネジメントや固定観念を打破し、新たなマネジメントへの転換と、マネジメントに携わる人たちの役割の見直しが求められる。市場の変化に合わ

せた企業文化の革新が求められるゆえんである。革新のためには社員の意識改革を進め、活力ある組織を実現するための組織活性化策が必要であり、それに向けた取り組みや教育を充実していくことが人材開発部門の仕事になる。

（3）人材開発施策を活用したコーチング

　企業の環境が厳しくなっている中で、コーチングを人材開発の方法として活用する企業が増えている。その背景としては、成果主義のもとで目標管理が導入されて業績達成に向けた個人の主体的な取り組みが必要になってきていること、職場内での上司と部下とのコミュニケーションの充実や部下に対する効果的な指導が求められていることなどが挙げられる。コーチングは、部下の課題を発見し、計画に結びつけるために活用する。部下の主体性を尊重して部下の考えや行動のあり方を引き出すとともに、部下の持ち味・長所を認めて部下を育てることを主眼としている。管理職がコーチングに取り組むポイントとしては、以下のとおりである。

　　○部下個人の持ち味・特性や長所を認めて、部下の力を発揮させる。
　　○日常の業務活動や業務目標への取り組みについて、本人の考えや適切な行動の仕方を引き出して主体的に取り組むようにする。
　　○部下の適性を見極めて仕事を任せることによって仕事への満足・充実感が高まるようにする。
　　○部下の目標達成のために必要な協力を行い支援する。

　コーチング実践のステップは、Growモデルによって紹介されている。

　Growモデルは、目標を明確にする、現実を把握する、活用資源を発見する、目標達成の選択肢を選ぶ、目標達成の意思を確認するという手順で、コーチングの実践を進めていく。また、管理職がコーチングを実践するためのスキルとしては、積極的傾聴のスキル、質問のスキル、共感のスキルなどが必要である。ビジネスコーチングは、目標管理の実践や仕事での問題解決のために有効であり、人材開発部門としては、管理職

への通信教育や研修などを通してコーチングマインドやコーチングスキル向上に取り組むとよい。管理職による職場での実践を通して、部下との信頼関係づくりや部下の指導・育成に結びつくことになる。

（4）ファシリテーションを活用した人材開発施策

　組織活性化策を展開する際に注意すべきことは、上意下達的な指示では社員の納得が得られないということである。当事者たる社員が納得して新しい方向を自分たちでつくり上げたときに、彼らの参画意識と満足感が高まり、組織変革と活性化がスムーズに実現できる。

　そこで、当事者たちの問題意識の明確化や、問題解決などのプロセスを支援するものとして、ファシリテーションが重要視されている。これは、会議や組織における合意形成などを円滑に促進していくものであり、その際の進行役（ファシリテーター）の存在が大きい。ファシリテーターは、集団の活動がスムーズに行えるように支援し、舵取りをする働きであり、参加者全員の活力を引き出す役割が期待されている。組織の階層は「私言う人、あなた聞く人」という雰囲気をつくりがちである。その結果、会議が本来は討議の場であるにもかかわらず、組織の責任者からの上意下達の場になったりする。このような雰囲気の中では、全員による参画意識は生まれない。全員の意識が声となって現れ、議論でもまれ、納得したうえで行動する。人材開発部門には、ファシリテーション力を職場に育てるための支援が期待されている。

人材開発の推進

◆人材開発は、教育研修体系の整備、中長期および年度単位の人材開発計画の立案を行い、それに基づいて実行する。そのためには、経営戦略・人事戦略を踏まえたニーズを把握して教育研修を作成することが重要である。

◆人材開発の推進は、実行に必要となる対応処理、予算の策定や実行に関連する人材開発関係法令に基づく適切な対応を行うことになる。

1 人材開発計画の立案

（1）経営戦略および人事戦略

① 人材開発の流れ

　企業は経営計画・経営戦略を策定し、経営活動に取り組んでいる。経営計画達成のために組織が編成され、人が配置されて進められることになる。社員はその組織に配置されて実際の仕事を担い、業務を遂行することになるが、配置された社員はその職務遂行に必要な能力が求められる。会社が必要とする人材を明らかにして、それに基づく人材育成に対する取り組みが人材開発に期待されているのである。

　人材開発は、経営計画（目標）→組織の整備、人事戦略の策定→人材育成方針・人材育成計画の作成→人材開発施策の実施というフローで進められる。人材開発の基本的流れは、図表４-２-１のとおりである。

　人材開発は、以上の流れに基づいた経営計画・経営戦略の実現に向け

図表4-2-1●人材開発の基本フロー

・経営理念、社是、社訓
・経営ビジョン
・経営方針
・経営戦略（事業戦略、組織戦略、財務戦略等）
・人事戦略（人事方針、人事制度）

 …………………………〈人材開発ニーズ把握〉

◎人材開発方針、期待人材像 …………〈人材開発の考え方、進め方、重点内容〉
◎教育研修体系
◎キャリア開発体系

 …………………………〈人材開発ニーズ把握〉

◎中長期人材開発計画 ……………………（人材開発施策）
◎短期（年度）人材開発計画

◎人材開発活動
　・自己啓発の支援
　・OJT（職場内教育）の実施
　・Off-JT（職場外教育）の実施

◎人材開発の評価とフォローアップ
　・人材開発結果の評価
　・人材開発フォローアップの実施
　・人材開発計画の見直し

た活動支援を行う役割がある。たとえば、新規事業の開発、競争に打ち勝つための新製品開発、既存事業の強化、顧客満足度の向上などの経営強化のための重点戦略実現に向けた人材開発ニーズが発生する。人材開発は、経営戦略・経営重点課題とリンクした一体となった取り組みが求

められており、企業における社員の能力向上への期待はますます高まってきている。

　人事戦略においては、人事方針の策定、人事制度の整備、働く環境の整備などを行い、人材の活用と動機づけのための施策を講じる必要がある。組織を動かすために必要な資格制度や昇進・昇格制度の構築、ローテーションの実施、人事考課制度の整備、自己申告の実施やCDPの支援などである。人材開発はこれらの人事戦略・人事施策と連動させて、社員の能力と意欲の向上に取り組むことが求められている。

　人事戦略における人事諸施策、人事諸制度は人材開発と一体となって進められるが、図表4-2-2は、人事関連の諸施策と人材開発との関連を示している。

図表4-2-2 ● 人事関連施策・制度と人材開発との関連性

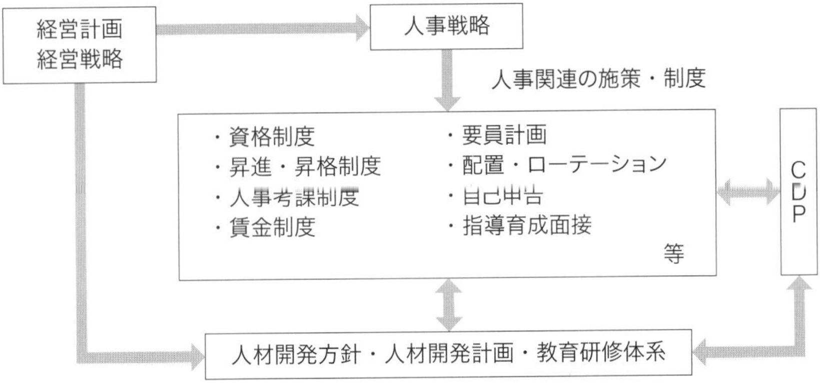

企業における人材開発は、社員の人材力を仕事で求められるレベルまで引き上げるために実施されるものであり、能力、スキル、仕事への意欲と態度などの面で、あるべき効果が明確にされていなければならない。その意味で人材開発方針・計画は、資格制度、人事考課制度、昇進・昇格制度、CDP、自己申告制度などの人事制度とも密接なつながりを持っていなければならない。

② 経営戦略・人事戦略と教育研修体系

経営方針、経営戦略、人事戦略に沿って人材開発方針、期待人材像が設定される。人材開発を体系的に進めていくための目標やアウトラインを明示した教育研修体系の構築が必要となる。教育研修体系は、人材開発方針、期待人材像を踏まえたものであり、人材開発の全体像が示されたものといえる。

教育研修体系を構築するうえで押さえるべきことは以下のとおりである。

○人材開発方針、期待人材像を体系の中で実現する。

○人事戦略、人事制度と関連させ、連動している。

○人材開発の全体像や活動方向・内容を明示する。

○社員が人材開発への取り組み目標を理解できる内容にする。

図表4-2-3 ● 教育体系例

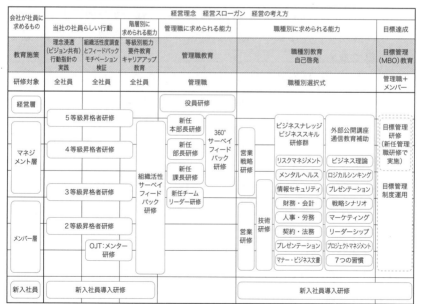

出所：労務行政研究所編『人事担当者が知っておきたい、8の実践策。7つのスキル。』労務行政、2010年、187頁

○人材開発の形態（方法）であるOff-JT、OJT、自己啓発についての
教育研修への取り組みを入れる。

図表4-2-3は教育研修体系の参考例を示している。

③　Off-JT、OJT、自己啓発の整備

1）Off-JTにおける階層別教育、職能別（部門別）教育、課題別教育
の組み立て

　　ア　階層別教育は、役員から部長、課長（マネジャー）、中堅、新人
　　　までの同一職位や同一資格層の社員を対象とする。組織における
　　　各階層や資格層の役割や必要能力によって組み立てを行う。

　　イ　職能別教育は、組織が期待する各職能（部門）の役割に基づい
　　　て組み立てる。各職能（部門）に必要な共通能力の向上を目標と
　　　しているので、職能の分野は各会社の組織形態によって対象区分
　　　を設定する。一般的には、開発部門、技術部門、営業部門、生産
　　　部門、管理部門などの区分である。

　　ウ　課題別教育は、会社の経営方針、経営戦略から展開する取り組
　　　み課題と一体となっており、経営トップ層の理解、会社的合意を
　　　得て進める。

　　　　例としては会社の基幹要員を育てるビジネスリーダー養成、経
　　　営体質強化を図るISO研修、コンプライアンス研修などである。

2）OJTとOJT支援促進の教育研修施策の整備

　OJTは職務に必要な能力である知識・技能・技術や態度・行動につ
いて仕事を通して上司、先輩が部下に対して行う職場内教育である。
計画的な取り組みが必要であり、上司が部下と話し合い、部下の育成
計画を作成し、業務目標設定、業務の割り当て、日常指導を通して実
施する。

　人材開発体系におけるOJTの施策としては、OJT指導者のOJT能
力の向上やOJTマニュアルなどのツール整備が重要である。関連する
施策としては、目標管理制度、面談制度、マンツーマン制度（OJT担
当）、自己申告制度やCDPなどがある。人材開発体系の中で、OJTと

そのほかの施策を一体化させて進めると効果が高まる。

３）自己啓発と自己啓発援助支援の整備

　元来、自己啓発は本人の自発性で実施するという方針であった。しかし最近は、職務の多様化、知識・技術の高度化、事業活動の変化などにより、社員の能力向上に向けた企業としての支援・援助が必要になってきた。

　自己啓発を活発にするためには、各種援助制度の整備、時間的付与・有給休暇付与などの環境整備、CDPとの連動、資格取得の促進など、将来を見据えた支援の整備を行う。重要なことは、社員に対する自己啓発への動機づけ、意識づけへの取り組みを行うことである。

④　中長期・短期の人材開発計画

　人材開発部門は、人材開発方針の設定、教育研修体系の整備を踏まえて、中長期の人材開発計画と短期（年度）計画を作成する。

　中長期の人材育成計画は、中長期で「どのような人材を育てるか」「どのような内容を重点に育てるか」「どのような方法で育てるか」「いつまでに育てるか」など、人材開発方針に基づいて、それを具体的に行う内容について設定する。

　人材開発計画を作成する際に注意すべきことは、計画された教育に必要性が不可欠だということであり、あってもなくてもよい教育、なぜ実施されるか理解を得られない教育は、受講者に負担感を与えるばかりか、やる気まで失わせてしまう。図表4-2-4に示す5W1Hが明確に示されている人材開発計画が必要である。人材開発は経営戦略と人事戦略に沿うことで、「なぜ必要か」を明らかにし、加えて「何を教育するのか」、つまり、目的と目標を明確にして計画される必要がある。さらに、教育担当者、教育を実施する場所、教育期間、教育方法、費用なども計画を作成するための重要な要素である。

（2）教育研修ニーズの把握

①　ニーズを把握するための視点

図表４-２-４ ● 人材開発計画の５W１H

①WHY なぜ必要か	経営戦略（方針）により、人事方針が出され、中長期（３年〜）と短期（年度）の教育訓練方針が作成されるが、教育の必要性はこれらと連動して初めて意味を持つ。
②WHAT 何を教育するか	教育目的と具体的な内容の明確化である。教育評価が正しくなされるためには、目標をあらかじめ公表しておくことが大事になる。
③WHO 誰が	どの部署が主管して実施するのか。そのときの各部署の役割は何か。特に部門別やOJTのように人材開発担当部署から離れて実施される教育については、人材開発担当部署のサポートが必要になる。 さらに自己啓発の場合は個人によって進展度合いが違うので、途中経過の問いかけや報告などを通して、コミュニケーション不足に陥らないような方策が必要となる。
④WHERE どこで	実際に教育する場の問題であるが、部単位で行うのか課か係かなど、どの管理単位で行えば効果が上がるかを現場の声を聞きながら計画を立てていく。また職場を離れた教育は外部セミナー、出向先、留学先などによって教育効果が異なるので、豊富な情報をもとに決めていかなければならない。
⑤WHEN いつ	長い目で育てていくもの（階層別教育、キャリア・デザインなど）や短期間で教育成果を出さなければならないもの（接客・クレーム対応などのCS教育、製造現場での不良品発生防止教育など）、また期限付きのもの（法改正による対応、他社競合対応など）を明確にして計画する。
⑥HOW どのように	教育訓練手法や費用に関する計画で、教育評価もこの項目に入る。いたずらに他の企業に影響されることなく、企業風土や社員の資質を考慮しながら、しかし革新的な教育計画をつくらなければならない。マンネリに陥った惰性感による教育訓練では、効果は望めない。工夫をこらした丁寧な計画づくりが必要となる。

　あるべき能力と現実の能力との差が教育ニーズである。人材開発部門の管理者はニーズに合った教育がなされているかを常に注意深く確認し、現場で発生している能力ギャップの把握に努めなければならない。

　そのためには、後述するように、経営の視点、個人のキャリア開発の視点などが必要になるが、それとともに、現場で発生している問題が教育ニーズの源泉になる。その際には、①現在において発生している問題、将来において発生が予想される問題、②緊急な対応が必要な問題、長期的な対応が必要な問題、③教育訓練で対応すべき問題、教育訓練以外で

対応すべき問題、④業務における指導で対応する問題、制度面で対応する問題、といった視点に立って、現場の問題を人材開発計画の観点から整理してとらえることが必要である。

② 経営の視点から見たニーズ

トップの打ち出す戦略や事業計画がニーズの源になる。経営戦略、事業計画は、営業目標・製造目標などの目標設定を通じて現場で展開されるが、その目標と実績とに差異が生じている場合には対応が必要となる。その際、原因が人的要因にあるのであれば、さらにそれは要員数なのか、スキルなのか、モラールなのか、マネジメント力なのか、などについて現場の責任者とともに見極め、効果的な対応をすることが重要である。そのためには、普段から職場の役職者とコミュニケーションをとり、現場のニーズを収集していなければならない。特に経営環境がたえず変化している今日では、顧客ニーズの変化、競合他社の戦略の変化などにより発生したニーズを、いかに迅速に教育カリキュラムに反映させるかが大切で、これが人材開発部門に必要な能力となっている。

以上の点を概念的に表すと図表4-2-5のようになる。顧客ニーズから発生しそれが経営目標・方針に活かされ、人材育成面では人材開発方

図表4-2-5 ●顧客ニーズを意識した情報の方向

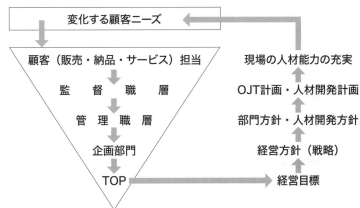

針、人材開発計画に反映されることになる。企業は変化する顧客ニーズをとらえて戦略を形成し、戦略はOJT、Off-JT、自己啓発などすべての人材開発に影響を及ぼす。人材開発部門に求められる能力は、環境変化に強い組織と人材をつくるために、顕在化している問題への対応力と同時に、この先、何が問題となるかを洞察できる力である。

③　個人・職場の視点から見たニーズ

　社員個人のキャリアプランに対応する能力開発にも目を向け、生涯教育の面から取り組むことも必要になっている。社員とのコミュニケーションを豊富に持ち、従業員満足度の状況を把握しておかなければならない。個人サイドの能力開発への期待や職務遂行のための能力状況を把握することが必要となる。また、各職場の仕事に関連し、教育を通して解決すべき課題も把握する必要がある。技術能力の強化、職場のマネジメント活動状況など職場の管理・監督者の立場からの教育ニーズ把握も必要である。

④　ニーズ調査の方法

　人材開発部門は、経営サイド、個人サイド、職場サイドなど、多面的なニーズ把握を行い、人材開発計画と結びつけなければならない。教育ニーズ調査の方法は種々あるが、経営トップ層や職場からのニーズ把握は、面接の実施や会議での収集などがある。このような調査は、トップ層や管理職層を人材開発への取り組みに巻き込むことにも役立つ。

　個人サイドのニーズ把握は対象者が多いため、アンケート調査（質問紙法）を活用し、設問に対する回答と自由記述によって収集して、集計・分析を行う。また、従業員満足度調査を活用したニーズ把握も有効である。人材開発部門が直接行うニーズ把握としては、自己申告の結果や人事考課の結果を分析する。

（3）人材開発計画の実施状況・実施結果の分析

　人材開発計画を検討するに際してはいままでの実施状況と実施結果を分析し、次の計画作成に反映することが重要であり、OJT、Off-JT、自

己啓発それぞれについての分析を行う。

　Off-JTの場合、特に会社としての重点研修については、研修の目標と実施した研修方法や実施のタイミングが合っていたかなどを分析し、修正点・追加点などを検討する。その際、階層別教育や課題別教育は人材開発部門が主体となって行い、職能教育（部門教育）については、関係する部門の責任者主体で分析・検討を行うとよい。OJTの場合には、管理職の立場から見た問題・課題は何か、社員から見た問題・課題は何かを整理し、今後のOJT施策を検討する。自己啓発の場合には、通信教育の受講状況、修了率状況、資格取得状況を整理分析して今後の自己啓発援助施策を検討する。

　これらの実施状況の分析を通して、人材開発計画の見直しと修正に結びつけることが、より効果的な教育研修の実施につながる。

2　人材開発計画の実行

（1）年度人材開発計画の作成と実行

　年度の人材開発計画は、人材開発方針や中長期人材開発計画に基づいて作成するが、具体的に検討する際には、年度の経営計画、事業活動ニーズ、職場ニーズを確認し、計画に反映させる。

　企業環境が激変する中では、経営方針や課題を人材開発計画と一体化させて取り組むことが求められている。年度人材開発計画作成のポイントは次のとおりである。

　○人材開発方針と中長期人材開発計画内容を基本とする。

　○年度の経営計画・経営戦略や人事方針・人事戦略からの落とし込みを行う。

　○経営トップ、管理職、社員層のニーズを確認し、優先順位を検討する。

　○計画内容としては、年度の人材開発方針目標、Off-JT計画（対象層、重点内容、方法、時期など）、OJT支援計画、自己啓発援助計画、人事施策・人事制度との関連施策、人材開発予算などを盛り込んで作

成する。

年度の人材開発計画実行に際して求められることは以下の点である。

○人材開発にかかわる社内外関係部署、関係者（関係する部署の責任者、管理職、受講対象者、講師など）と実施するうえでの調整を行う。

○教育研修を実施する中での確認と準備を行う。

○実施後の結果活用の仕方についての提案と依頼を実施する。

（2）社内外の関係部署との調整

大変な時間とエネルギーをかけて完成した営業マニュアルが、全国の営業現場でまったく使われなかった、といったことをよく耳にする。人は経験を積めば積むほど、自分の考え方に自信を持ち、それに固執する。自分で決めた仕事の進め方を他人に修正されるのは気分のよいことではない。人材開発の場合、たとえば、「能力開発スタッフは、どれほど自分たちの仕事を理解しているのか」「自分のキャリアプランについて、とやかく言われたくない」「自分なりに部下を育成しているのに」などの声になって現れる。これらは、人材開発部門や上司が作成した人材開発案に対する不満や批判であり、OJT、Off-JT、自己啓発のあらゆる場面に存在する。

人材開発部門としては、社員が人材開発に納得し、賛同してもらわなければ目的を達成することが難しい。「能力開発は誰のために、何のために行われるのか」「能力開発によって問題が解決されると、どういう効果が期待できるのか」などを職場や社員に理解させる必要がある。そのためには、以下の視点を持つことが有効である。

① いままで、誰がどんな教育をしてきたか。

② その方法で成果が出たか（費用対効果の視点から）。

③ 公平な教育になっているか。

④ 過去に成功しなかった要因は把握されているか。

⑤ 能力開発の計画は理解されているか。されていなければ誰を説得し、啓発するのか。

⑥　能力開発の計画に賛同していない者の主張を十分に聞き取ったか。

⑦　関係部門との交渉は十分か。

⑧　職場で特に留意すべき課題はないか。

　人材開発計画の実行にあたっては、Off-JTの計画変更が発生する場合もある。トップの方針が変わったり、計画の大幅な変更、業務や講師の都合による研修日程の変更などが発生する。特に社内関係者である管理職や受講者に対しては、変更理由やその対応などについて調整や説明を行うことが必要である。

（3）実施状況の確認と状況変化に伴う修正

　年度計画に沿って教育がスタートしても、途中で多くの問題が発生することもある。部門が担当するOff-JTや各職場でのOJTは計画どおりに実施されているだろうか、自己啓発の進展具合はどうか、また、それらの教育によって目標とした成果が出ているだろうか、といった実施状況の把握が必要である。さらに経営環境が変化する、教育対象者が変わる、あるいは新たに発生した問題の解決が優先される場合などもある。

　どのような変化が発生しても、状況に応じて迅速に計画を修正していくことが必要である。そのためには、普段から突然起こる変化を予測しておくことも必要であり、変化に強い管理者であることが求められる。また、OJTや自己啓発への取り組み状況についての状況を把握し、社内報や研修会を活用した現状報告やその対応への依頼などを行うことも必要となる。

3　人材開発費用の予算策定

（1）人材開発費用の総額と従業員1人当たり額

　人材開発予算は企業の考え方や、企業の置かれた環境により、大きな差が出てこよう。たとえば、大企業には将来の人材への投資という考え方が根づいているため、外資系企業は日本企業に比べてOff-JTにウエー

トがかかっているため、また、急成長している企業では、社員の仕事が急速に変化し、高度化するために教育費用も多くなる。つまり、自社の状況とニーズに合った予算を策定することが必要となる。そうでなければ、予算を計上したからといって必要でない研修を実施したり、逆に予算がないことを理由に必要な研修を行わず、後で取り返しのつかないこ

図表4-2-6 ●人材開発に支出した1人当たりの費用

①自己啓発支援に支出した費用の労働者1人当たり平均額（3年移動平均）

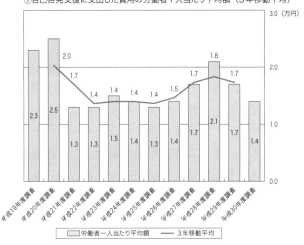

②OFF-JTに支出した費用の労働者1人当たり平均額（3年移動平均）

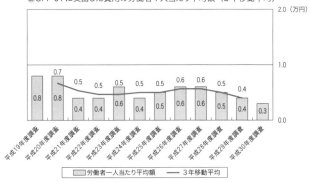

出所：厚生労働省「平成30年度能力開発基本調査」2019年3月

とになる場合がある。「研修実績を残すための研修」や「やらないよりは
やったほうがましな研修」は、社員の不満と批判の対象となる。

　費用対効果を向上させるには、最初に教育目標を明確に設定すること
が重要である。さらに、その目標は業務上の効果と直結していなければ
ならない。教育効果は、日常の実務においてどれだけの効果が出たかが
わからないと評価できない。従業員1人当たりのOff-JTおよび自己啓発
支援の平均額はOff-JTは1.4万円、自己啓発支援は0.3万円という状況に
あり、1人当たり費用はほぼ横ばい状態にある。→図表4-2-6

（2）人材開発費用の決め方

　人材開発費用の決め方は企業によって異なり、決定的な方法はない。
一般的には、売上高、利益、対前年費用などに対する比率設定から人材
開発予算を決定する。対売上高、対利益比で予算を決定する場合は、売
上高、利益の増減で予算が上下することになる。実際には、前年度の実
績額を踏まえて予算策定を行っている企業が多い。少し古いデータだが、
図表4-2-7は予算を策定する場合の最優先基準を示している。ほかに

図表4-2-7 ●教育研修費用予算を策定する場合に最も優先する基準

（単位：%、（　）内社数）

規模・産業	合計	前年度の予算額	前年度の実績額	毎年の必要額をゼロベースで積み上げる	従業員1人当たりの教育研修費用	特に基準はない	その他
調査計	100.0 (101)	10.9 (11)	48.5 (49)	25.7 (26)	1.0 (1)	10.9 (11)	3.0 (3)
1,000人以上	100.0 (37)	10.8	54.1	27.0	―	2.7	5.4
999人以下	100.0 (64)	10.9	45.3	25.0	1.6	15.6	1.8
製造業	100.0 (37)	13.5	45.9	29.7	―	8.1	2.7
非製造業	100.0 (64)	9.4	50.0	23.4	1.6	12.5	3.1

出所：産労総合研究所『企業と人材』2010年10月号「教育研修費用の実態調査」

305

総額人件費との関係やゼロベースで設定する方法もある。いずれの決め方で予算を設定するにしても、人材開発の予算は会社の人材開発への現状課題や将来に対する期待成果によって決定されている。

(3) 費用の内訳項目

予算が決まれば配分になるが、ここでは教育対象者のニーズを読み取り、優先順位を付けることが必要となってくる。何の検討も行わずに、例年と同額を振り分ける、あるいは予算を員数割りで均等に振り分けるなどの対応は問題である。当該年度のニーズに適確に対応した配分が必要であり、そのためには教育ニーズを管理者からしっかり聞き取る必要がある。たとえば経営トップから、人材開発部門に出された人材開発への要求、各部門で発生した課題、社員の自己啓発ニーズなどがそれである。なお、費用を算出する項目は、図表4-2-8に示したとおりである。

このように予算策定にあたっては、教育カリキュラムや実施案などをできるだけ具体的にしたうえで、費用を算定する必要がある。たとえば、Off-JTの直接費用については、担当者の人件費や講師料が、間接費用に

図表4-2-8 ● 教育訓練投資の構成

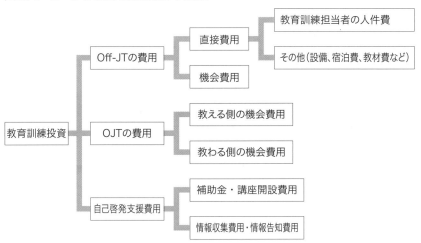

は、会場費・宿泊・交通費・食事代・機材・テキスト代などがあり、それらの設定により予算は大きく違ってくる。さらに、教育のために仕事から外れることで生じる機会費用も算出しておかなければならない。

（4）人材開発予算の実績管理

予算を実行する段階では、実行時での進捗管理と期末での実績管理を行う。人材開発予算に基づいた管理では、進捗段階での管理と期末段階での管理によって次年度計画への対応を行う必要がある。OJT、Off-JT、自己啓発ごとの形態別・内容別の管理を行う。

たとえば、階層別教育の新入社員研修、中堅社員研修、管理職研修といった研修のコース別とその費用項目別に予算額とその実績状況を集計し、予算額と使用額との差を分析する。1研修コース当たり、1人当たりなどで集計すると次計画の作成に活用できる。また、OJT関連での実績管理も必要である。OJTが掛け声だけで現場任せになっているのは、OJTに対する施策がほとんどなされていないことも起因している。OJT指導者研修や管理職に対するOJTに活用する支援ツール作成などにも費用投入が必要である。また、自己啓発に対しては、会社として強化する傾向にあるが、会社としての重点支援策を決めた投資を行うとよい。

会社の重点となる能力向上に関連する通信教育受講や必要な資格取得などには重点的に投資し、その実績管理を行う。

4　人材開発関連法令

ここで人材開発にかかわる法令を確認しておく。人材開発部門として、下記の能力開発に関する法令は十分学習し、理解しておかなければならない。

（1）職業能力開発促進法

労働者の職業能力開発政策の基本を定めた法律である。労働者が自分

でキャリアプラン（職業生活設計計画）の作成を行い、これに従って、職業生活全期間にわたり職業訓練の受講・学校教育の受講・実務の実践・自己啓発を組み合わせて自発的に職業能力開発を実行する「自己啓発人モデル」を前提にしている。この場合、職業生活の節目ごとに職業能力評価を行うことを重視している。

そして、事業主は労働者のキャリアプランに即した多様な職業訓練（OJTを含む）の実施、学校教育の併用、職業能力評価の実施・配置にあたっての配慮、自己啓発支援、キャリア形成支援、熟練の伝承支援等を通じて、労働者が行う職業能力開発を援助する責務があると規定している。

国・地方自治体は、労働者が行う上記②の取り組みおよび事業主が行う上記③の取り組みを容易にする基盤整備を行って、労働者・事業主を支援する責務があると規定している。

職業能力開発促進法は、事業主に職業訓練計画の作成を努力義務とし、職業能力推進者の設置も努力義務としているにすぎない。しかし、以下で述べるように職業能力開発促進法以外の法律で、事業主に一定の労働者に対する教育訓練（職業訓練および学校教育を総称する）の実施を義務づけており、注意が必要である。

国は、職業能力開発機会の乏しい離職者や求職者を主な対象者として、公共職業訓練制度を設けている。公共職業訓練は、原則として、国の定める訓練基準（訓練課程ごとに、教科・訓練時間、設備、定員数が決まっている）に従って行われ、公共職業能力開発施設の種類ごとに置くことができる訓練課程が法定されている。ただし、その例外として、ⅰ）都道府県、市町村が設置する公共職業能力開発施設については、地方自治の観点から、定員は国の基準を標準として定め、定員以外の事項は国の基準を参酌して決定することができる、ⅱ）公共職業能力開発施設は専門学校・専修学校・大学等、一定の条件を満たす学校に求職者・離職者の職業訓練を委託できるが、その場合は学校が行う学校教育を公共職業訓練とみなすことにしている。公共職業訓練の対象者は、離職者・求

職者が中心であるが、職業能力開発促進センターが行う短期課程には、在職者である労働者を訓練生として有料で受け入れている。

（２）労働基準法

　最低限の労働基準を定めた法律であり、技能者の養成としては以下を示している。

　　ア　徒弟制度の弊害を排除する意図から、使用者は徒弟、見習い、養成工その他の名称を問わず、技能の習得を目的とすることを理由として、酷使してはならないとしている。

　　イ　都道府県知事から認定を受けた「認定職業訓練」を実施する場合は、職業訓練に関する特例として、労働基準法に定められている契約期間、年少者、妊産婦等の危険有害業務の就労制限、坑内労働について例外を認めている。

（３）雇用の分野における男女の均等な機会及び待遇の確保等に関する法律（男女雇用機会均等法）

　法のもとでの平等を保障する日本国憲法の理念に則り、雇用の分野における男女の均等な機会および待遇の確保を図るとともに、女性労働者の就業に関して妊娠中および出産後の健康の確保を図る等の処置を推進することを目的としている。

　事業主が合理的な理由なく、配置、昇進および教育訓練について女性に対して差別的取り扱いをすることを禁じている。人材開発関連の事項としては、教育訓練にあたり、女性であること、婚姻したこと、一定の年齢に達したこと、子どもがいることなどを理由としてその対象から排除してはいけない。また、教育訓練の実施にあたって上司からの推薦や訓練時間などで男性と異なる扱いがなされてはいけない。

（４）働き方改革関連法

　2018（平成30）年６月に成立した働き方改革関連法による関係法律の

改正により、パートターマー・有期雇用労働者・派遣労働者（以下、「非正規労働者」）に関しては、①通常の労働者と職務の内容、職務の内容・配置の変更の範囲、その他の事情がいずれも同じ非正規労働者には、待遇について差別的取り扱いが禁止され（均等待遇）、②通常の労働者と職務の内容、職務の内容・配置の変更の範囲、その他の事情のうちいずれかが異なる非正規労働者には、待遇について不合理な取り扱いが禁止された（均衡待遇）。OJTを含む職業訓練・学校教育（教育訓練と総称）の受講、自己啓発支援、キャリア開発支援等は、上記「待遇」に含まれる。また、図表4-2-9に示す法律の改正により、事業主に対象労働者への一定の教育訓練の実施が義務づけられた。

図表4-2-9●働き方改革関連法による教育訓練への影響

法律名	対象労働者	義務づけられる教育訓練
パートタイム・有期雇用労働法第8条・第9条・第11条	通常の労働者と同視すべきパートタイマー・有期雇用労働者	パートタイマー・有期雇用労働者を雇用している事業主に、通常の労働者と同じ教育訓練
	通常の労働者が従事する職務と同じ業務に従事するが、職務の内容・配置の変更範囲やその他の事情が異なるパートタイマー・有期雇用労働者	上記事業主に、通常の労働者が従事する職務の遂行に必要な能力を付与するための教育訓練
労働者派遣法第40条	派遣先の同種の労働者が従事する業務と同じ業務に従事する派遣労働者	派遣先事業主に、派遣先の同種の労働者が従事する業務の遂行に必要な能力を付与するための教育訓練

（5）労働安全衛生法

労働安全衛生法は、職場における労働災害および労働者への健康障害の防止を規定した法律であるが、人材開発にも関連する。以下の4点に留意することが必要である。

第1は、同法第59条は、事業者に①労働者を雇い入れたときは、その従事する業務に関する安全衛生教育、②労働者の作業内容を変更したと

きは、作業内容変更後の業務に関する安全衛生教育、③危険・有害な業務に労働者を就かせるときは、当該業務に関する特別安全衛生教育の実施を義務づけている（①、③は罰則付き）。このほかにも、同法上安全衛生管理体制として一定規模の事業所に配置が義務づけられている安全管理者・衛生管理者等への能力向上のための教育・講習等の実施を努力義務としている（同法第19条の2）。そして、その教育・講習等の内容を明かにした行政指針も公表されている。こうした安全衛生教育の実施は、ライン部門からOff-JTの職能部門別ニーズとして上がってくるため、人事部門としても年間人材計画に組み込んでおくことが必要である。

　第2は、同法が安全衛生管理体制として配置を義務づける安全管理者には講習の受講が、衛生管理者には免許の取得が、資格要件として求められている。また、一定の就業制限業務には、免許の取得、技能講習の受講、特別教育の実施が就業制限の解除条件として求められている。

　第3は、「都道府県労働局長は、労働災害が発生した場合において、その再発を防止するため必要があると認めるときは、当該労働災害にかかる事業者に対し、期間を定めて、当該労働災害が発生した事業場の総括安全衛生管理者、安全管理者、衛生管理者、統括安全衛生責任者その他労働災害の防止のための業務に従事する者に都道府県労働局長の指定する者が行う講習を受けさせるよう指示することができる」（同法99条の2）とされ、この場合も講習の受講が必要である。建設業・道路運送業など労働災害が多発している業種では、労働災害の発生が指名停止や訴訟提起など企業全体のリスクになることから、経営トップが率先した取り組みが求められ、人事部門は行政からこのような指示をされる前に、経営層を対象とした安全衛生セミナー等の受講をトップに進言することが望ましい。

　第4は、人事部門担当者の研さんの必要である。最近、職場における長時間勤務、ハラスメント（パワハラ・セクハラ・マタハラ）等によるストレスからメンタルヘルス不調を訴える社員が増加し、人事管理上も大きな問題になっている。この点について、同法は、①医師による面談（第

66条の8〜第66条の8の4）、②ストレスチェックの実施（同法第66条の10）、③労働時間の把握（同法第66条の8の3）と労働者への通知（労働安全衛生規則第52条の2第3項）、④産業医への報告（同法第13条第4項）、⑤職場復帰方法（「心の健康問題により休業した労働者の職場復帰支援の手引き」）など、さまざまな制度を新設している。安全関係は、ライン部門に任せてもいい部分が大きいが、衛生関係は人事部門もライン管理者や産業医・衛生スタッフと共同して当事者として取り組む責任があることから、これらの制度ついては研さんして精通しておく必要がある。

（6）雇用保険法

事業主に対する職業能力開発関係の助成金は、雇用保険の2事業の1つである能力開発事業として行われ、代表的なものとして人材開発支援助成金、キャリアアップ助成金などがある。

雇用保険の被保険者に対する教育訓練の支援として、教育訓練給付が保険給付として行われている。

（7）所得税法

公共職業安定所を通じて支給される教育訓練給付金は雇用保険の失業給付であり、所得税の対象外で課税されない。

もっぱら自分の能力開発（自己啓発）のために有料講座や通信講座を受講した際に事業主から受けた援助は給与に該当するのか、あるいは、職務を遂行するうえで必要な能力を開発するために受講した講座等への助成金は業務遂行のための費用としてみなされるのか、その見解によって課税対象か否かが決まる。人材開発部門としては、事前に税務署などに確認をしておく必要がある。

第 3 節 # OJT（職場内教育）

◆OJTは企業内で行われる人材開発の基盤をなすものであり、職務遂行能力の面と人材育成の面からニーズを把握して、OJT計画の作成につなげる。
◆日常の仕事上での指導や職務レベルアップのための教育やCDPと連動させた教育が必要となる。

1 OJTの重要性

OJT（On the Job Training）は、上司が部下に必要な能力の向上を仕事を通して行う教育であり、職務遂行上の能力開発と将来必要な人材育成という2つの目的を持っている。職務遂行上必要な能力開発のためのOJTは、現在担当している職務遂行上のものと将来のために備えなければならないものがある。

担当している職務遂行のためのOJTの内容としては、職務遂行に必要な知識・技術・技能、仕事への取り組みに必要な協調性・責任性、仕事の進め方、マネジメント活動のために必要な管理能力などがある。将来に必要な人材育成のためのOJTは、中長期で身につけさせるものである。

部下が経営を行う基幹人材をめざすのであれば、経営に必要となるリーダーシップ、交渉力、リスク管理、意思決定、判断力などの能力向上に取り組むことが求められる。専門的能力を備えたスペシャリストをめざすのであれば、専門技術・技能や必要な資格取得、能力評価認定などについて指導・支援する必要がある。職務を確実に遂行するための職務

遂行能力の向上や個人CDP支援のためにも、管理者によるOJTが重要となる。

2 OJTニーズの把握

OJTを進めるにあたっては、まずOJTの目標を明確にすることが必要である。そのためには、OJTニーズを把握し、ニーズに基づいたOJT目標の設定、具体的なOJT計画の作成を行うことが重要である。OJTニーズ把握の視点として以下の3点がある。

① 業績目標と実績に差異が生じている場合

業績目標は、全社目標－部門目標－課目標－個人目標という連鎖の中で具体的な設定が行われている。これにより、組織目標と個人目標の一体化につながり、会社と一体となった社員の活動となって経営参画が促進され、仕事への意欲向上につながる。

このしくみは、一般的に目標管理（目標による管理）といわれているマネジメント活動である。目標管理の取り組み方は、目標の設定段階－目標達成への取り組みの進捗段階－目標の評価段階というステップで行われる。上司はこのステップごとにOJTニーズを把握することができる。

最終段階である評価段階において、個人の目標が達成できたか、未達成であったかが評価され、次期への対策や部下の能力開発課題などが検討される。

目標と実績との差異によって、達成できたプラス要因と未達成であったマイナス要因が明らかになる。プラスとマイナスの両要因からOJTニーズを把握することができるが、達成できたプラス要因からは、さらなる業績向上や能力アップにつなげるための課題が抽出され、新しい仕事やレベルの高い仕事の付与などのニーズが発生する。未達成であった場合の要因からは、以下の点からOJTニーズを把握する。

　○設定した目標達成のための計画と手法は具体的であったか

　○目標への取り組みにあたっての進め方の工夫や改善があったか

○目標に取り組むうえで、進め方や能力に不足があったか

　これらの検討からOJTニーズとして、計画の立て方、仕事の進め方、行動の仕方、態度・姿勢、仕事に必要な知識・技術・技能などが把握できる。

②　計画どおりの手順方法が実行されていない場合

　部下は、目標達成に向け主体的な取り組みを行うが、計画どおりに進まない場合もある。上司は、部下の目標に対する進捗管理を行い、指導を行うことが求められる。

　その際には、以下の点からOJTニーズを把握する。

○業績目標や定常業務への取り組みに対する計画は適切であったかについての検討

○計画どおり実行できたか、できなかったかについての要因の検討

○計画を実行できなかった場合の知識・技術・技能の不足があったかについての検討

③　組織が期待する能力と現有能力が一致していない場合

　組織が期待し、目標としている能力は2つある。

　1つ目は、会社全体や部門が提示している"このような人材になってほしい"と明示している「期待人材像」である。例示としては以下のとおりである。

○経営感覚を持って発想力・企画力を駆使して、事業推進ができる人材

○経営目標、業績目標の達成に向け、P－D－C－Aを回し仕事のできる人材

　これは、会社としてこのような人材を期待する、このような人材に育ってほしいというあるべき姿を表しており、社員としてのめざすべき方向を明示している。

　2つ目は、人事制度で作成している資格等級制度と連動する資格要件や人事考課項目である。

　具体的には、人事考課項目（コンピテンシー評価項目も含まれる）の中で資格ごとに期待する能力とレベルを明示している。また、役職など

の職位への期待や仕事についての職務内容の期待などもある。これらは組織における役割遂行に関する期待である。

　上司はこれらの2つの点から部下に必要な能力は何か、そして、現在有している能力がどのように発揮されているかを確認することによって、教育が必要な能力が明確になる。

3　OJT計画の立案・推進・フォローアップ

（1）OJT計画の立案

①　OJT体制の必要性

　OJTの利点は、①仕事を通じて行う教育であり、対象者や目的が明確である、②日常業務の中で計画的・継続的に進められ、進捗度や結果を把握できる点にある。この2点がOJTが人材開発の基盤をなすゆえんであるが、問題点も含んでいる。

　それは、各職場の上司に部下の教育をゆだねることから、上司の力量（スキル、経験、年齢、教育の得手・不得手、えこひいきなど）で教育の質・量に差異が生じてしまうことと、人材開発部門が教育の実情を把握することが困難なことである。そのため職場によって、人材育成の度合いに差が出てしまい、上司に対する部下の不満の原因になってしまうこともある。このような状況に陥らないためにも、あらかじめ現場管理者や監督者の職務分掌の中で部下に対するOJT役割を明確にする、OJTを推進するしくみを整備する、管理職へのOJT教育を実施する、ことなどが必要である。

②　OJTの基本手順

　OJTが場当たり的で思いつきに実施されても効果は期待できない。先に記したとおり、OJTニーズを把握し、OJT目標を設定した計画的な取り組みが望まれる。管理者によるOJTの基本手順に基づく取り組みが、OJTの効果を高めることになる。図表4-3-1は、OJTに取り組むための基本手順である。

図表4-3-1 ● OJT の基本手順

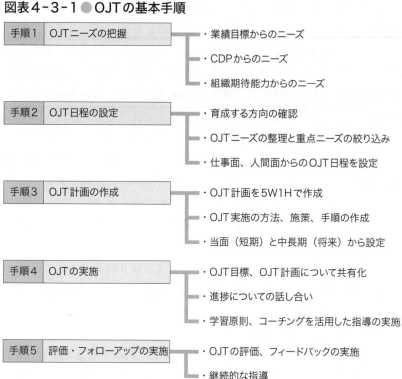

手順1	OJT ニーズの把握	・業績目標からのニーズ
		・CDP からのニーズ
		・組織期待能力からのニーズ
手順2	OJT 日程の設定	・育成する方向の確認
		・OJT ニーズの整理と重点ニーズの絞り込み
		・仕事面、人間面からの OJT 日程を設定
手順3	OJT 計画の作成	・OJT 計画を5W1Hで作成
		・OJT 実施の方法、施策、手順の作成
		・当面（短期）と中長期（将来）から設定
手順4	OJT の実施	・OJT 目標、OJT 計画について共有化
		・進捗についての話し合い
		・学習原則、コーチングを活用した指導の実施
手順5	評価・フォローアップの実施	・OJT の評価、フィードバックの実施
		・継続的な指導

③ OJT 目標の設定

OJT 計画は、最初に OJT 目標の設定を行い、部下に対する OJT によって達成すべき目標を短期および中長期で設定する。

目標設定の前段階として、部下の OJT ニーズを現在の職務遂行上の必要性と将来のための必要性を探る必要がある。職務遂行上の能力は、現在必要な能力と将来必要な能力を知識・技術・技能や仕事への姿勢、行動などを点検して整理する。CDP を踏まえた将来必要な能力は、スペシャリストをめざすのか、あるいは経営の基幹要員であるビジネスリーダーをめざすのかなどの方向確認を行い、そのために必要な能力開発を整理する。

　これらのOJTニーズを踏まえて、現在の職務遂行上の能力開発と将来のキャリア形成の2つの視点から、業務上の必要性と部下の適性、関心等を踏まえて目標設定を行う必要がある。通常は1年単位で計画が作成されるが、教育成果を早急に出さなければならない場合は、四半期のような短期の計画が必要である。部下のCDPと関係する基幹人材をめざす場合やスペシャリストをめざす場合などは、中長期での目標設定となる。

④　OJT計画（OJT計画書）の作成

　具体的なOJT計画内容としては、人材開発計画に明示されている項目（前掲の図表4-2-4の「5W1H」）に加え、さらに教育効果のチェック期間、面接時期、効果測定方法などを決めておくとよい。

　管理者は、OJT計画を具体的に進めるに際して、OJT計画（OJT計画書）を作成する。OJTは、上司が一方的に行うのではなく、部下と協同して実現させるためにも、部下との共有を図る取り組みが必要である。

　あまり細かな設定は、管理者としての負担感が増すので要点を押さえた内容で作成するとよい。

1）OJT計画に盛り込む内容

　OJT目標、OJTの方法、OJT目標の達成度、納期（対象期間）、指導者などを具体的に設定する。OJT計画の例としては、図表4-3-2を参考にしてほしい。

2）OJT計画作成のポイント

①　部下のめざすべき方向について当面と将来で作成する。内容としては、知識、技能、技術、姿勢、行動や取得資格などで整理する。

図表4-3-2 ● OJT計画の例

OJTの目標	達成度	OJTの方法施策	納期	指導担当者
プレゼンテーション力の向上	1人でプレゼンテーション資料を作成し、顧客に提案と対応ができるまで	・プレゼンテーション資料作成方法を指導 ・プレゼンテーションに同席 ・プレゼンテーション場面の設定	10月末	・管理者 ・先輩A君、B君

② OJTで実施する内容・項目を短期目標と中長期目標に分けて設定
する。

③ 目標の内容・項目ごとにその達成度（達成レベル）を設定する。

④ OJT内容・項目ごとに達成のための手順、方法、施策を検討する。

⑤ 目標達成の納期と期間を決める。

⑥ OJTを担当する実施者（OJT担当者指導者）を決める。

⑤ OJT担当者教育の実施

OJT項目の実施にあたって重要なのは、誰が指導育成を担当するのか
である。OJTがうまく実施されるか否かは、指導者にかかっている。職
場の指導者といっても、管理職、監督職、場合によっては先輩などさま
ざまであるし、年齢・経験も違う。部下の育成への熱心さや、得手・不
得手によっても差が出るし、積極的に教育の機会をつくる上司と消極的
な上司とでは部下の能力開発に大きな差が出てしまう。

こうした問題に対応するためには、Off-JTによる「OJT担当者教育」
が必要である。OJTの成果は「OJT担当者教育」の充実にかかっている
ともいえる。「OJT担当者教育」の主な内容は以下のとおりである。

① 上司としてOJTが職務であり、責務であるという位置づけやOJT
の意義・重要性の理解

② 職場における問題把握・問題解決手法の習得

③ 指導・育成に関する問題対応と教育方法の習得

④ OJTスキル（コミュニケーション力、カウンセリング力、コーチ
ング力など）の習得

⑤ キャリア・デザインに関する知識の習得

⑥ 企業が期待する社員の能力の確認

⑦ 企業の方向性と個人のニーズとの合致についての理解

⑧ OJT体験の共有。共有体験として特に必要なことは、以下の内容
がある。

・部下時代に感じたOJTに対しての不安や喜び

・OJT担当者としての成功体験・失敗体験

・日常苦労している点、OJTで注意している点

・OJTで活用している資料・ツールの紹介

　人材開発部門として、OJT計画の立案に際して取り組むべきことは、まず第1に、管理者に対してOJTの重要性と具体的な取り組み方について理解させ、管理者によって取り組みにバラツキが出ないよう、その役割と期待を周知することである。自社におけるOJTの進め方や取り組み方について、OJTの手引きやOJTマニュアルなどを作成し、OJT担当教育や管理者説明会を行うことなども重要である。

（2）OJTの効果的な推進

　OJTの実施の段階では、当事者双方が納得して進めることが重要であり、指導者である上司の気配りやコミュニケーション能力が重要である。OJTとは職場の中で機会を見つけて、いろいろな内容と方法で行うものであり、型にはまったやり方は逆効果になることもある。その主要な方法には、「職場面接」と「仕事を通しての教育」がある。OJTは、管理者が部下に対して、仕事に必要な能力の向上を仕事を通して行う教育であり、部下の職務遂行能力の向上をめざしている。企業のOJTに対する期待には高いものがあり、管理者にはOff-JTや自己啓発と連動させた取り組みが求められる。OJTのメリット・デメリットは図表4-3-3を参考にしてほしい。

① 職能要件を満たすためのOJT

1）組織の期待する人材を育てるためのOJT

　会社全体として、あるいは部門としてこのような人材を期待するという社員の姿勢や能力が経営方針、経営計画に明示されている。期待像はやや抽象的に提示されるので、管理者は部下と十分に話し合い、確認する必要がある。OJT計画の中で、具体的な目標項目として設定する取り組みを行う。

2）資格要件を満たすためのOJT

　これは、資格ごとに明示されている資格要件（職能要件書）や職務記

図表4-3-3 ● OJTのメリットとデメリット

メリット	デメリット
・仕事に直接必要な能力知識、技能、技術、態度等について習得するのに適している ・対象者の課題や必要能力に応じて内容を考えることができる ・仕事に関して教えるので、具体的に仕事の実践場面で役立たせることができる ・OJT指導者が、気がついたつど、その場で教えることができるし、フォローアップもしやすい ・教えたり、意見交換することを通して、管理監督者と部下との人間関係が円滑になり、信頼関係も深まる ・経費的には安くつく	・日常業務中心の指導なので、理論的・体系的に学ぶにはあまり適していない ・OJT指導者の意欲や能力によって効果が大きく左右される ・管理監督者の多忙さや意欲の状況により、指導が不足する ・管理監督者は、業務を優先するので、計画的な教育がされない場合もある ・取り組みが、思いつきやその場しのぎになりやすい ・活用する教材や資料が不足しており、OJT指導者によって教え方にバラツキが出る

述（職務記述書、課業分担表）の内容に対するOJTの取り組みである。

これらの中で、職務に直接必要となる能力（知識・技術・技能）が具体化されている。

具体的には、以下の方法によって行われる。

① 日常の仕事での教育…教育の必要性が出てきたときに行われる教育であり、効果的である。その反面、指示命令に陥りやすいので、できるだけ部下と話し合い、意見を引き出すことが大事である。若手や新しく仕事に就いた部下に対する日常業務に関する指導としては、基本を踏まえた取り組みが重要である。

図表4-3-4は指導の基本的手順・方法を示している。

② 職務のレベルアップによる教育…より大きな責任と権限がある仕事を担当させることを通して教育する。将来の基幹人材（経営を担うリーダー）を育成するには、経験の積み重ねが大きく影響する。管理者には、意図的に困難で重要な仕事を体験させる機会を設ける取り組みも重要である。

③ 仕事の割り当て…部下に仕事を割り当てる際には、職務領域の拡

図表4-3-4 ● 指導の基本的手順・方法

第1段階	言って聞かせる

・順序よく、わかりやすく、具体的に教える
・やさしいこと、簡単なことから、難しいこと、複雑なことを教える
・基本的なことから、応用的なこと、実践的なことを教える
・気持ちの準備をさせ、反応を確認しながら教える

第2段階	やってみせる

・技能、態度、動作などは、実際の模範を示す
・目で見てわからせる

第3段階	やらせてみる

・体験学習を行う
・反復継続して教える
・実際の体験ができないときは、役割演技、事例研究、ビデオ投写を行う

第4段階	フォローする

・実施した結果の評価を行い、意見交換し、必要に応じて再始動を行う
・ほめる、叱るを行い、満足感、安心感や次への励みを与える

人・深耕を図り、仕事の範囲を広げる。職務拡大と職務充実により職務遂行能力の向上を図る。

② 問題解決のためのOJT

問題解決のためのOJTは、職場や仕事の問題解決への取り組みを通して実務能力の一層の向上を図ることである。

① 課題設定は、職場や仕事に関する課題を部下に提示し、その課題解決に取り組ませて、提案書やレポートにまとめて提出させる。このことを通して、部下の仕事への創造的な取り組みや企画構想力（情報収集、分析、課題設定、着眼発想、計画化など）が高まる。

② 仕事の問題解決・改善への取り組みは、部下との話し合いを通して問題意識の向上と創造力・改善力などを強化する。問題発見、原因追及、問題解決策という取り組みを通して、問題解決力や改善力

が高まる。

　また、1人で取り組むのではなく、職場の仲間との協働で検討させることにより、集団意識の向上や相乗効果による啓発が期待できる。

③　将来のニーズに対応したOJT

　部下のCDPと関係した将来のニーズに対応させたOJTの取り組みも必要となる。将来担いたい仕事、将来めざしたい職位などを確認し、必要な経験の場や能力向上の機会を提供することが求められる。

　将来担いたい仕事については、資格取得や能力評価認定に挑戦する機会の提供が考えられる。また、将来めざしたい職位については、職務の代行、会議への代理参加、新たな職務を経験する場の提供などがある。

④　自立型キャリア形成を応援するOJT

　現在の社員は自己のキャリア形成を意識し、次のキャリアにつながる能力開発に関心を持っている。そのため、将来のキャリアプランと現在の仕事があまりに離れていると、本人に迷いや焦りが出てくる。上司は、日常の仕事と個人のキャリア形成のマッチングにも気を配り、相談に乗る必要がある。

（3）OJTのフォローアップ

　OJTの最後の段階は、評価と効果測定である。効果測定は、OJT計画に基づいて、目標ごとに評価を実施する。上司と部下が面接を通して計画段階・実施段階での問題点を双方で話し合い、結果の振り返りと、次期のOJT計画のニーズを把握する。人材開発部門は、OJTを直属の上司に任せきりにすることを防ぐためにも、効果測定の面接のためのチェックシートを作成して、上司・部下の双方に実践に対しての「気づき」を喚起する必要がある。

　上司や部下からOJTへの取り組み事例を提出させ、管理職用事例として配付し、共有する。その際には、うまくいった成功事例だけでなく、失敗した事例も提供してもらうことが大切である。また、上司のOJT計画についての評価を人事考課に反映させることも有効である。

　OJTの計画を立てて実行した結果、部下の能力（知識、技能、技術、姿勢、行動など）の向上度がどうであったのか、改善点は何かを検討し、次に活かすことが重要である。

　図表4-3-5はOJTに対する評価項目である。

図表4-3-5 ● OJTの評価項目

> ① OJTニーズの把握は正しかったか
> ② 部下育成の目標の設定は適切であったか
> ③ 育成・教育方法や指導内容は、目標に対して適切であったか
> ④ 実施した教育内容は、確実に理解されたか
> ⑤ 教育したことが、仕事に活かされていたか
> ⑥ 教育により、部下の態度・姿勢・行動が変わったか
> ⑦ 教育の結果、目標レベルに達したか
> ⑧ 教育の結果、個人の業績や職場全体としての業績が向上したか

Off-JT（職場外教育）

学習のポイント

◆Off-JTは、経営方針、人事施策と連動した人材開発であり、組織ニーズと個人ニーズに基づいたOff-JT計画を立案する。

◆Off-JTでは、階層別・職能別・課題別の教育を立案し、カリキュラム作成を行う。具体的には、プログラム作成およびその推進とフォローアップによって進める。

1 Off-JTニーズの把握

　厳しい経営環境下にあって、企業の社員への期待は、ますます大きくなってきている。人材開発を進めるにあたっては、OJT、自己啓発とともに、Off-JTへの期待が高い。Off-JTの効果を最大にするためにも、手順に沿った取り組みが必要である。Off-JTの基本的な進め方は、Off-JTニーズ把握に基づいて、Off-JT計画を作成し、その内容であるOff-JTカリキュラム作成、プログラム作成を行う。これらの計画に基づいて、Off-JTの推進とそのフォローアップの実施となる。Off-JTの進め方は、図表4-4-1に示した手順のとおりである。Off-JTを進めるにあたっては、企業が持つ組織ニーズと社員個人が持つ個人ニーズという2つの視点で検討する。

（1）企業の持つ組織ニーズ

　企業が持つ組織ニーズは、経営方針、経営計画、人事戦略など経営戦略上・組織運営上の課題から把握するものである。

図表4-4-1 ● Off-JTの手順

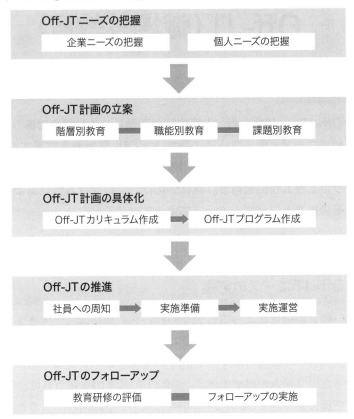

Off-JTニーズの把握
| 企業ニーズの把握 | 個人ニーズの把握 |

Off-JT計画の立案
階層別教育 — 職能別教育 — 課題別教育

Off-JT計画の具体化
Off-JTカリキュラム作成 ➡ Off-JTプログラム作成

Off-JTの推進
社員への周知 ➡ 実施準備 ➡ 実施運営

Off-JTのフォローアップ
教育研修の評価 — フォローアップの実施

① 業務ニーズの把握

　職務遂行に必要な業務知識・技術・技能・姿勢・行動は、資格要件や職務記述などとして整理されており、業務遂行に不可欠な能力である。現在就いている職務に直接必要な能力と現在有している能力とのギャップが、開発すべき能力となる。人材開発部門としては、各階層や職能の現在のレベルを分析してニーズを把握すべきである。職務遂行に必要な能力と実際の能力が合致していない場合が、業務ニーズとなる。活用するデータとしては、人事考課結果である各人の能力評価結果や業務目標

結果などが活用される。業務ニーズは、短期的ニーズととらえて取り組む必要がある。

② 育成ニーズの把握

企業においては、経営ビジョン、経営計画、経営方針などの中に社員への期待が盛り込まれている。人材開発部門は、これらの内容を読み取り、人材育成方針の中で、全社的に共通する人材像や階層に応じて期待する人材像として整理して、全社および階層の期待像に対する必要な能力を具体化する。これが、階層に応じて求められる能力となる。この階層に応じて求められる人材の能力と実際の能力が合致していない場合には育成ニーズとしてとらえ、中長期的なニーズとしても取り組むことが求められる。

（2）従業員の持つ個人ニーズ

従業員が職務行動を通して自己成長を図るためには、仕事に関するニーズと人生設計や人格形成に関するニーズがある。Off-JT計画を作成するにあたっては、把握したニーズについて優先順位付けと重点の絞り込みを行い、Off-JT計画に反映させる。

① 職務遂行に関するニーズの把握

現在担当している職務遂行に必要な能力開発ニーズがある。従業員個人の能力水準に照らした能力の向上であり、管理者が判断するものと個人が判断し、自己申告などに記述するものがある。また、将来の仕事に関して必要となる能力もある。これらは、職務遂行のために必要な能力である。

② CDPに関するニーズの把握

CDPは企業が側面から支援を行う領域であり、社員のキャリア開発支援のためのニーズ把握である。本人から将来就くポスト、習得したいスキル・資格などを確認し、それに必要な能力を中長期的視点でのニーズとして把握する。職業に必要な専門能力や広い範囲の職業に通用するスキルなどである。

2 Off-JT計画の立案

Off-JT計画の立案は、最初にOff-JTニーズを把握した後に、教育目的、対象者、教育内容、研修方法、講師選定、実施期間、実施場所などについて検討する。

（1）Off-JTニーズの整理

先に記したとおり、Off-JTニーズは多岐にわたるので、ニーズの絞り込みを行い、Off-JTの形態である階層教育、職種別教育、課題別教育という区分で計画を作成する。

Off-JTニーズは、教育形態別に業務・職務面の当面課題、会社の将来を見据えた課題、社員の将来を見据えた課題で分類し、整理する。課題の絞り込みを行い、教育で取り上げる課題と教育重点内容を明確にする。

Off-JTニーズを整理し、重点化するための整理フォーマット例を図表４-４-２に示す。

このニーズを整理できた段階で、階層別教育、職能別教育、課題別の教育テーマとその対象を決定する。

次に、そのテーマごとに教育目的、対象者、教育内容、研修方法、実

図表４-４-２ ● Off-JTニーズ整理フォーマット例

教育形態	業務ニーズ	育成ニーズ	個人ニーズ
階層別教育（各階層に関する課題、内容を記入）	・各階層に関する課題、内容	・各階層の期待、役割	
職能別教育（各職能部門に関する課題、内容を記入）	・職能、部門の課題、内容	・各職能の期待、役割	・職務遂行の能力
課題別教育（会社の戦略課題、重点施策実現に関する課題、内容を記入）		・戦略課題 ・重点施策	・キャリア開発

施期間、実施場所の選定等を行う。この内容が、Off-JTカリキュラムの作成やOff-JTプログラムの作成の中で、具体的に反映されることとなる。

（2）教育目的の設定

会社全体の教育指針としては、人材育成理念、人材育成方針、教育綱領などが明示され、会社が期待する人材像や習得すべき重点能力が盛り込まれている。

Off-JTは、階層別教育、職能別教育、課題別教育という3つの形態で行うことが一般的である、前述したOff-JTニーズを、この3つの教育形態の中で教育指針に沿って具体化し、教育計画の作成に反映させる。

（3）教育の対象者とその選定

教育目的を実現するためには、その対象者を選定することが必要である。対象者は、目的に合わせて階層別・職能別・課題別に区分する。

① 階層別区分

新入社員、中堅社員、監督職、管理職、経営職などに区分して、対象を選定する。

② 職能別区分

会社の職能（部門）である営業職、技術職、生産・製造職、開発職、経理職などに区分して、対象者を選定する。

③ 課題別区分

会社の教育課題であるISO教育、OJT指導者教育、30代CDP教育、基幹人材（ビジネスリーダー）教育、海外派遣教育などを目的別に区分して、対象者を選定する。

（4）教育内容、方法および講師の選定

教育内容は、把握した教育ニーズの中から、優先順位付けを行い、教育項目として整理を行う。この教育項目が教育内容・実施項目となる。

教育方法は、講義、事例研究討議、ロールプレイング体験など、最も

高い教育効果が期待できる技法を検討する。あわせて担当する講師を社内講師にするか、社外の専門講師にするかを決める。

社内講師は実務に即しており、より実践的な指導が可能である。経費もかからず、依頼もしやすいが、指導技術に難点があったり、社内ゆえの遠慮が働き、指導に甘さが出る場合もある。社外講師は、その分野での専門性が高く、指導技術は高いが、社内事情に詳しくないので、研修の内容が抽象的・一般的になりやすい。社外専門団体の講師や大学教授ゆえに経費はかかり、実施の日程調整も必要になる。

（5）実施期間および実施場所の検討

教育目的、教育内容に必要となる教育の期間（日数や時間）を決める。日数を要するものか、短時間でよいか、宿泊が必要か、日帰りでよいか等を検討する。また、研修の実施場所の検討も必要である。社内会場か社外会場か、研修スペースや視聴覚機器活用の可否等の研修環境条件を確認する。

3　Off-JTの形態

Off-JTの形態には主に階層別教育、職能別教育（部門別教育）、課題別教育の3つがあり、場合によっては、部門の教育主管部署と全社を主管とする人材開発部門との連携によって実施される。

（1）階層別教育

階層別教育は、新入社員、若手・中堅社員、監督職、管理職、役員などの階層別、または資格別に区分して実施される。

企業が最も重視するのは、管理職研修であろう。企業組織の中で経営者に代わって組織管理を委任されて行動する部課長の力量で、組織力が大きく左右されるし、彼ら（彼女ら）の部下たちへの影響力は大きい。経営課題についてのアンケートでも、「管理職の育成」は常に上位に挙

図表4-4-3 ● 組織・人事領域で重視している課題

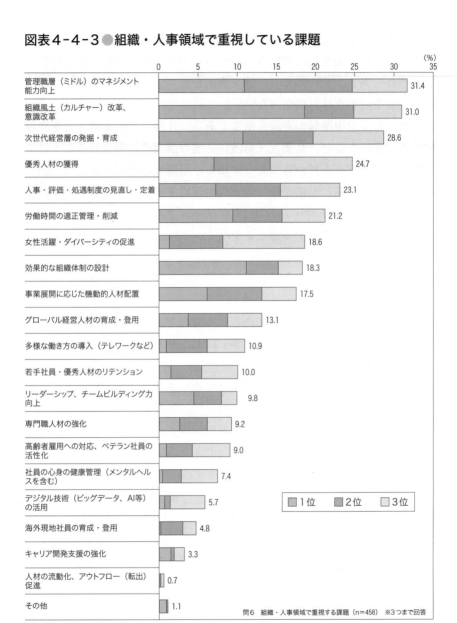

問6　組織・人事領域で重視する課題（n=458）　※3つまで回答

出所：（一社）日本能率協会「日本企業の経営課題2018 – 第39回当面する企業経営課題に関する調査」2018年

げられる（→図表4-4-3）。階層別教育は、長期的な人材開発を必要と
することから、定期的に実施されるべきだが、慣例行事として形骸化す
るおそれもある。その年ごとの懸案事項を織り込んだ企画を立て、現場
との乖離を防がなければならない。

　また、若手や中堅層の育成も重要である。仕事に対する考え方や仕事
の基本、進め方など、企業人、組織に必要な能力を習得させることによ
って、将来を担う人材が育つことになる。階層別に必要な能力は、会社
の期待する人材像と資格要件に基づき明確にする。この階層別の期待能
力が教育内容、教育テーマ、Off-JTカリキュラムとして具体化されるこ
とになる。各階層に対する考え方やポイントは、以下のとおりである。

① 若手中堅層
　○職務を遂行するうえで必要な仕事へ取り組む姿勢を確立させる時
　　期である。
　○若手中堅層に共通して求められる能力である表現力・伝達力・改
　　善力・計画力・対人関係力等を向上させる。
② 監督職
　○職場の管理を行うために必要なマネジメント基礎力を向上させる。
　○品質、原価、安全、労務等について、体系的に習得させる。
　○部下や後輩に対する指導の仕方を習得させる。
　○職場の課題解決力や企画力を向上させる。
③ 管理職
　○職場運営と管理に必要なマネジメント能力を向上させる。
　○管理職は、部下の動機づけ、育成能力、人事考課能力の向上が重
　　要なテーマとなる。
　○部長層は経営を補佐する立場から必要となる戦略構築力、意思決
　　定力、判断力の向上などが期待されている。
④ 経営層
　○役員層が対象となり経営革新や組織風土改革への取り組み等、企
　　業経営に関するテーマが中心となる。

　階層別教育は、層別に体系化し、階層ごとに期待する役割と能力を明確にして計画を作成する。図表4-4-4は、階層別の役割と期待能力の例である。

図表4-4-4 ●階層別の役割と必要な能力

階　　層	役　　割	期待能力
役員研修	事業ビジョン、長期事業構造を構築する	・長期的視点で会社の方向づけができる ・組織体質強化に向けた改革を遂行できる ・後継人材を育成できる
上級管理者研修 （部長層）	・中長期的事業戦略、組織の風土改革を策定し推進する ・業務革新を実現する	・経営戦略を描き、戦略の推進ができる ・顧客第一主義に基づき、社内外関係者の満足度向上に貢献できる ・部門運営方針を策定し、運営の推進ができる
管理者研修 （課長層）	・組織活動を強化・推進する ・年度目標を達成する	・マネジメント能力を備え、職場目標を達成できる ・部下の指導育成、動機づけができる ・経営マインドを備え戦略を展開できる
監督者研修 （係長層）	・現場の業務力を強化する	・マネジメントの基礎能力を持ち、職場運営ができる ・OJTを現場で実践できる ・折衝、説得など対人交渉ができる
中堅社員研修 （係長層）	・業務遂行を確実に遂行する	・業務の計画・遂行・処理が確実にできる ・後輩の指導ができる ・チームをまとめ、人間関係を円滑に進めることができる ・企画作成と改善ができる
新入社員	・日常業務遂行の補佐を行う	・基本となる知識・技能を習得している ・基本業務を正確に行うことができる ・仕事に対して責任感を持った取り組みができる ・報告・連絡・相談など基本を実行できる

（2）職能別教育（部門別教育）

　職能単位や部門単位で必要とされる職務遂行能力（知識・技術・技能）を開発することを目的としている。たとえば、「営業部門教育」「開発・技術部門教育」「生産部門教育」等、各部門の担当者を対象にして実施す

ることが多い。

　職能別教育は、部門ごとに教育課題を設定し、研修内容と対象層の優先度を決めて、教育研修計画を立案する。また、部門特性があり、総務・広報・経理などのスタッフ部門は、社内教育研修よりもOJTや外部セミナー、講習会などの方法を活用した教育研修を取り入れている企業が多い。

（3）課題別教育（目的別教育）

　階層別教育や部門別教育が計画的に実施される教育であるのに対し、課題別教育は課題対応の教育であり、会社の重要かつ緊急な課題解決に結びつけることを目的としている。教育ニーズは多様であり、また、対象者は階層や部門とは異なる基準で選択されるので、人材開発部門としては、それへの配慮も必要になる。課題別教育は、「新規市場展開プロジェクト教育」「IT戦略プロジェクト教育」「不良品発生への対応教育」「ISO取得教育」「セクハラ防止教育」など、多様なものがある。

　近年、多数の企業が実施している内容として、コミュニケーションスキル教育、CSR・コンプライアンス教育、キャリアデザイン・ライフプラン教育、選抜型幹部候補者教育、中途採用者教育、メンタルヘルス・ハラスメント教育、OJT指導員教育などが挙げられる。

（4）派遣型教育

　特殊な教育形態として、経験を積ませることによって能力開発を図る派遣型教育がある。これは、将来の幹部要員を育成することを目的として、計画的に国内の事業所へ配転させる、他企業へ出向させる、海外へ派遣するなどの方法をとるものである。

4　Off-JTカリキュラム作成

　Off-JTカリキュラムとは、教育研修テーマと連動し、実施する教育項目を体系化したものであり、教育全体の「教育課程」のことをいう。

　カリキュラムに含まれる内容は、教育項目（科目）、教育研修技法、期間、時間、日程、担当講師、予算等である。カリキュラム編成の手順は、図表4-4-5のとおりである。

図表4-4-5 ● カリキュラム編成の手順

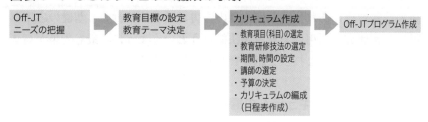

（1）Off-JT教育項目の選定

　Off-JTのニーズ把握により、社員に必要な能力は何か、現状の不足能力・強化すべき能力は何かが明らかになる。何を目標として（目標）、誰を対象に（対象者）、何を重点として（内容）、いつの時期に（タイミング）等、教育目標を達成するために必要な事項を検討し、適切な項目を選定する。

① 教育必要項目の列挙

　教育項目選定に際しては、教育目標に応じて項目を絞り、あれもこれもと総花的にならないよう注意すべきである。

② 教育項目の絞り込みと選定

　目標達成に必要な項目を列挙し、その必要性・重要度などを検討し、項目の絞り込みを行う。絞り込んだ教育について、教育研修期間、教育研修技法、予算等の制約条件を考慮し決定する。

1）教育研修期間、時間

　教育目標から選定した教育項目を実施する場合に、何日間・何時間必要であるかを検討し、適切な期間を設定する。ほかに期間設定にあたって検討すべきこととしては、研修予算、研修対象者の業務繁忙状況、教育研修で活用する研修技法などがある。これらの検討を踏まえ、教育研

修期間、時間が設定される。状況によっては、教育項目や教育研究技法などを見直すことも必要となる。

2）教育研修技法の選定

　教育研修技法の選定とは、教育目標を達成するための適切な技法を選び出すことである。たとえば、教育目標が新任管理者のマネジメント知識の基礎習得にあれば、基礎知識の習得は講義法で行い、基礎の応用習得は事例研究の活用による討議法で行うというように、最も効果が高まるよう、教育項目と技法を組み合わせて決定する。

（2）Off-JTカリキュラムの編成

　カリキュラム編成（日程表）に際しては、カリキュラムの目的・目標と何を教育するかを明確にしておくことが重要である。

① 　教育項目の配列

　教育項目の配列は、次のことを考慮して決定するとよい。

　1）総論的・基本的な項目から各論、具体的な項目に展開する。

　2）関連する項目は、分散させずになるべくまとめて配列する。

② 　教育研修の評価方法の決定

　教育目標の達成に向けてカリキュラム作成を行うが、その際には、教育研修の評価方法と評価内容を検討しておくことが望ましい。教育目標は達成できたか、教育内容は妥当であったか、指導方法は適切であったか等について、いつ、どのような方法で評価するかを決めておく。

5　Off-JTプログラム作成と効果的な推進およびフォローアップ

　Off-JTプログラムとは、前述したカリキュラムの骨子に基づいて実施する個別の教育研修プログラムのことをいう。教育目標とカリキュラムに基づいて教育研修を実施する要領を、より具体的に作成する。個別の教育研修プログラムは、教育研修の関係者に配付される。配付する個別

研修プログラム内容としては、教育研修テーマ、対象受講者、教育研修目標、目的、スケジュール等である。プログラムは、作成したカリキュラムに基づき、講師の協力を得て、時間配分、教育研修技法等を細分にわたり作成する。

（1）プログラム作成

① 教育研修のプログラム作成にあたっては、担当する講師の協力を得て具体化させ、教育研修の内容が受講者に受け入れやすく、理解されやすい配列が望ましい。

② 各項目の時間配分と技法について検討する。講義は長すぎても短すぎても学習効果が低下する。理解させるための適切な時間設定を工夫する。一般的には1時間程度であり、2時間が限界である。

　活用する教育研修技法は、教育項目で設定した内容や対象受講者から見て、適切な技法が選定されているかを検討する。教育研修技法は、時間配分との関係で考える必要もある。特に討議法や体験学習の技法等は、ある程度の時間が必要となるので、設定された時間が十分か否かを確認する。また、新しい内容や流行している技法に左右されることなく、あくまでも教育目標達成のために効果のあるものを選定すべきである。

③ プログラムに節目を入れる。

　プログラムは、短期間の研修と長期間の研修がある。共通することは、開講や閉会時にオリエンテーションなどを設けることである。開講時では、趣旨や全体の流れを説明し、閉会時では全体の総括を行い、研修後の取り組みや期待を補足することが重要である。2～3カ月等の長期間の実務研修などは、レクリエーションや懇親会などを適宜入れるとよい。

（2）Off-JTの効果的な推進

Off-JTの効果を高めるためには、準備段階・実施段階・終了段階での

取り組みが重要であり、それは人材開発担当者の役割である。

① 研修準備段階での実施ポイント

　準備段階で取り組むべきことは、担当講師との打ち合わせ、研修実施の期日や会場の決定、教材の手配、会場の準備、費用の算出などである。

　1）研修を担当する講師との研修内容、進め方、教材などについての
　　打ち合わせを実施する

　　　講師とは、教育の目的・目標、受講者の立場・役割、研修内容、進め方、技法、教材、研修会場、研修実施日などについて、具体的な確認を行う。

　2）研修実施の期日と会場を決定する

　　　受講者の業務の繁忙状況や研修会場の状況を見て、早めに決定する。少なくとも3〜4カ月前には決定して通知する。

　3）研修に活用する教材、テキスト、使用機材、研修運営の準備を行う

　　　研修運営に関する準備事項は、チェックリストを作成して、活用すると漏れもなくなる。

② 研修実施段階での実施ポイント

　人材開発担当者は、研修の運営責任者として、受講者や講師に対する支援・調整を行う事務局と、研修状況の観察者としての役割がある。研修運営に関連する業務には、会場の環境整備、研修の進行、導入時・終了時における挨拶、オリエンテーションの実施などがある。事務局としては、受講者と講師への支援調整を行い、快適な学習環境づくりへの取り組みが役割となる。

　もう1つ、教育・研修企画担当として、研修の観察・評価を行う役割がある。このことは、今後の教育研修カリキュラムやプログラムの見直しに関係するので、観察・評価のポイントを前もって作成して行うとよい。

③ 研修の終了段階での実施ポイント

　研修の終了は、受講者にとって1つの区切りとなるが、研修結果を現場で活用するためには、研修の総括が重要である。研修終了に際して、

受講者や講師の感想を聞き、アンケート回収を行い、今後の企画・改善に役立たせる。研修アンケートは後日ではなく、終了後にその場で記入させて回収するとよい。

（3）Off-JTのフォローアップ

研修が終了してもすべて完了ではない。研修目標を達成したか否かは、受講者が受講内容を活用し、成果を上げたか否かなのである。そのためには、職場での取り組みに対するフォローアップが必要となる。

１）職場の上司によるフォローアップの実施

上司は、部下が研修に参加した後には、研修内容について、職場での活用を指導することが求められる。たとえば、リーダーシップ向上の研修会に参加した後のフォローとして、研修で何を学習したのか、今後はどのように取り組むのかなどの話し合いを行う。あわせて具体的な取り組みの機会を与えることも必要である。

また、研修後に職場において、研修で実施したこと、自分が気づいたこと、今後取り組みたいこと等を発表させることも、職場メンバーの学習意欲向上に結びつく有効な方法である。

２）人材開発部門によるフォローアップ

人材開発部門としては、職場上司と協力して、受講生の研修内容の理解度と現場での成果状況を確認する。現場フォローの方法としては、現場観察、本人との面接、職場上司への確認などがある。

また、人材開発部門の取り組みとしては、受講者アンケートの集計と分析がある。受講者アンケートからは、研修についての感想、研修内容の理解度、講師の教え方への意見、今後の研修への要望などが収集できる。アンケートの内容を分析することにより、今後の改善や教育研修の企画ニーズとして活用することができる。また、フォローアップ研修の企画が必要となる場合もある。

第 5 節 自己啓発支援

◆自己啓発は本人が主体となって取り組む学習である。社員個人の自己啓発ニーズに基づき、職務能力向上とCDPに連動した能力向上の両面から目標設定を行い、取り組みを行う。

◆企業は個人の自己啓発を促すための自己啓発支援の計画を立案し、推進のための自己啓発環境を整備し、そのフォローアップを行う。

1 自己啓発の意義・背景

　自己啓発は、企業から離れたところで行われる自主的な学習であることから、企業が積極的に関与しない時代があった。しかし、企業が厳しい競争に打ち勝つためにも、自己啓発は企業の人材力に大きな影響を与えるようになってきた。

　企業が必要とする人材力は社員の成長とともに開発され、その成長の大半は自己啓発の中で実現されるといわれている。自己啓発の支援に熱心な企業は、社員の成長を支援していることになり、ひいては企業の戦力アップの効果を生み出しているのである。個人が自発的に自己啓発に取り組む背景には、図表4-5-1に示すように、主に次の2つの能力開発ニーズがある。

　第1には、職務遂行上に必要な能力の習得である。能力を客観的に示せる能力評価や資格取得のための学習は、実務能力を一段と高めることになる。社員は高いレベルでの職務遂行能力や専門能力を習得し、それ

図表4-5-1 ● 自己啓発の目的（複数回答）

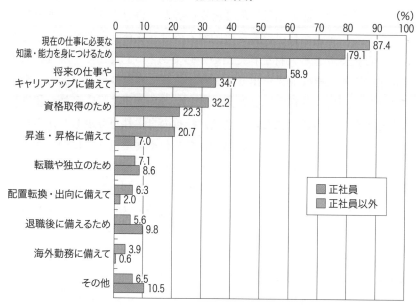

出所：厚生労働省「平成30年度能力開発基本調査」2019年3月

を発揮することが期待されている。

　第2には、将来の仕事やキャリアに備えての能力開発である。人は将来のキャリアステージをイメージし、それに備えることによって現在の仕事に熱心に取り組むからである。

　終身雇用がうたわれ、企業が家族にたとえられて、運命共同体の意識が色濃くあった時代には、マネジメントはもっぱら組織管理に重点が置かれていた。しかし、長期雇用が保証されなくなった現在では、企業はチームにたとえられ、チームに貢献できない者は社員でいられない時代になった。このような環境下にあって、社員はみずからキャリアプランを持って能力開発に励まなければならなくなってきている。

　現在、学生が就職活動の際に会社を選ぶ基準として、「どのくらい能力開発に熱心な会社か」「在職している社員はもとより、転職した社員が次

のステージでどのくらい活躍しているか」を見ているという。つまり、その企業における能力開発の取り組み姿勢が、自分のライフ・キャリアを左右する。企業が自己啓発を奨励するのは、職務上必要となる能力をみずから獲得できる人材を育てたいからである。1人ひとりが現在および将来により大きな成果を出せるよう、生涯にわたり自身の能力を磨き続ける学習態度を獲得することが、激しい環境変化に対応可能な組織や個人を実現できることになる。会社が社員の自主性を尊重しながら自己啓発支援をしていくことは、職場全体の強化や従業員満足につながる。

　自己啓発は、社員が主体となって取り組む学習であるが、そのメリット・デメリットを理解したうえで、管理職や人材開発部門は支援・アドバイスを行うとよい。図表4-5-2は自己啓発のメリット・デメリットを示している。

図表4-5-2●自己啓発のメリット・デメリット

メリット	デメリット
・自己の能力状況や関心の度合いに合わせて自己啓発内容を決められる ・自分のペースに合わせて学習することができる ・少しの時間や余った時間でも進めることができる ・自分に興味のある幅広い分野での学習を選ぶことができる ・現在の仕事に限らず将来必要となるであろう内容についても取り組むことができる （自己のキャリア・プランと連動させたテーマを学習することもできる） ・自己啓発を完了させたときの喜びが大きい	・仕事が忙しいと自己啓発に挑戦する余裕がない ・業務に追われて自己啓発のための時間が取れない ・通信教育内容が自分の取り組みたい内容・関心のある内容になり、仕事に結びつかないテーマを選択してしまう ・個人主導で取り組むので相互啓発の機会がほとんどない ・個人の強い意志と粘り強さが求められる

2　自己啓発の支援と効果的な推進およびフォローアップ

（1）自己啓発計画の作成

　企業における自己啓発への期待が高まり、積極的な取り組みへの支援を進めているが、より効果的な支援を行うことが重要である。

　自己の成長に結びつく自己啓発は、本人の計画的で継続的な取り組みが求められる。自己啓発の取り組みは、自己啓発計画に基づく実行、上司による動機づけ、そしてフォローアップが必要である。自己啓発の基本的な進め方は図表4-5-3のとおりである。

図表4-5-3 ●自己啓発の基本的進め方

手順1 自己啓発計画の作成 ・自己成長、ゴール確認 ・自己啓発目標の設定 ・自己啓発計画の作成	手順2 自己啓発への取り組み ・自己啓発支援計画活用 ・上司との能力開発の 話し合い	手順3 自己啓発フォローアップ ・自己評価の実施 ・フィードバック面接の実施 ・自己啓発計画の修正

1）手順1…自己啓発計画の作成

　最初にキャリアプランを参考にし、自己のありたい姿とキャリアの方向を確認する。自己のありたい姿であるゴール設定ができたら、その実現のために必要な能力取得をめざすことになる。

　自己啓発計画は、目標とする内容（何を）、どれくらいのレベル（目標値）、いつまでに（納期）の3点を押さえて作成する。

　自己啓発は一度にすべて実施するという計画ではなく、当面（短期）と将来（中長期）の視点で考えた計画を立てる。当面の目標としては、現在の仕事を遂行することに関連する能力や資格とし、中長期の目標はキャリアプランの実現と連動させて設定する。資格取得や能力評価検定などを目標にするとより具体的である。

　目標設定ができたら、次に検討すべきことは目標達成のための方法とスケジュール作成である。目標、方法、手段などは先輩や上司と相談し、

より効果的な学習方法を探るようにする。その際にはOJTやOff-JTの内容を十分に勘案する。

　最後に、設定した目標、目標達成の方法、スケジュールなどの内容を具体的に記述した自己啓発計画を作成する。自己啓発計画は年間という短期間ではなく、3年間程度の中期計画にすると先を見た取り組みができる。

2）手順2…自己啓発への取り組み

　企業による支援策を活用すると、効果的な自己啓発への取り組みが行われる。自己啓発の実行にあたっては、上司との面談時において、能力開発に向けたアドバイスやヒントを得ることになる。また、自身で取り組み状況の進捗を確認し、継続した取り組みを心がける。自己啓発は短期で完了させるものではなく、生涯にわたる継続した取り組みが自己実現につながるのである。

3）手順3…自己啓発フォローアップ

　節目ごとの振り返りとその評価を行い、計画の見直し、修正を行いつつ進めていく。

　なお、自己啓発とは、単独で行われるべきものではない。すでに説明したOJTやOff-JTとの組み合わせや補完によってこそ、その成果を発揮することを強調したい。

（2）自己啓発支援

　自己啓発は社員が主体となった取り組みである。人材開発部門や管理者は自己啓発への支援や援助体制の整備を行い、自己啓発の推進を支える役割が期待されている。人材開発部門は、自己啓発を促進するための支援施策や援助内容についての制度や規定を策定し、社員への周知と積極的な取り組みを促す。自己啓発促進のための情報提供や経済的・時間的援助について検討し、具体化する必要がある。

　自己啓発支援の内容は、図表4-5-4のとおりである。

1）自己啓発への意識づけを行う

　自己啓発の意義や重要性について、社員や管理職に十分認識してもら

図表4-5-4 ●労働者に対する自己啓発への支援の内容（複数回答）

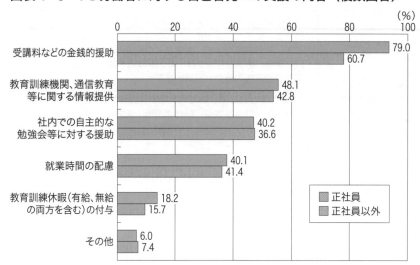

出所：厚生労働省「平成30年度能力開発基本調査」2019年3月

うことが最も大切である。

　社員に対しては、能力開発を進めるうえでは自己啓発が基礎であること、社員は職務遂行上必要な能力向上にみずから主体的に取り組むことが求められていることなどを周知する。

　管理職に対しては、自己啓発への協力や支援の方法を理解させる。管理職研修会や管理職会議などを活用し、会社で実施している自己啓発支援制度の内容や管理者が行ってほしい動機づけ、指導、時間的協力などを依頼する。

2）自己啓発に関する情報を提供する

　自己啓発のために、会社が行っている自己啓発支援制度や自己啓発ツールに関する情報提供を積極的に行う。

　ア　通信教育や資格等の情報

　イ　社内外で実施する講習会、セミナー、研究会等の情報

　ウ　専門学校や大学等に関する情報提供と相談の実施

図表4-5-5 ●自己啓発支援方法の例

自己啓発方法・経済的援助に関する支援	・通信教育・e－ラーニングなどの講座紹介と経済的援助 ・講習会、セミナー、研修会などの講座紹介と経済的援助 ・国内、海外の専門学校、大学などの紹介と経済的援助 ・語学講座、通信教育スクリーニングなどの講座開催と経済的援助 ・取得奨励資格の紹介と経済的援助 ・図書、ビデオ、文献紹介と貸与
キャリア・プランに関係する支援	・キャリア・プラン支援、研修の企画・実施 ・キャリア・カウンセリングの実施 ・定年準備研修の企画・実施
機会提供による支援	・社内コンクールの開催 ・小集団発表会の開催、提案活動発表の開催 ・論文、レポート募集と発表会の開催 ・資格取得者の公表と表彰

　エ　学習するための図書・文献・ビデオ等の提供

等があるが、これらの内容を自己啓発支援一覧として作成し、社員に配付する。自己啓発支援方法の例は、図表4-5-5のとおりである。

3）自己啓発のための経済的・時間的援助体制を整備する

　自己啓発に積極的に取り組んでもらうための金銭面・時間面での援助・支援を行う。内容としては、通信教育・e－ラーニング講座、資格取得各種セミナー、学校等の講習、長期の専門学校・大学の受講などに要する費用援助である。時間的支援の内容としては、学習のための休暇の付与、資格取得の受験時間、講習会参加時間等の付与がある。

4）自己啓発と人事施策を連動させる

　自己啓発と人事制度・人事施策との連動を強化し、自己啓発を促進させる。

　ア　通信教育修了の場合には、昇進・昇格などの条件としたポイント
　　　付与を行う。

　イ　自己啓発の結果を会社の人事情報システムに反映させ、配置・異
　　　動に活用する。

　ウ　会社として奨励する資格を取得した場合には、報奨金を支給する。

エ　目標管理の項目として、自己啓発目標を書かせる。

5）自己啓発の取り組み成果を発表する

　個々の社員が取り組んでいる自己啓発の成果を発表する場を設けることで、全社的な自己啓発への取り組み機運を盛り上げていくことができ、学習する組織を醸成することになる。主な発表の機会には以下がある。

　　ア　社内報やイントラ・ネットなどによって、現在何人の社員がどのような自己啓発プログラムにチャレンジしているかなどの情報を発表して関心を高める。入社案内に記載し、アピールすることも考えられる。

　　イ　資格取得者の発表と表彰を行う。

　　ウ　自己啓発の体験発表会を開催し、経営幹部も出席する。これによって自己啓発を重視する企業文化を形成し、勉強する風土をつくり上げる。

（3）自己啓発の効果的な推進

①　自己啓発の相談・支援

　自己啓発は、本人の計画的で継続的な取り組みと管理・監督者による支援やアドバイス、動機づけが必要である。管理者は、自己啓発計画の内容や進捗状況について面接の機会を設けて話し合いを行い、自己啓発へのアドバイスやヒントを与える。自己啓発は、あくまでも本人が主体となる取り組みであり、押しつけや強制にならないように気をつける。管理者としては、自己啓発への取り組みは順調か、取り組み上の問題・課題はないかなどを部下と話し合い、自己啓発の環境を整えることが重要である。

　特に管理者が配慮すべきは、若手社員や多忙な社員に対してである。若手社員の場合は、自己啓発に取り組む内容や方法がよくわからないので、内容・方法面についてのアドバイスやヒントを提供する。多忙な社員の場合は、時間がなく、自己啓発が進まないようであれば、本人と話し合い、仕事の調整などを行う。

　管理者は、自己啓発のための時間的付与を工夫する必要もある。セミナー、講習会、研究会への参加など就業時間との調整を行い、本人が参加しやすいように仕事を調整し、仲間との協力体制を構築して時間を付与する。管理者は、社員が積極的かつ継続的に自己啓発に取り組むための環境づくり、意欲づけ、アドバイス、相談が重要な役割である。

② 人材開発部門の活動

　社員の自己啓発への取り組みを促進する。特に、最も多くの社員が取り組んでいる通信教育の修了率を向上させるよう工夫する。通信教育は比較的気軽に始められるが、修了せずに途中で中断してしまう状況が多く見られる。修了率を高めるために本人に単元修了の進捗を報告させる、取り組みのアドバイスを行う、あるいは取り組みについての事例紹介などを行うことも有効である。

　会社全体の年間での自己啓発取り組み結果を社内報や掲示板などで発表し、社員の自己啓発意欲を喚起することも必要である。

（4）自己啓発のフォローアップ

① 上司によるフォローアップ

　日常業務活動の中で部下との話し合いの機会を設け、業務活動の状況や能力向上状況と自己啓発への取り組みとを連動させた話し合いを行う。

　また、期末においては面接を活用して自己啓発目標、自己申告内容、キャリアプランの内容等についての振り返りを行う。その中で自己啓発についての課題を検討し、次期以後への取り組み内容・方法を話し合う。あくまでも本人主体で計画的に取り組むよう、自己啓発に向けての自覚を促す話し合いが大切である。

② 人材開発部門によるフォローアップ

　自己啓発支援方法で実施した通信教育の受講修了状況や奨励資格の取得状況などから、次期以後の支援策づくりに活用する。また、自己啓発への取り組みを修了した場合には、その能力や資格を全社の人事情報に登録し、異動や新しい仕事への参加機会などに活用する。

━━━━━━━━━━━━━━━| **参考文献** |━━━━━━━━━━━━━━━

今野浩一郎・佐藤博樹（2009）『人事管理入門　第2版』日本経済新聞社、2009年

川喜多喬『人材育成論入門』法政大学出版局、2004年

木谷宏『「人事管理論」再考　多様な人材が求める社会的報酬とは』生産性出版、2016年

桐村晋次『人材育成の進め方〔第3版〕』日本経済新聞出版社、2005年

高原暢恭『人材育成の教科書』労務行政、2010年

田中久夫・田島伸浩『人材育成ガイドブック』日本経団連出版、2002年

堤宇一編著『はじめての教育考課測定』日科技連出版社、2007年

中尾ゆうすけ『人材育成の教科書』こう書房、2010年

中原淳編著『企業内人材育成入門』ダイヤモンド社、2006年

日本経団連出版編（2011）『人事・労務用語辞典〔第7版〕』日本経団連出版、2011年

日沖健『経営人材育成実践』経営書院、2012年

福澤英弘『人材開発マネジメントブック』日本経済新聞出版、2009年

古川久敬監修、JMAMコンピテンシー研究会『コンピテンシーラーニング』日本能率協会マネジメントセンター、2002年

守島基博『人材マネジメント入門』日本経済新聞出版社、2004年

索引

──ビジネス・キャリア検定試験のご案内──

（令和4年4月現在）

●等級区分・出題形式等

等級	等級のイメージ	出題形式等
1級	企業全体の戦略の実現のための課題を創造し、求める目的に向かって効果的・効率的に働くために、一定の専門分野の知識及びその応用力を活用して、資源を統合し、調整することができる。（例えば、部長、ディレクター相当職を目指す方）	①出題形式　論述式 ②出 題 数　2問 ③試験時間　150分 ④合否基準　試験全体として概ね60％以上、かつ問題毎に30％以上の得点 ⑤受 験 料　11,000円（税込）
2級	当該分野又は試験区分に関する幅広い専門知識を基に、グループやチームの中心メンバーとして創意工夫を凝らし、自主的な判断・改善・提案を行うことができる。（例えば、課長、マネージャー相当職を目指す方）	①出題形式　5肢択一 ②出 題 数　40問 ③試験時間　110分 ④合否基準　出題数の概ね60％以上の正答 ⑤受 験 料　7,700円（税込）
3級	当該分野又は試験区分に関する専門知識を基に、担当者として上司の指示・助言を踏まえ、自ら問題意識を持ち定例的業務を確実に行うことができる。（例えば、係長、リーダー相当職を目指す方）	①出題形式　4肢択一 ②出 題 数　40問 ③試験時間　110分 ④合否基準　出題数の概ね60％以上の正答 ⑤受 験 料　6,200円（税込）
BASIC級	仕事を行ううえで前提となる基本的知識を基に仕事の全体像が把握でき、職場での円滑なコミュニケーションを図ることができる。（例えば、学生、就職希望者、内定者、入社してまもない方）	①出題形式　真偽法 ②出 題 数　70問 ③試験時間　60分 ④合否基準　出題数の概ね70％以上の正答 ⑤受 験 料　3,300円（税込）

※受験資格は設けておりませんので、どの等級からでも受験いただけます。

●試験の種類

試験分野	試 験 区 分			
	1 級	2 級	3 級	BASIC級
人事・人材開発・労務管理	人事・人材開発・労務管理	人事・人材開発	人事・人材開発	
		労務管理	労務管理	
経理・財務管理	経理・財務管理	経理	経理（簿記・財務諸表）	
			経理（原価計算）	
		財務管理（財務管理・管理会計）	財務管理	
営業・マーケティング	営業・マーケティング	営業	営業	
		マーケティング	マーケティング	
生産管理	生産管理	生産管理プランニング（製品企画・設計管理）	生産管理プランニング	生産管理
		生産管理プランニング（生産システム・生産計画）（加工型・組立型）		
		生産管理プランニング（生産システム・生産計画）（プロセス型）		
		生産管理オペレーション（作業・工程・設備管理）	生産管理オペレーション	
		生産管理オペレーション（購買・物流・在庫管理）		
企業法務・総務	企業法務	企業法務（組織法務）	企業法務	
		企業法務（取引法務）		
		総務	総務	
ロジスティクス	ロジスティクス	ロジスティクス管理	ロジスティクス管理	ロジスティクス
		ロジスティクス・オペレーション	ロジスティクス・オペレーション	
経営情報システム	経営情報システム	経営情報システム（情報化企画）	経営情報システム	
		経営情報システム（情報化活用）		
経営戦略	経営戦略	経営戦略	経営戦略	

※試験は、前期（10月）・後期（2月）の2回となります。ただし、1級は前期のみ、BASIC級は後期のみの実施となります。

●出題範囲・試験日・お申し込み方法等

　出題範囲・試験日・お申し込み方法等の詳細は、ホームページでご確認ください。

●試験会場

　全国47都道府県で実施します。試験会場の詳細は、ホームページでお知らせします。

●等級区分・出題形式等及び試験の種類は、令和3年4月現在の情報となっております。最新情報は、ホームページでご確認ください。

●ビジキャリの学習体系

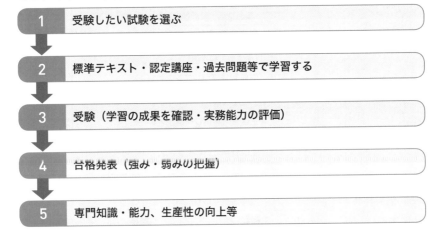

1　受験したい試験を選ぶ

2　標準テキスト・認定講座・過去問題等で学習する

3　受験（学習の成果を確認・実務能力の評価）

4　合格発表（強み・弱みの把握）

5　専門知識・能力、生産性の向上等

●試験に関するお問い合わせ先

実施機関	中央職業能力開発協会
お問い合わせ先	中央職業能力開発協会　能力開発支援部 ビジネス・キャリア試験課
	〒160-8327 東京都新宿区西新宿7-5-25　西新宿プライムスクエア11階 TEL：03-6758-2836　FAX：03-3365-2716 E-mail：BCsikengyoumuka@javada.or.jp URL：https://www.javada.or.jp/jigyou/gino/business/index.html

人事・人材開発 **2級**〔第3版〕
テキスト監修・執筆者一覧

監修者

木谷　宏　県立広島大学大学院 経営管理研究科 教授

執筆者（五十音順）

木谷　宏　県立広島大学大学院 経営管理研究科 教授
　　　　　…第1章、第4章

山崎 達也　トピー実業株式会社 常務取締役
　　　　　…第3章

和田 泰明　和田人事企画事務所
　　　　　…第2章

協力者

田村 智行　元新潟労働局長

（※1）所属は令和2年3月時点のもの
（※2）本書（第3版）は、初版及び第2版に発行後の時間の経過等により補訂を加えたものです。
　　　初版、第2版及び第3版の監修者・執筆者・協力者の各氏のご尽力に厚く御礼申し上げます。

人事・人材開発 **2級**〔第2版〕
テキスト監修・執筆者一覧

監修者

木谷　宏　麗澤大学 経済学部 教授

執筆者（五十音順）

海瀬　章　株式会社日本能率協会マネジメントセンター
研修ラーニング事業本部 研修ラーニングパートナー コンサルタント

木谷　宏　麗澤大学 経済学部 教授

山崎 達也　トピー実業株式会社 経営企画・総務・人事担当
取締役 人事部長 ファシリティ営業部長

和田 泰明　和田人事企画事務所 人材・賃金コンサルタント

協力者（五十音順）

石原 正雄　日本橋学館大学 事務局長

稲山 耕司　特定非営利活動法人ゴールデンアカデミー 主席コンサルタント

香川 忠成　香川社会保険労務士事務所 代表

鈴木 康雄　公益財団法人日本生産性本部 コンサルティング部 主任経営コンサルタント

二宮　孝　株式会社パーソネル・ブレイン 代表取締役 代表コンサルタント

矢頭　潔　TDK株式会社 人事教育部 人財グループ 部長

渡邉 和洋　ワヨウ事務所 所長

（※1）所属は平成26年2月時点のもの
（※2）本書（第2版）は、初版に発行後の時間の経過等により補訂を加えたものです。
　　　　初版及び第2版の監修者・執筆者・協力者の各氏のご尽力に厚く御礼申し上げます。

人事・人材開発 **2級**〔初版〕
テキスト監修・執筆者一覧

監修者

今野 浩一郎　学習院大学 経済学部 経営学科 教授

執筆者（五十音順）

金子 誠二　株式会社日本能率協会マネジメントセンター
研修ラーニング事業本部 チーフHRMコンサルタント

唐澤 一彦　アメリカン・エキスプレス・インターナショナル，Inc.
人事部長（日本・韓国）

木谷　宏　株式会社ニチレイ 経営企画部長兼CIO

木村　進　学習院大学　経済学部　経営学科　特別客員教授
株式会社アイデム　取締役相談役

中島　豊　楽天株式会社 執行役員 人材本部長

西久保 浩二　山梨大学 教育人間科学部（共生社会講座）教授

細野 央郎　株式会社日本能率協会マネジメントセンター
研修ラーニング事業本部 専属コンサルタント

（※1）所属は平成19年3月時点のもの
（※2）初版の監修者・執筆者の各氏のご尽力に厚く御礼申し上げます。

MEMO

MEMO

ビジネス・キャリア検定試験標準テキスト

人事・人材開発 2級

平成19年 7 月 9 日　初　版　　発行
平成26年 2 月17日　第 2 版　　発行
令和 2 年 3 月31日　第 3 版　　発行
令和 5 年 1 月12日　　第 2 刷　発行

編　著　中央職業能力開発協会

監　修　木谷　宏

発行所　中央職業能力開発協会
　　　　〒160-8327 東京都新宿区西新宿7-5-25 西新宿プライムスクエア11階

発売元　株式会社 社会保険研究所
　　　　〒101-8522 東京都千代田区内神田2-15-9 The Kanda 282
　　　　電話：03-3252-7901（代表）

ISBN978-4-7894-9612-4 C2036 ¥2900E
Ⓒ2023 中央職業能力開発協会 Printed in Japan